O LUGAR DO GÊNERO NA PSICANÁLISE

CONSELHO EDITORIAL

André Costa e Silva

Cecilia Consolo

Dijon de Moraes

Jarbas Vargas Nascimento

Luis Barbosa Cortez

Marco Aurélio Cremasco

Rogerio Lerner

Blucher

O LUGAR DO GÊNERO NA PSICANÁLISE

Metapsicologia, identidade, novas formas de subjetivação

Felippe Figueiredo Lattanzio

O lugar do gênero na psicanálise: metapsicologia, identidade, novas formas de subjetivação
© 2021 Felippe Figueiredo Lattanzio
Editora Edgard Blücher Ltda.

SÉRIE PSICANÁLISE CONTEMPORÂNEA
Coordenador da série Flávio Ferraz
Publisher Edgard Blücher
Editor Eduardo Blücher
Coordenação editorial Jonatas Eliakim
Produção editorial Bonie Santos
Preparação de texto Maurício Katayama
Diagramação Negrito Produção Editorial
Revisão de texto Bárbara Waida
Capa Leandro Cunha
Imagem da capa Juliane Assis

Blucher

Rua Pedroso Alvarenga, 1245, 4º andar
04531-934 – São Paulo – SP – Brasil
Tel.: 55 11 3078-5366
contato@blucher.com.br
www.blucher.com.br

Segundo o Novo Acordo Ortográfico, conforme
5. ed. do *Vocabulário Ortográfico da Língua
Portuguesa*, Academia Brasileira de Letras,
março de 2009.

É proibida a reprodução total ou parcial por
quaisquer meios sem autorização escrita da
editora.

Todos os direitos reservados pela Editora Edgard
Blücher Ltda.

Dados Internacionais de Catalogação
na Publicação (CIP)
Angélica Ilacqua CRB-8/7057

Lattanzio, Felippe Figueiredo
   O lugar do gênero na psicanálise : metapsicologia, identidade, novas formas de subjetivação /
Felippe Figueiredo Lattanzio. – São Paulo : Blucher,
2021.

   318 p. (Psicanálise Contemporânea / coordenação de Flávio Carvalho Ferraz)

   Bibliografia
   ISBN 978-65-5506-304-2 (impresso)
   ISBN 978-65-5506-300-4 (e-book)

   1. Psicanálise. 2. Identidade de gênero. 3. Transexualidade. 4. Metapsicologia. I. Título. II. Ferraz,
Flávio Carvalho. III. Série.

21-0296   CDD 150.195

Índice para catálogo sistemático:
1. Psicanálise

Desconfiem da pureza; ela é o vitriol da alma.

Michel Tournier

Onde começo, onde acabo,
se o que está fora está dentro
como num círculo cuja
periferia é o centro?

Ferreira Gullar

Há um devir-mulher na escritura.

Gilles Deleuze

Conteúdo

Prefácio	11
Apresentação	17
Introdução	19

1. Gênero e psicanálise — 27

O nascimento do conceito	28
Existiu uma teoria do gênero em Freud?	28
John Money e a criação do gênero	37
Simbiose e des-identificação em relação à mãe: Greenson e o início de uma inversão	41
Stoller e a inversão concretizada: gênero, *imprinting* e transexualismo	46
A primazia do masculino ultrapassada: identificação feminina primária e origens femininas da sexualidade	54
A teoria da sedução generalizada como base	56
Identificação feminina primária e identificação passiva: a contribuição de Paulo de Carvalho Ribeiro	63
Jacques André e as origens femininas da sexualidade	78

Gênero, sexo, diferença anatômica: primeira circunscrição
conceitual 90

2. Feminilidade, passividade, masoquismo: novos fundamentos 97

Positivação do feminino: feminilidade ferida *versus* feminilidade
orificial 105

Nietzsche, Deleuze e a teoria das forças: por uma refundação
das noções de passividade e masoquismo 114

A metafísica da substância e o problema do essencialismo: diálogos
com a teoria feminista 123

A vagina como local de penetração... mas não o único 131

Sobre paradoxos e tensões: entre essencialismo e construcionismo 136

A diferença anatômica como enigma fundamental 140

O problema do binarismo que governa o sistema sexo-gênero
e as possibilidades de transgressão 147

A relação entre feminilidade, passividade e masoquismo
como um fundamento contingente 156

3. O conceito de gênero e suas articulações metapsicológicas 159

Gênero e conflito psíquico 160

Ponto de partida: a situação antropológica fundamental 160

O recalque originário e a natureza do inconsciente segundo
Jean Laplanche 162

O recalque originário como sexuado (ou: o gênero como
conceito fundamental da psicanálise) 175

O polo recalcado é a feminilidade radical 185

O polo recalcante/defensivo é a lógica fálica (ou: refundação
de um marco teórico sobre uma base não transcendental) 191

As falácias do falo 197

Construções identificatórias da masculinidade e da feminilidade 203

Identidade de gênero e primazia da alteridade 203

Paradoxo da posição masculina: é mais difícil ser homem?	208
A estereotipia das identificações masculinas	217
Potencial clínico da paternidade para o trabalho com as construções defensivas das identidades masculinas	233
A dupla face das identificações femininas	241
Devir-mulher e novas formas de subjetivação	245
A morte do homem e as novas formas de subjetivação	245
A passividade e a orificialidade como metáforas de abertura na construção de novas subjetividades	251
A feminilidade como virtualidade emancipadora	253
Devir-mulher: a abertura para a alteridade	254

4. A psicanálise e o desafio das subjetividades que contrariam a norma fálica: o exemplo das transexualidades — 261

Breve história das transexualidades	264
Transexualidade: definição, dados clínicos e estatísticos	268
A controvertida associação entre transexualidade e psicose como expressão de um Simbólico transcendente	272
A falácia da naturalização, o "erro comum" e o performativo	280
A feminilidade originária, a refundação do Simbólico e uma hipótese explicativa sobre a transexualidade feminina	284

Considerações finais — 295

Referências — 297

Prefácio

Este livro de Felippe Lattanzio faz parte de uma história que começou há mais de trinta anos. Contar um pouco dela e situar seu início na época mencionada justifica-se na medida em que vejo esta publicação como um marco destacado dentro de um conjunto de iniciativas e realizações acadêmicas que vão se mostrando cada vez mais importantes à medida que os problemas e os desafios relacionados ao gênero ganham relevância não só no campo psicanalítico, mas também na esfera social e política. Quando comecei a me interessar pelos problemas de gênero, não imaginava que esse interesse congregaria tantos estudiosos e pesquisadores, tampouco podia imaginar que a luta por igualdade de gêneros, e até mesmo pela extinção do gênero, ganharia a importância que hoje se constata em âmbito mundial; menos ainda podia vislumbrar que a chamada "ideologia de gênero" se tornaria um dos focos principais do debate político e um dos fatores definidores das eleições presidenciais de 2018 no Brasil.

Em 1988, meu interesse pelo conceito de identificação levou-me a solicitar a orientação de Jean Laplanche para a redação de uma tese que foi concluída em 1992 e cuja publicação parcial e modificada, no Brasil, ocorreu em 2000, sob o título *O problema da identificação em Freud: recalcamento da identificação feminina primária* (editora Escuta). Bem antes dessa publicação, que se tornou decisiva para minha interlocução com colegas psicanalistas de diversas instituições, um trabalho de pesquisa e ensino havia começado em 1993, ano do meu ingresso como professor do Departamento de Psicologia da Universidade Federal de Minas Gerais (UFMG). Meu primeiro projeto de pesquisa nessa instituição, "Identificação feminina primária e sua relação com a homossexualidade masculina, o travestismo e os problemas da identidade de gênero", trazia, com a abrangência indicada no título, os sinais da ambição e da imaturidade do pesquisador. Apesar disso, o projeto caminhou e produziu bons resultados, sendo um deles a criação e a manutenção de um pequeno grupo de pesquisa dedicado ao estudo das identificações e da identidade de gênero. É importante lembrar que naquela época, meados da década de 1990, nos meios psicanalíticos, na academia e nas instituições de formação, pouco se falava sobre gênero. Era uma época em que a grande influência do pensamento de Lacan em nosso meio contribuía para que o conceito de gênero fosse visto com grandes reservas, uma vez que a lógica fálica e as fórmulas da sexuação pretendiam responder a todas as grandes questões sobre as partições homem/mulher e masculino/feminino.

Dessa forma, o título deste livro, *O lugar do gênero na psicanálise*, pode ser entendido tanto como uma referência à importância que o conceito tem na teoria e na clínica quanto no sentido de um lugar conquistado pelo gênero na história do movimento psicanalítico. A atenção dada no Capítulo 1 aos pioneiros e precursores do estudo do gênero na psicanálise permite que se conheça uma parte importante dessa história e adquire um significado especial quando lembramos que John Money, Robert Stoller e Ralph Greenson despertaram relativamente pouco interesse entre os psicanalistas brasileiros, apesar da originalidade e do grande impacto de suas ideias e descobertas. O trabalho de pesquisa em torno das primeiras publicações de John Money e do nascimento do conceito de gênero é um dos pontos altos desse capítulo. Já no Capítulo 2, o diálogo com as teorias feministas acrescenta outros elementos decisivos para a introdução do gênero no campo psicanalítico, por exemplo, a discussão crítica sobre o essencialismo e a contribuição de Judith Butler sobre esse tema. Que meu nome e algumas de minhas ideias figurem ao lado desses grandes nomes é, acima de tudo, uma prova da generosidade do autor deste livro, mas também um oportuno reconhecimento da modesta, porém original contribuição desse grupo de pesquisadores da UFMG. Nas duas últimas décadas, na graduação e na pós-graduação em Psicologia dessa universidade, muitas dissertações e teses, bem como vários projetos de pesquisa e extensão, além de inúmeras publicações, tiveram as questões de gênero como eixo principal. Além do meu livro já mencionado, outras produções desse grupo mineiro tornaram-se referências frequentes e muitas vezes centrais em trabalhos acadêmicos desenvolvidos em algumas das principais universidades brasileiras. Esse foi o caso de dois desdobramentos da pesquisa sobre identificação e identidade de gênero: um deles, o trabalho sobre o ciúme dos homens e o feminicídio; o outro, a investigação sobre o conceito de imitação e seu lugar na psicanálise. A dissertação de mestrado ora transformada neste livro veio dar a essa produção uma consistência ainda maior e transformou-se rapidamente numa referência importante para estudantes de pós-graduação, psicólogos clínicos e psicanalistas de várias partes do país.

Defendida em 2011, essa dissertação insere-se, assim, nesse movimento de pesquisa e promove um avanço importante em pelo menos dois sentidos. Por um lado, realiza um trabalho de retomada, com importantes ajustes conceituais, dos grandes temas que vinham sendo trabalhados por mim e outros participantes do nosso grupo de pesquisa, como identificação, feminilidade, transexualidade, passividade e alteridade, todos eles abordados sob o prisma da teoria da sedução generalizada de Laplanche. Por outro lado, traz contribuições originais que ajudam a superar dificuldades teóricas e enfrentam problemas epistemológicos e metapsicológicos delicados, como a articulação dos recalcamentos primário e secundário com o gênero e o risco sempre presente de recair no essencialismo ao tratar de possíveis ligações entre passividade e feminilidade.

Sobre esse ponto específico, os leitores deste livro poderão avaliar a importância do alerta para que a superação do essencialismo, que tantas vezes pretende naturalizar a associação da feminilidade com a passividade e com a posição penetrada, não se dê por meio do que Lattanzio denomina "historicismo ingênuo". De fato, perceber o caráter histórico dessa associação não deveria acarretar a subestimação da força que ela tem tido, por séculos a fio, sobre os modos de produção de subjetividades; para superar preconceitos essencialistas não basta denunciá-los, é preciso buscar entender – indo além do combate aos hábitos de linguagem ou da simples indicação de "fatores culturais" – de onde eles extraem a força que os mantêm vigentes.

Além do historicismo ingênuo, outra ideia merece destaque. Trata-se do *devir-mulher*, ideia que pode ser vista como o ponto culminante de uma importante incursão metapsicológica na qual os conceitos de recalcamento primário e secundário são revisitados e solidamente articulados ao gênero, contribuindo assim, de forma original e criativa, para sua inclusão entre os conceitos fundamentais da psicanálise. Embora o termo *devir* e o significado que lhe é atribuído estejam em relação direta com o pensamento de Deleuze e Guattari, é com a noção de *inspiração*, como pensada por Laplanche, que o devir-mulher encontra, a meu ver, sua principal conexão. Naturalmente, não cabe aqui uma exposição detalhada da dimensão e da particularidade que a inspiração adquire para o autor da teoria da sedução generalizada. A fim de justificar a importância que atribuo à ideia de devir-mulher e sua conexão com essa teoria, me limitarei a lembrar que a escolha da *inspiração* para figurar ao lado da *sedução* no título da coletânea dos artigos de Laplanche publicados entre 1992 e 1998 (*Entre séduction et inspiration: l'homme*, PUF, 1999) mostra claramente a importância por ela adquirida na teoria da sedução generalizada. Segundo esse autor, o advento da psicanálise foi capaz de produzir uma novidade no âmbito da sublimação. Não no sentido de produzir uma nova interpretação do fenômeno da sublimação, mas de inaugurar uma nova forma de sublimar que é vista como um estado de inspiração. Por meio dessa noção, Laplanche conecta a sedução originária, constitutiva do inconsciente e da pulsão, com o destino que lhe é facultado pelo método psicanalítico, ou seja, uma nova relação com a alteridade, capaz de acolher o enigma do outro como fonte de criatividade e expansão da mente.

Pois bem, Felippe Lattanzio nos propõe o devir-mulher como uma via possível para a ampliação da permeabilidade dos processos de identificação e subjetivação. Não se trata, portanto, de uma proposta de substituição da primazia do masculino pela primazia do feminino. Trata-se, ao contrário, de um questionamento de todas as primazias e do reconhecimento de que a feminilidade de homens e mulheres contribui para a superação da própria lógica das primazias, que rapidamente se transforma em lógica fálica. Sem negligenciar a importância dos movimentos de unificação e fechamento inerentes à constituição do eu, o devir-mulher nos é apresentado não como uma finalidade, e sim como um ponto de partida para a abertura de devires múltiplos, capazes de produzir novas posturas diante da diferença dos sexos, diante do ataque interno da alteridade sexual e também diante da sempre presente pressão exercida pela lógica fálica e seus derivados. Assim como Laplanche vê em cada análise individual um potencial para se alcançar o estado de inspiração caracterizado pela capacidade perene de ser afetado e de conviver de forma criativa com a alteridade, Lattanzio nos convida a pensar esse potencial como um devir-mulher, como uma forma de desarticulação da lógica fálica/binária que não se baseia mais na simples negação dessa lógica, e sim na possibilidade de enxertá-la com germes mutantes, levando-a a engendrar em suas próprias engrenagens os agentes de sua decomposição. Esta pode ser uma das contribuições da psicanálise para avançarmos rumo a um grau mais elevado de liberdade e criatividade: um devir-mulher funcionando como inspiração para modos de subjetivação cada vez mais permeáveis à alteridade e capazes, entre outras vantagens, de ver na existência dos gêneros um grande enigma e, logo, uma grande interrogação de todas as certezas sobre o que é ser homem ou mulher. Não é pouca coisa.

Paulo de Carvalho Ribeiro

Apresentação

O presente livro teve como ponto de partida minha dissertação de mestrado, defendida em 2011 no Programa de Pós-Graduação em Psicologia da Universidade Federal de Minas Gerais (UFMG). Ao longo desses anos, percebi que o trabalho ali produzido continua suscitando diversas leituras e ganha importância nas discussões teóricas, clínicas e políticas atuais, o que me fez decidir publicá-lo, com alterações em relação ao original que refletem desenvolvimentos feitos no decorrer desses anos. Soma-se a isso o fato de que, a despeito do tema do gênero aparecer recorrentemente em discussões e debates, há ainda uma lacuna nas grandes publicações em termos de situá-lo teórica, metapsicológica e clinicamente.

Algumas pessoas foram fundamentais nesse percurso, às quais agradeço: Paulo de Carvalho Ribeiro, que orientou o trabalho que originou este livro, pelas valiosas trocas e pela amizade estabelecida ao longo de tantos anos de interlocução, bem como pelo prefácio a este livro; Sandra Azerêdo, coorientadora da dissertação, por aceitar o desafio do diálogo interdisciplinar entre a psicanálise e as teorias feministas; os membros da banca na ocasião da defesa: Flávio

Carvalho Ferraz, pelas excelentes leitura crítica e síntese do trabalho, e Fábio Belo, pelas discussões proporcionadas e sempre renovadas. Agradeço também a Bela, minha esposa, pela presença constante, pelo companheirismo e pela leitura atenciosa da dissertação e do manuscrito deste livro; a meu pai, Angelo, e a minha mãe, Waldete, por todo o incansável apoio em todas as fases de minha vida. Agradeço ainda a algumas pessoas cuja leitura de trechos ou da totalidade da dissertação e do manuscrito deste livro me foram fundamentais em diálogo e encorajamento: Maria Teresa de Melo Carvalho, Christophe Dejours, Deborah Golergant e Ana Cecília Carvalho. Agradeço a todas as alunas, alunos e colegas (no curso de Especialização em Teoria Psicanalítica, na pós-graduação e na graduação em Psicologia da UFMG; no Instituto Travessias – Percursos em Psicanálise; nas graduações em Psicologia da Faculdade de Estudos Administrativos de Minas Gerais e da Faculdade Arnaldo; na especialização da Pontifícia Universidade Católica de Minas Gerais) que leram a dissertação que origina este trabalho, pelos excelentes diálogos e debates estabelecidos ao longo desses anos. Agradeço, enfim, aos meus pacientes, cujas trocas estabelecidas e sempre renovadas me são fundamentais para pensar a psicanálise.

Introdução

Na década de 1950, o psicólogo John Money (1955) introduziu a noção de gênero no corpo conceitual científico. Tal conceito veio a dar credibilidade à ideia de que não existe uma relação natural entre o sexo anatômico de uma pessoa e sua identidade sexual ou, como veio a ser chamada, sua identidade de gênero. Posteriormente, os psicanalistas Ralph Greenson e Robert Stoller trabalharam no desenvolvimento do conceito, levando em conta as vicissitudes das primeiras relações entre mãe e filho na definição do gênero da criança.

A relevância de tais teorizações era enorme, pois aquela era uma época em que movimentos de mulheres lutavam por igualdade de direitos, em que os direitos dos homossexuais começavam a ganhar visibilidade política, as lutas de várias "minorias" contra preconceitos ganhavam força, os transexuais cada dia mais buscavam nas cirurgias de mudança de sexo uma possível solução para sua condição e, ainda, novas configurações familiares se disseminavam na sociedade. A psicanálise avançava tanto no âmbito teórico, ao postular a não naturalização da categoria de identidade

20 INTRODUÇÃO

sexual, dando assim primazia ao impacto das vivências iniciais sobre a formação da identidade da criança, quanto no âmbito político, pois tentava responder a importantes questões de seu tempo. No entanto, de um modo geral, o conceito de gênero foi mal recebido entre os psicanalistas e, com o passar dos anos, praticamente desapareceu do corpo teórico da psicanálise. São diversas as razões para tal rechaço,[1] mas, entre elas, podemos destacar o pensamento de que o gênero era um conceito social e, dessa forma, não interessava à psicanálise.

Entra em cena, nesse momento, a teoria feminista, que enxergou a importância do conceito de gênero para sua tentativa de desnaturalização das relações de poder estabelecidas entre os sexos, importando-o para seu arcabouço teórico.[2] As feministas, então, desenvolveram o conceito de forma consistente e subversiva, relacionando-o com questões políticas amplas, mostrando a normatividade inerente às relações de gênero, denunciando como inúmeras categorias do pensamento ocidental moderno pautam-se por valores masculinos e se pretendem naturais. Atualmente, a teoria

---

1 Para uma explanação dos motivos desse rechaço, cf. Dimen (2000).

2 O termo "gênero" aparece na teoria feminista pela primeira vez em 1975, no texto "The traffic in women: notes on the 'Political Economy' of sex", de autoria de Gayle Rubin (cf. Azerêdo, 2007, pp. 87-88). É interessante notar que, a despeito da enorme visibilidade atual do conceito de gênero, pouco se conhece sobre suas origens e seus primeiros desenvolvimentos. É comum vermos trabalhos (por exemplo, Azerêdo, 2010) que fazem referência ao texto de Gayle Rubin como marco inicial do termo gênero. Realmente, tal publicação inaugura esse uso no rol das teorias feministas – como Azerêdo reconhece –, contudo o gênero carrega uma pré-história clínica que remonta à década de 1950, como veremos no primeiro capítulo, quando o psicólogo John Money introduziu o termo no corpo conceitual científico. Em outra publicação, Haraway (2004) apresenta certo grau de imprecisão ao sugerir os trabalhos de Robert Stoller como inauguradores do termo gênero, apesar de citar também Money, sem, contudo, referir-se a ele como criador do conceito nem precisar a cronologia das ideias desses autores.

feminista ganha cada vez mais espaço, e sua credibilidade é indiscutível: uma gama de epistemólogas e filósofas feministas[3] utilizam o gênero como categoria de análise crítica das relações sociais, de poder e mesmo do próprio fazer científico. Tal movimento foi tão intenso que hoje, ao se pensar o gênero, automaticamente se atribui tal conceito à teoria feminista e aos *gender studies*. Criou-se, assim, uma cisão: os estudos psicossociais sobre o gênero enfatizam questões como a normatividade e as relações desiguais entre os sexos, sendo que suas determinações psíquicas, a importância do gênero na constituição subjetiva, seu papel no conflito psíquico, entre outros, foram temas deixados de lado ao longo da história do conceito.

Como aponta Maria Teresa San Miguel (2004),

> *dentro do campo da psicanálise, curiosamente, [o gênero] não teve a repercussão esperada, antes, tendeu a ser rechaçado como proveniente do campo social e, portanto, alheio ao psicológico. Atualmente, fica pendente o trabalho de situar o gênero na psicanálise. (tradução minha)*

É essa lacuna teórica que nosso trabalho procura preencher, tendo como objetivo principal a elaboração de um conceito de gênero que se situe como fundamental dentro da metapsicologia psicanalítica. Para tal, faremos inicialmente um percurso por uma série de autores que, nos últimos anos, se engajaram nessa tarefa de situar o gênero na teoria psicanalítica: além dos estudos pioneiros de Money, Greenson e Stoller, recorreremos também aos trabalhos de Paulo de Carvalho Ribeiro sobre a identificação feminina primária e a identificação passiva, de Jacques André sobre as origens femininas da sexualidade e de Jean Laplanche sobre a primazia da

---

3 Dentre os vários exemplos, destacamos Haraway (1995, 2004), Butler (1990/2003, 1993), Anzaldúa (1987), Scott (1986) e Spivak (2010).

alteridade nos processos de designação e formação da identidade de gênero. A escolha desses autores deve-se à nossa opção de privilegiar as teorias que valorizam a importância da alteridade na constituição do sujeito psíquico.

A abordagem do gênero, nesse sentido, deve levar em conta a tensão entre identidade e alteridade e também entre as várias disciplinas que dele se ocupam. De um lado, pois, as críticas à hierarquia e ao binarismo do sistema sexo-gênero, empreendidas principalmente pelas feministas, mostram-nos como não podemos pautar o conceito de gênero por uma suposta essência das categorias de masculino e feminino. Nas teorias psicanalíticas, isso se reflete nas críticas ao falocentrismo freudiano, calcado, em última instância, em argumentos biologizantes e evolucionistas (Butler, 1990/2003; Ribeiro, 1997a; Ferraz, 2008); na crítica à suposta natureza negativa do feminino tal como aparece nas teorias de Freud, Lacan e Laplanche; bem como na crítica de Derrida (1980/2007) ao caráter transcendental do falo em Lacan (para o qual Derrida cria o termo *falogocentrismo*). De outro lado dessa tensão, temos a advertência, sempre presente na psicanálise, de não crer na falácia de um sujeito autônomo, consciente e livre de conflitos, como muitos que teorizam o gênero gostariam de acreditar: a identidade, afinal, não é fruto de uma escolha consciente ou de uma opção, mas do confronto com o outro e da simbolização possível desse confronto, como nos dirá Laplanche.

Ambos os lados dessa tensão convergem no sentido de que o ser humano não é seu próprio centro. Uma das epígrafes deste livro é a frase de Tournier: "Desconfiem da pureza; ela é o vitriol da alma". A pureza, a busca pela essência, pela metafísica, coloca o ser humano em um caminho de reatividade e de niilismo (como veremos a partir de Nietzsche). O termo *vitriol* (que aqui escolhemos manter tal como no original francês) remete a isso: a pureza é o vitríolo da alma, a faz perder sua potência e viver sob a égide da negação. Talvez não seja por acidente que *vitriol* é também a sigla alquimista para a expressão latina *"Visita Interiorem Terrae, Rectificandoque, Invenies Occultum Lapidem"* (visita o centro da terra, retificando-te, encontrarás a pedra oculta): a referência ao centro e à pedra oculta remete a uma suposta essência da alma humana; é esta que, como um vitríolo, corrói a alma e o entendimento do gênero. Judith Butler, ao considerar o conceito de exterior constitutivo como fundante do sujeito, ou Laplanche, ao falar, na esteira de Freud, do *corpo-estranho-interno* que nos constitui, apontam essa irredutível primazia da alteridade no ser humano. É por isso que, de nosso ponto de vista, teorias psicanalíticas pautadas pelo primado do outro são mais aptas a se aproximar da complexidade do conceito de gênero e também a dialogar com os avanços que a teoria feminista trouxe para esse campo de estudo. No pensamento de Laplanche, encontramos a primazia da alteridade na psicanálise, que, do nosso ponto de vista, é um aporte teórico particularmente propício para tratar a questão do gênero e lidar com a tensão entre o outro e a constituição do sujeito.

Refletindo as próprias características de seu campo de estudo, as teorias de gênero também não podem se furtar à alteridade, que aqui se traduz na necessária e muitas vezes difícil interdisciplinaridade exigida no tratamento do conceito, ao contrário de um certo ideal de pureza disciplinar que muitas vezes acomete o campo acadêmico. Como aponta Sandra Azerêdo (2010), mais do que uma dificuldade, devemos entender a

> *"encrenca"*[4] *que implica teorizar sobre gênero pela complexidade desse conceito, que necessariamente remete*

---

4 Alusão a *trouble*, como no título do livro de Judith Butler (1990/2003), *Gender trouble*.

> *ao encontro com a diferença e à necessidade de posicio-*
> *namento nesse encontro, e, diante disso, à tendência da*
> *academia e da psicologia a domesticar e disciplinar o*
> *conceito. (p. 175)*

A complexidade do gênero, assim, "exige um discurso inter e pós-disciplinar para resistir à domesticação acadêmica" (Azerêdo, 2010, p. 175). A psicanálise, enquanto teoria do psiquismo, não pode se furtar às indagações suscitadas por tais confrontos inter-disciplinares, devendo assim efetivamente dialogar com teóricas e teóricos do gênero provenientes de outros campos do conhecimento. Não se trata de importar conceitos, tampouco de reduzir a complexidade do gênero a explicações psicanalíticas, mas, antes, de pensar que "a articulação da teoria psicanalítica, do saber psicanalítico, com esses outros saberes é a de um encontro, que pode provocar certas questões no interior da teoria psicanalítica" (Garcia-Roza, 1994, p. 30). E, enfim, como produto desse diálogo, também produzir questões no interior desses campos de saber vizinhos, num movimento em que efetivas trocas se estabeleçam entre as áreas. Cabe, nesse sentido, advertir que a intenção aqui não é resolver ou dar um fim à tensão entre psicanálise e feminismo; ao contrário, entendemos essa tensão como produtiva e necessária.

É nesse sentido que, no Capítulo 2, problematizarei a associação entre feminilidade e recalque que surgirá como consequência de nossa escolha teórica, associação esta que carrega consigo os conceitos de passividade e masoquismo, ambos marcados por uma história de hierarquia e, na maioria das vezes, entendidos, segundo nosso ponto de vista, a partir da ótica defensiva do primado fálico. Procuraremos resgatar esses conceitos da dimensão negativa em que foram colocados e tentaremos, enfim, mostrar como os conceitos da psicanálise podem ser pensados a partir de uma perspectiva histórica e não essencialista.

No Capítulo 3, formularemos um conceito de gênero que busca contemplar essa complexidade. Abordaremos o gênero em uma dupla via: de um lado, ao relacionarmos o conceito com o recalque e com o conflito psíquico, mostraremos como o gênero adquire centralidade na metapsicologia psicanalítica; de outro, ao mostrarmos as vicissitudes que as construções identificatórias podem assumir, mostraremos como a masculinidade é muito mais frágil e defensiva que a feminilidade. A masculinidade, por ter de se sustentar sob a égide da negação de uma feminilidade originária, assume frequentemente formas estereotipadas, rígidas e demasiadamente fálicas. A feminilidade, assim, como regra geral, torna-se mais aberta, flexível e permeável, dada sua maior permeabilidade ao outro. É essa potencialidade da feminilidade que nos permitirá pensar o papel do gênero no surgimento de novas formas de subjetivação mais livres e mais abertas à alteridade. Dessa forma, nos aproximaremos do que denominamos *devir-mulher*: uma virtualidade emancipatória presente na feminilidade, que pode afetar positivamente homens e mulheres.

No quarto e último capítulo, retomaremos nossas críticas à essencialização dos conceitos psicanalíticos, mostrando como ela torna rígida a capacidade da psicanálise de acompanhar as diferentes formas de subjetividade que contrariam as expectativas teóricas de uma normatividade pautada pelo *falogocentrismo*. Analisaremos o exemplo das transexualidades, mostrando como o diagnóstico de psicose frequentemente atribuído a essa condição é herdeiro de um moralismo a ser superado. Situaremos idealmente a transexualidade como o avesso da psicose, baseando-nos nos diferentes destinos que a feminilidade originária sofre em ambas as condições.

Ao fim desse percurso, procuraremos estabelecer o gênero como um conceito fundamental da teoria psicanalítica, na medida em que proporciona: uma melhor compreensão do conflito psíquico e das vicissitudes identificatórias que participam da constituição psíquica; um instrumental teórico capaz de ajudar a psicanálise a lidar com as diferentes subjetividades de nossos dias que se apresentam como desafio clínico e teórico; e, ainda, uma importante reflexão sobre as novas formas de subjetivação.

Cabem, enfim, alguns breves comentários sobre o processo de escrita deste livro. Busquei fundamentar o processo da escrita na necessária abertura à alteridade. Em primeiro lugar, isso implica o reconhecimento de que a escrita e a pesquisa nunca se fazem somente a partir de um eu, mas sempre a partir de diálogos com os vários autores pelos quais me deixei atravessar – talvez por isso Deleuze nos fale do devir-mulher presente em toda escritura. O uso da primeira pessoa do plural em alguns dos trechos do livro denota essa preocupação. Ao mesmo tempo, dada a importância do posicionamento e a necessidade de um autor se mostrar em suas opiniões e seus lugares de fala, uso prioritariamente a primeira pessoa do singular. Em segundo lugar, essa busca se reflete na esperança de que o resultado desse processo possa ser recebido como o que Umberto Eco (1972) denominou *obra aberta*: uma criação que pretende ativar a potência do leitor enquanto agente da pesquisa, e não apenas receptor da intenção original de quem produziu. Espero, assim, que os conceitos aqui tratados possam se ampliar e se multiplicar a partir de intervenções, debates, críticas e diálogos estabelecidos entre o livro – portador de sentidos e devires que eu mesmo desconheço – e o leitor.

1. Gênero e psicanálise

Neste capítulo percorrerei alguns teóricos da psicanálise que contribuíram para o desenvolvimento do conceito de gênero. Tarefa impossível seria a de aqui contemplar todos aqueles que se ocuparam das relações entre o masculino e o feminino, da partilha entre os sexos ou mesmo das diferenças no desenvolvimento de homens e mulheres. Dessa forma, escolhemos focar a gênese e o desenvolvimento dos autores que explicitamente usam o conceito de "gênero".[1] Obviamente, ainda assim haverá um recorte: serão privilegiados aqueles cujos retalhos teóricos nos serão úteis para desenvolver nossa própria concepção e apresentar então uma proposta de conceituar o gênero metapsicologicamente, dando-lhe sua devida centralidade na vida psíquica. Não se trata de simplesmente excluir aquilo que contraria nossas ideias, mas, antes, de dar a estas uma forma coesa para então confrontá-las com outros e ver nossas forças e fraquezas (tarefa esta que faremos ainda neste livro). Não

---

1 Isso contempla tanto autores cuja preocupação principal é a identidade de gênero quanto autores que se detêm majoritariamente nas relações entre o gênero, o inconsciente e o recalque.

obstante, é certo que, apesar das necessárias escolhas, haverá uma coerência histórica e, principalmente, teórica: a primazia do outro na constituição do psiquismo será nosso norte para o trânsito entre diferentes autores.

Cabem ainda duas advertências: o propósito desse apanhado é apresentar determinadas formulações, objetivando esclarecer conceitos para usá-los nos capítulos posteriores. Portanto, os autores ora apresentados não serão confrontados exaustivamente ou mesmo, como diria Laplanche, feitos trabalhar. Neste capítulo, pois, a única intenção é traçar um panorama conceitual para situar o leitor e, ao mesmo tempo, preparar o terreno para os aprofundamentos dos capítulos posteriores – estes sim, espero, farão trabalhar os autores e as concepções teóricas aqui abordadas. A outra advertência diz respeito às terminologias, principalmente aos termos *sexo* e *gênero*, que têm tantas concepções quantos são os autores que deles se ocupam. Esperarei o final do capítulo, após as sucessivas reviravoltas que tais conceitos sofrerão de autor para autor, para, enfim, apresentar sucintamente o que entendo por cada um deles, acrescentando ainda o vocábulo *diferença anatômica* e diferenciando-o do que chamamos de *sexo*. Digo "sucintamente", pois a definição completa e complexa desses termos é o que esperamos fazer ao longo deste livro. Peço a compreensão do leitor, portanto, para tolerar por ora a instabilidade desses conceitos. Feitas as ressalvas, passemos ao que aqui interessa.

O nascimento do conceito

Existiu uma teoria do gênero em Freud?

É certo que o próprio Freud nunca chegou a usar o termo gênero e, inclusive, como aponta Laplanche (2003), a língua alemã não permitia que ele o fizesse, dado que a palavra *Geschlecht* significa, ao mesmo tempo, "sexo" e "gênero" (p. 76). Em alguns poucos momentos, no entanto, podemos inferir, de acordo com Laplanche, que Freud usou o termo *Geschlecht* referindo-se a gênero. É o caso, por exemplo, da hipótese feita por Freud (1908/1996)[2] de um visitante de outro planeta que, ao chegar à Terra, imediatamente constataria a existência de dois "sexos" (p. 193). Para Laplanche, é evidente que, nesse caso, a melhor tradução seria "gêneros", pois o que impressionaria o visitante seriam os hábitos diferenciados dos homens e mulheres, e não seus órgãos genitais. Freud também escreveu o seguinte em sua conferência intitulada "Feminilidade": "Quando encontram um ser humano, a primeira distinção que fazem é 'homem ou mulher?'" (Freud, 1932/1996, p. 114). Apesar disso, "em Freud, frequentemente, este questionamento é esquecido. Quero dizer que a categoria de gênero é frequentemente ausente ou impensada" (Laplanche, 2003, p. 77, tradução minha). Ademais, como aponta Maria Teresa San Miguel (2004):

> *A aproximação freudiana acerca da origem da diferença entre os sexos e da construção da masculinidade/feminilidade nos seres humanos tem sido objeto de controvérsia na psicanálise ao longo do século XX, mais precisamente a partir dos anos 1920, nos quais Freud (1923) teoriza a fase fálica e sua preeminência para a compreensão da identidade sexual de meninos e meninas. No entanto, uma das dificuldades que Freud nos deixa é a de ter tomado o sexo biológico como funda-*

---

2 A nossa edição de referência é a *Edição Standard Brasileira das Obras Psicológicas Completas de Sigmund Freud* (Rio de Janeiro: Imago, 1996). Para a localização de cada texto dentro das obras completas, consultar as referências bibliográficas ao final deste livro.

mento para a identidade masculina ou feminina. (tradução minha)

Para Freud, então, poderíamos dizer que a existência de dois gêneros ou sexos e as diferenças psicológicas entre os indivíduos pertencentes a cada um deles se explicam a partir do recurso ao biológico e ao anatômico: o desenvolvimento pré-fálico seria essencialmente congruente para ambos os sexos, mas tudo mudaria no momento em que a criança deparasse com a descoberta da diferença anatômica, que seria necessariamente percebida em termos de fálico e castrado, ou seja, o menino deteria um pênis e a menina não. A partir dessa constatação, toda uma vicissitude desenvolvimental diferenciada estaria já trilhada para cada sexo (Freud, 1923a/1996).

Um raciocínio falacioso nos levaria a crer que Freud, então, pauta-se inadvertidamente pela biologia como ponto de partida das diferenciações entre o masculino e o feminino e, como a anatomia a ela relacionada é algo certo e imutável, críticas ao autor só poderiam ser feitas num sentido de questionar o seu paradigma (qual seja: tomar o orgânico como referência primeira), mas jamais num sentido de perceber as nuances e contradições de algo tão certo como o é o biológico. É nesse ponto que o raciocínio se torna enganoso, pois, para Freud, os dois sexos em verdade se resumem a apenas um, que se apresenta na positividade do pênis ou se escamoteia na negatividade daquilo que na mulher não tem nome.[3] Em outras palavras, a constatação freudiana de que os seres humanos percebem apenas a existência de um sexo – o masculino –, que pode estar presente ou ausente, longe de ser um fato

---

3 "[A organização genital infantil] consiste no fato de, para ambos os sexos, entrar em consideração apenas um órgão genital, ou seja, o masculino. O que está presente, portanto, não é uma primazia dos órgãos genitais, mas uma primazia do *falo*" (Freud, 1923a/1996, p. 158, grifo do autor).

biológico, é algo que se situa absolutamente no nível da interpretação feita por Freud de um dado anatômico e, portanto, dá lugar a várias controvérsias nos debates teóricos que se fizeram a partir de então, já que toda interpretação não se faz naturalmente, e sim a partir de um esquema de mundo prévio, mesmo que travestido de natural:

> *O valor atribuído ao pênis por Freud contrasta com o caráter revolucionário de seu pensamento sobre a sexualidade humana. Toda a novidade da descoberta de uma sexualidade não natural, infantil, radicalmente diferente dos instintos animais e indisciplinada no que tange à adequação do desejo sexual ao sexo anatômico, toda essa revolução convive com uma valorização do pênis, que é afirmada, sem nenhum constrangimento, como algo inteiramente natural: "ter o pênis é melhor do que não tê-lo". (Ribeiro, 1997a, p. 127)*

A mais famosa dessas controvérsias oriundas de tal postura freudiana é o embate decorrente das críticas que Karen Horney (1971) e Ernest Jones (1927/1969, 1932/1969, 1935/1969) formularam a ele, propondo que a feminilidade, em vez de ser uma masculinidade frustrada, seria uma entidade autônoma que, como a própria masculinidade, derivaria de predisposições inatas. Tais asserções de Horney e Jones possuem o mérito de postular a descoberta precoce da vagina por parte das crianças e o demérito de teorizar a aquisição da identidade sexual como se esta fosse isenta de conflitos e apoiada no biológico.

No próprio Freud, a identidade sexual aparece como algo muito linear, especialmente para os meninos, que desde sempre se identificam com o pai (lembremos do recurso ao pai da pré-história pessoal), e em um grau menor até mesmo para as meninas, que, para ascender à feminilidade dita normal, apenas têm de aceitar sua condição de castradas: no final, tudo acontece como decorrência da diferença anatômica, já que, para Freud, o que chamamos hoje de gênero é sempre ordenado pelo sexo anatômico. Como já vimos, uma anatomia imaginária, sendo talvez mesmo um resquício das teorias sexuais infantis dentro da própria psicanálise. Não podemos, no entanto, dizer que a teoria freudiana da aquisição da masculinidade e da feminilidade é isenta de conflitos, como atestam as noções de ansiedade de castração e inveja do pênis. No caso das meninas o caminho para ascender à feminilidade, mesmo que já preestabelecido pela ausência do falo, é mais tortuoso, pois há de se levar a cabo uma tripla mudança: do *investimento objetal* da mãe para o pai, da *identificação primária* com o pai rumo à mãe e seus atributos femininos e da *zona erógena*, já que o clitóris (visto até então pela menina como um correlato diminuto do pênis, determinando assim sua masculinidade original) deve ceder lugar à vagina, concomitantemente à aceitação da posição de castrada, na melhor das hipóteses.[4] Assim, a mulher estaria pronta para receber um filho, que será visto como o falo que nunca lhe fora dado.

Detenhamo-nos um momento sobre a comparação entre o clitóris e o pênis na referida teoria freudiana: o primeiro passo das meninas na fase fálica, segundo Freud, seria a

> *momentosa descoberta que... estão destinadas a fazer.*
> *Elas notam o pênis de um irmão ou companheiro de*
> *brinquedo, notavelmente visível e de grandes propor-*

---

4 Ao lado dessa saída, que Freud denomina "feminilidade normal", existem outras duas linhas: "uma conduz à inibição sexual ou à neurose, outra, à modificação do caráter no sentido de um complexo de masculinidade" (Freud, 1932/1996, p. 126).

ções, e imediatamente o identificam como o correspon-
dente superior de seu próprio órgão pequeno e imper-
ceptível. (Freud, 1925/1996, p. 280)

Como observado ironicamente por Ribeiro (1997a, p. 125), a despeito da "minúcia exploratória requerida na aquisição de um tal conhecimento do clitóris impúbere", pequeno e imperceptível, a vagina permanecerá adormecida e somente será descoberta na puberdade. Uma última consequência, enfim, da autopercepção das meninas como castradas estaria na formação de seu superego: por já serem castradas e não terem nada a perder, seu superego não será plenamente formado, nunca será tão "inexorável" como o dos homens, o que explicaria "o menor senso de justiça" das mulheres (Freud, 1925/1996, p. 286). Mais uma vez, fica clara a confusão de Freud entre as teorias sexuais infantis (que podem mesmo existir no sentido em que ele as descreve, mas que certamente contêm, como toda teoria infantil, um componente defensivo contra algo que escapou completamente a Freud),[5] o tipo de sociedade de sua época (sim, muitas mulheres de então provavelmente tinham na maternidade a única opção de autorrealização, por exemplo) e a teoria psicanalítica. No entanto, se a moral de seu tempo não impediu Freud de escandalizar a todos ao mostrar a sexualidade infantil ou o inconsciente, o fato de pertencer à burguesia do século

---

5 Decerto, muitas meninas podem ter inveja do pênis, bem como muitos meninos podem enxergar as meninas como castradas e inferiores. No entanto, o componente defensivo de tais teorias infantis fica bastante claro ao lermos, por exemplo, as descrições do próprio Freud do sentimento dos meninos com relação às mulheres: "horror da criatura mutilada ou desprezo triunfante por ela" (Freud, 1925/1996, p. 281). Tais afetos tão exacerbados não decorreriam da necessidade de recalcar algo mais anterior e mais atacante no sentido pulsional? Talvez o próprio Freud tenha defendido sua teoria contra essas evidências e o que elas acarretariam. Mais à frente veremos as hipóteses de Robert Stoller, Jacques André e Paulo de Carvalho Ribeiro sobre isso.

XIX não basta para que o poupemos de críticas. Em verdade, penso que um ponto de vista crítico mais interessante é perceber na própria teorização de Freud sobre o inconsciente os efeitos deste: a obra, assim, deve ser escutada além de lida e, nesse processo, não podemos ser indiferentes também às próprias dificuldades de Freud na condução de sua autoanálise, ao deparar com um outro olhar sobre a sexualidade feminina. Seriam tais confusões, contradições e impasses freudianos inteligíveis se pensássemos numa espécie de protesto masculino do fundador da psicanálise, protesto este que transparece nas linhas e entrelinhas de seu próprio texto (cf. Ribeiro, 1997b, p. 49)?

Masculinidade e feminilidade, fálico e castrado. Há ainda que se considerar brevemente um terceiro par de opostos que na teoria freudiana se articula a esses, a saber: atividade e passividade. Mesmo que Freud tenha mostrado algumas vezes resistência em associar a passividade ao feminino e a atividade ao masculino, ele nunca "deixou de considerar que as chamadas 'metas ativas' ou 'metas passivas' da pulsão sexual eram a base das características psicológicas próprias da masculinidade e da feminilidade, respectivamente" (San Miguel, 2004, tradução minha). De qualquer forma, para Freud, é "o comportamento do homem e da mulher, no coito, [que] constitui o modelo para a concepção do par ativo/passivo" (Landim, 1970, p. 171, tradução minha). Na famosa carta 52, por exemplo, Freud escreve a Fliess que a substância masculina (da teoria da bissexualidade constitucional por ele adotada) estaria ligada ao prazer e à perversão, enquanto a feminina estaria ligada ao desprazer e às neuroses de defesa (Freud, 1896c/1996, p. 286). O problema fundamental, em meu ponto de vista, é a associação entre os pares ativo-passivo e fálico-castrado, pois ela cria assim a figura da passividade castrada, ressentida (Freud, 1924/1996). Associar o feminino com o passivo já é uma grande polêmica, principalmente se a associação se pauta num critério totalmente arbitrário e subjetivo como o é definir durante um coito entre um homem e uma mulher quem é o ativo e quem é o passivo.[6] No entanto, dar uma conotação de castrada e ferida à passividade ainda piora a situação, impedindo de pensar a verdadeira natureza do passivo, que, para dizê-lo ironicamente, pode não ser tão ruim como se costuma propagar. Vide, nesse sentido, as formulações de Jacques André (1996, pp. 108-114) ao criticar o masoquismo feminino descrito por Freud em "O problema econômico do masoquismo" (1924/1996). Para André, tal masoquismo se insere completamente na lógica fálica, e a mulher aí descrita seria aquela que aceita a submissão e a posição de inferioridade. Disso decorre uma visão sobre a feminilidade que André chama de "feminilidade ferida", à qual se contraporia uma "feminilidade orificial". Mais à frente discutiremos mais detidamente as ideias de Jacques André.

Apesar de tudo isso, em vários momentos Freud dá indícios de que outras teorias do masculino e do feminino são possíveis, mesmo que não estejam sistematizadas em seu pensamento. Darei apenas exemplos dessas aparições no texto freudiano, o primeiro advindo de outra carta a Fliess: "Pode-se suspeitar que o elemento essencialmente recalcado é sempre o que é feminino" (Freud, 1897/1996, p. 300). Aqui é aberta uma via para se associar a feminilidade ao recalcamento, via que não foi explorada então por Freud. Além disso, em um de seus últimos textos, "Análise terminável e interminável" (1937/1996), Freud volta a associar o recalcado com a passividade, ao dizer que o desconforto com a atitude passiva de um homem diante de outro nunca poderá ser superado pela análise. Ademais, Freud nunca escondeu sua própria insatisfação com suas teorizações sobre a feminilidade, como bem atestam as metáforas por ele utilizadas para nomeá-la: "continente

---

6 Para uma discussão aprofundada sobre essa problemática associação entre feminilidade e passividade, remeto o leitor ao próximo capítulo.

obscuro", "terra incógnita" – metáforas que, aliás, também são imensamente frutíferas nesse ousado sentido de analisar as duplicações do inconsciente freudiano em seu próprio texto, algo que também veremos mais à frente. Mesmo em relação à questão da atividade e da passividade, algumas contradições coexistem com relação à teoria que apresentamos anteriormente. Na conferência sobre a feminilidade, Freud (1932/1996) diz que "fazer coincidir 'ativo' com 'masculino' e 'passivo' com 'feminino' ... não serve a nenhum propósito útil" (p. 116).

As diferenças entre a masculinidade e a feminilidade em Freud, portanto, vacilam entre formulações precisas, mas arbitrárias, e confissões de humildade, deixando também espaço para a irrupção de esparsas ideias interessantes que, no entanto, não ganharam formulações elaboradas. Enfim, são muitos os autores que já se ocuparam em fazer uma leitura minuciosa da obra freudiana no que concerne à masculinidade e à feminilidade, em vários níveis críticos e interpretativos, aos quais remeto o leitor.[7] A intenção por ora foi fazer um breve comentário sobre algumas posições de Freud, de forma a mostrar como o caminho para a teorização do gênero estava aberto dentro da teoria psicanalítica. E não apenas nela, pois nenhuma teoria geral da personalidade se interessara até então pelas origens daquilo que hoje chamamos de gênero (Person & Ovesey, 1999). Vejamos, então, como tal conceito nasceu e se desenvolveu.

---

7 Por exemplo: André (1996); San Miguel (2004); Ribeiro (2000); Landim (1970), entre vários outros.

John Money e a criação do gênero[8]

Na década de 1950, John Money, psicólogo e sexólogo norte-americano, foi o primeiro teórico a utilizar o termo gênero no sentido de relacioná-lo às diferenças entre o sexo anatômico e o que ele considerava uma espécie de sexo psicológico. Antes disso, existiam evidentemente os termos gênero linguístico, gênero textual, gênero biológico, entre outros, todos tendo em comum o fato de se relacionarem a algum tipo de classificação. A apropriação do termo *gender*, todavia, de forma a estabelecer todo um novo campo de estudos e dar respaldo científico a teorias esparsas que, por exemplo, combatiam a naturalização das desigualdades entre homens e mulheres, foi mérito de Money. Cabe lembrar, no entanto, que a percepção de que o sexo anatômico não é o elemento definidor do que chamamos de masculinidade e feminilidade é algo que antecede muito a Money. Nesse sentido, para se ter uma ideia, a precursora do chamado feminismo político, Mary Wollstonecraft, já denunciava em 1792, em seu livro *A Vindication of the Rights of Woman*, que as diferenças intelectuais e de papel social entre homens e mulheres resultavam da educação diferenciada dispensada a cada uma dessas classes, contrariando as teorias de sua época de que tal desigualdade era resultado de fatores biológicos ou mesmo de desígnios de Deus (Wollstonecraft, 1792/1998). De todo modo, é fato que Money conseguiu, ao forjar o conceito de gênero, catalisar e formalizar tal anseio histórico que se intensificava em sua época com o crescimento de estudos e movimentos cujas temáticas

---

8 Uma versão modificada deste e dos próximos dois itens foi originalmente publicada na revista *Psicologia Clínica* (ISSN 0103-5665) e a sua republicação aqui foi devidamente autorizada. A versão original do manuscrito pode ser encontrada como: Lattanzio, F. F., & Ribeiro, P. de C. (2018). Nascimento e primeiros desenvolvimentos do conceito de gênero. *Psicologia Clínica, 30*(3), 409-425.

38 GÊNERO E PSICANÁLISE

principais se relacionavam à identidade sexual, seja de um ponto de vista mais psicológico ou mais político.

A primeira aparição numa publicação do conceito de gênero data de 1955, num texto de Money sobre o hermafroditismo (Money, 1955). Para ele, a pertinência psicológica de se estudar o hermafroditismo situa-se no fato de que essa condição possibilita a descoberta de enormes evidências a respeito do desenvolvimento da orientação sexual dos humanos em geral. É a mesma justificativa dada por Stoller, anos mais tarde, ao chamar o transexualismo de experimento natural (Stoller, 1975), ou mesmo de Freud ao teorizar o psiquismo dito "normal" a partir de suas experiências com o patológico. O hermafroditismo seria, então, um experimento natural no qual diversas formas de ambiguidade sexual biológica possibilitariam uma oportunidade de medir quais fatores teriam mais influência na formação do papel de gênero (*gender role*) desses indivíduos: o sexo cromossômico, gonadal, hormonal ou o sexo designado pelos cuidadores na criação da criança. O principal resultado desse estudo conduzido por Money (1955) se deu ao analisar os casos de contradição entre os sexos gonadal e hormonal em relação ao sexo de criação:

> *Das 17 pessoas representadas na tabela II [casos em que havia tal contradição], todas menos 3 se discriminam no papel de gênero totalmente em concordância com a sua criação, mesmo que contradito por suas gônadas. A estrutura gonadal por si nos dá um prognóstico menos fidedigno do papel de gênero de uma pessoa e sua orientação como homem ou mulher; o sexo designado nos dá um prognóstico extremamente fidedigno. (p. 254, tradução minha)*

Dessa forma, o gênero torna-se um conceito que não necessariamente se vincula ao sexo biológico, tendo uma maior relação com as experiências de sociabilidade e criação de uma pessoa que com sua estrutura inata. A importância dada por Money a esta última é apenas indireta: o funcionamento hormonal desempenha o papel principal na diferenciação sexual embrionária do aparelho reprodutivo interno e das genitálias externas, e estas são um signo a partir do qual os pais e outros conseguem formular o modo como designar o gênero do bebê neonato (Money, 1955). Ao longo dos primeiros anos, a criança se servirá de uma gama de signos – alguns dos quais podem ser considerados hereditários ou constitucionais, outros do ambiente – para construir seu papel de gênero. Tais signos, pois, precisam ser decifrados e interpretados, e somente então começará a delinear-se o papel de gênero (Money, Hampson & Hampson, 1957), desenvolvimento este que, no entanto, se faria muito precocemente.[9]

Em artigo escrito um mês mais tarde em colaboração com dois endocrinologistas (Money, Hampson & Hampson, 1955), destinado a discutir o manejo psicológico relativo à designação precoce de gênero a hermafroditas, bem como à mudança de gênero tardia, Money esclarece a sua concepção do que seria o papel de gênero:

> *Pelo termo papel de gênero, nós queremos dizer todas aquelas coisas que uma pessoa diz ou faz para se mostrar como tendo o* status *de menino ou homem, menina ou mulher, respectivamente. Isso inclui, mas*

---

9 Apesar de nossa preocupação, neste trabalho, não ser estabelecer idades ou nos atrelar a um ponto de vista desenvolvimentista em psicanálise, pensamos ser interessante relatar que Money considerava que a identidade de gênero se estabelecia de maneira mais ou menos fixa aos dezoito meses e, aos dois anos e meio, já era irreversível. A maioria dos autores posteriores também concorda com a precocidade desse desenvolvimento.

não se restringe à sexualidade no sentido de erotismo. Um papel de gênero não é estabelecido no nascimento, mas é construído cumulativamente por meio de experiências defrontadas e negociadas – por meio de aprendizagens casuais e não planejadas, de instruções explícitas e inculcações, e de, espontaneamente, colocar juntos dois e dois para formar às vezes quatro e às vezes, erroneamente, cinco. Resumindo, um papel de gênero é estabelecido de maneira muito similar a uma língua nativa. (Money, Hampson & Hampson, 1955, p. 285, tradução minha)

Assim, Money postula que o fator mais decisivo para a formação da identidade masculina ou feminina da criança é a designação do gênero. Em texto posterior, Money, novamente em colaboração com os Hampson (cf. Money, Hampson & Hampson, 1957), tenta relacionar o estabelecimento do gênero com o conceito de *imprinting*, tomado de empréstimo do etólogo Konrad Lorenz, na tentativa de explicar como uma função psicológica estabelecida após o nascimento pode se tornar impossível de ser erradicada. Para tal, ele descreve os resultados obtidos por Lorenz como meio de comparação: ao contrário dos famosos gansos Greylag que aceitavam inquestionavelmente o primeiro ser vivo que viam como sendo sua mãe, os patos da espécie Mallard, após nascerem, ficavam em pânico até ouvir o grasnido usualmente feito pelas mães patas. Somente após Lorenz despender meio dia imitando continuamente e de cócoras o grasnido de uma pata é que os filhotes o reconheceram como sua mãe, e daí em diante tal relação tornou-se estabelecida e irreversível: os patos passaram a seguir Lorenz em excursões locais e, ao ouvir a imitação de grasnido feita por ele, eles vinham voando em qualquer época de suas vidas. É com essa espécie que

Money compara o estabelecimento do gênero em seres humanos, dado que nas teorias psicológicas não havia muitos precedentes disponíveis para se tentar explicar como uma função não biológica se estabelece após o nascimento de forma tão irreversível. Decerto, foi apenas o esboço de um conceito (sem levar em conta as diferenças neurológicas e mesmo instintuais entre os seres humanos e os patos, tampouco desenvolvendo o raciocínio para além de uma simples comparação), que seria novamente trabalhado por Stoller anos depois. Com relação à nomenclatura, houve tentativas de traduzir o termo por "cunhagem" ou "estampagem", mas aqui manterei o inglês *imprinting*, já que este dá uma noção melhor de algo que se estabelece do exterior sem participação voluntária por parte das crianças cujo gênero é, assim, formado. No entanto, na época em que Money desenvolvia sua teoria, tais processos ainda não haviam sido relacionados com a identificação, como reconhece o próprio Money, quase duas décadas depois (cf. Money, 1973), ao relatar a posterior confusão entre os termos "papel de gênero" e "identidade de gênero". Somente dez anos mais tarde, em 1966, Ralph Greenson começaria a explorar a vinculação da autodesignação e da formação do gênero com os processos identificatórios, como veremos a seguir.

Simbiose e des-identificação em relação à mãe: Greenson e o início de uma inversão

A partir do tratamento de Lance, um menino de cinco anos com "problemas de identidade de gênero",[10] Ralph Greenson, psicana-

---

10 Tal tratamento demanda uma discussão aprofundada e crítica sobre a patologização das identidades trans, que será feita no último capítulo do livro. No entanto, considero importante me posicionar desde já, em especial no atual momento político brasileiro, afirmando que acredito serem extremamente

42   GÊNERO E PSICANÁLISE

lista e pesquisador da Universidade da Califórnia, começou a deli-near sua noção de des-identificação como um passo crucial para o estabelecimento da identidade de gênero (Greenson, 1966). Com a idade de um ano e alguns meses, Lance começou a apresentar uma compulsão por usar as roupas de sua mãe e de sua irmã. Como é habitual nesses casos, sua mãe somente procurou acon-selhamento especializado e tratamento após o alerta dado por um terceiro, neste caso, por um vizinho. Na escola, Lance só brincava com meninas e tentava também sempre vestir roupas femininas. Greenson, então, atendeu o garoto por catorze meses, numa fre-quência de quatro vezes por semana. O tratamento pode ser resu-mido da seguinte forma: Greenson se ofereceu ao menino como uma espécie de pai substituto, ou seja, um modelo masculino de identificação. As sessões ocorriam na casa de Greenson, e Lance convivia com sua família, nadava na piscina com Greenson, tendo chegado a levar uma colega de escola para conhecer e brincar na "casa deles". Logo nos primeiros encontros, Greenson (1966) ob-servou uma "ânsia por identificação e imitação" (p. 397, tradução minha) por parte de Lance. Ao longo do tratamento, Lance foi

---

danosas quaisquer tentativas de tratamento reversivo de uma identidade se-xual, sendo antes o lugar da psicologia e da psicanálise trabalhar para que os sujeitos possam integrar tais identidades de forma mais saudável ao seu Eu, problematizando os preconceitos sociais e a normatividade excludente do sis-tema sexo-gênero. O caso de Lance, podemos pensar, tem alto valor histórico, embasou importantes e válidas produções teóricas por parte de Greenson e, por isso, não pode ser desconsiderado. Utilizando uma metáfora cara a Sil-via Bleichmar: não podemos jogar fora o bebê junto com a água do banho. Ademais, se considerarmos a identificação maciça com a mãe uma etapa do desenvolvimento humano que precisa ser em algum grau superada para a for-mação minimamente autônoma de uma identidade (tanto em meninos quanto em meninas), o tratamento de Lance ainda guarda certos caracteres positivos. Cabe aqui, enfim, ressaltar que também John Money foi bastante criticado por suas práticas de adequação sexual precoce com bebês hermafroditas, das quais também discordo.

pouco a pouco substituindo os laços de identificação que o ligavam à mãe e à feminilidade pelos laços criados com Greenson. Ao mesmo tempo, uma convivência mais intensa com seu pai foi sendo criada. Como exemplo desse processo, podemos destacar o fato de que, inicialmente, Lance somente brincava com uma boneca Barbie, se identificando com ela nas brincadeiras e chamando-a de "eu". Algum tempo depois, ele passa a chamar a boneca de "ela" e, rapidamente, passa a brincar com o boneco Ken (namorado da Barbie). A última descrição do caso, nesse sentido, é de Lance orgulhosamente usando botas de *cowboy* como as de Greenson. Todo esse processo vem corroborar o ponto de vista de Greenson (1966) segundo o qual "o travestismo pode ser mais bem entendido nessa criança se nós olharmos as roupas como representando a pele da mãe" (p. 402, tradução minha).

Tal atendimento incomum (como o próprio Greenson reconhece, ao dizer que esta havia sido a primeira vez que ele atendera uma criança e confessar "não ter certeza" se os psicanalistas infantis concordariam com seus métodos) fez com que Greenson (1966) começasse a formular sua principal hipótese:

> *Parece-me que, da mesma forma que a menina tem um especial problema em estabelecer relações objetais por ter de trocar o gênero de seu objeto de amor, também o menino tem um problema especial ao construir uma identidade de gênero por ter de trocar o objeto original de sua identificação. (p. 402, tradução minha)*

Para Lance, assim como para toda criança nos primórdios do estabelecimento do Eu, "amar era equacionado com *se tornar*" (Greenson, 1966, p. 402, tradução e grifo meus). Para Greenson, portanto, a distinção entre amar e se identificar com alguém só é

44   GÊNERO E PSICANÁLISE

adquirida tardiamente no desenvolvimento.[11] Penso que um episódio do tratamento de Lance ilustra muito bem essa ideia: após vestirem a Barbie de princesa, Greenson fala à boneca: "Oh, você é tão bonita, princesa, eu quero dançar com você. Eu gosto de você. Eu quero te beijar". Lance então responde, de modo hesitante: "Ah, você quer ser a princesa? Vai em frente, você pode ser ela..." (Greenson, 1966, p. 400, tradução minha). Greenson insiste que não quer *ser* a princesa, mas dançar com ela, pois ele gosta dela. O garoto, novamente, diz que Greenson pode, sim, ser a princesa. Somente após uma terceira tentativa é que Lance permite que Greenson dance com a boneca.

Em comunicação feita no 25º Congresso Psicanalítico Internacional, no ano de 1967, Greenson (1967/1998) deixa clara sua discordância com relação à teoria psicanalítica clássica, formulando então sua hipótese, agora de forma consistente:

> *O objetivo desta apresentação é focalizar uma vicissitude especial no desenvolvimento psicológico normal do menino, que ocorre nos anos pré-edipianos. Refiro-me ao fato de que o menino, para chegar a um sentimento saudável de virilidade, deve substituir o objeto primário de identificação, a mãe, e se identificar com o pai. Acredito que as dificuldades inerentes a esta etapa adicional de desenvolvimento, da qual as meninas estão livres, são responsáveis por certos problemas de identidade de gênero no homem, na sua noção de pertencer ao sexo masculino. A menina também precisa se des-*

---

11 Tal formulação se opõe às de Freud, para quem os meninos logo ao nascer já têm a mãe como objeto de amor e o pai como objeto de identificação, mesmo que para corroborar tal teoria seja preciso recorrer à enigmática noção de identificação com o pai da pré-história pessoal (cf. Freud, 1921/1996).

-identificar da mãe para desenvolver uma identidade feminina própria, mas sua identificação com a mãe a ajuda a estabelecer sua feminilidade. Minha opinião é de que os homens sejam muito mais inseguros sobre sua masculinidade do que as mulheres sobre sua feminilidade. Acredito que a certeza das mulheres sobre sua identidade de gênero e a insegurança dos homens estejam enraizadas na identificação infantil com a mãe. (p. 263, grifo do original)

Greenson fala de uma fusão simbiótica infantil com a mãe como etapa universal do desenvolvimento, e que o processo de des-identificação é fundamental para a capacidade de separação-individuação descrita por Mahler. Dessa forma, pelo nome des-identificação ele se refere aos "complexos e inter-relacionados processos que ocorrem na luta da criança para liberar-se da fusão simbiótica infantil com a mãe" (Greenson, 1967/1998, p. 263). Essa inversão no objeto primário de identificação faz com que a ascensão à masculinidade seja mais tortuosa para os homens que o é a feminilidade para as mulheres. Em outra ocasião, Greenson (1967/1998) aponta como o temor da homossexualidade (que significaria, em última instância, o temor da perda da identidade de gênero) é mais forte nos homens.

Tais formulações de Greenson, além de serem dotadas de enorme simplicidade e honestidade intelectual advindas de um admirável "positivismo clínico", abriram caminho para um novo rumo nas pesquisas psicanalíticas sobre os gêneros. É interessante notar como Greenson se pergunta, ao final de sua apresentação no referido congresso, qual seria o destino da antiga identificação com a mãe: ela desapareceria, substituída pela nova identificação? Tornar-se-ia latente? A identificação subsequente

46 GÊNERO E PSICANÁLISE

do menino com o pai seria uma contraidentificação, um meio de compensar a antiga identificação? A precisão de tais questionamentos, pois, é tamanha que seriam necessárias quase três décadas para que hipóteses metapsicologicamente plausíveis fossem formuladas para respondê-los.[12]

Stoller e a inversão concretizada: gênero, imprinting e transexualismo[13]

Robert Stoller, psicanalista norte-americano que trabalhava junto com Greenson em pesquisas de gênero na Universidade da Califórnia, tornou-se uma das principais referências nos estudos de gênero. A partir de seu contato com pacientes transexuais e suas famílias (cf. Stoller, 1966, 1968), Stoller articulou sua teoria ancorado nos conceitos de Greenson e Money. Dois eixos principais estruturam sua obra e nos dão ideia da dupla inversão teórica por ele concretizada: por um lado, ao retomar a noção de *imprinting*, Stoller chamou a atenção para o fato de que a identidade de gênero ocorre num movimento que se origina do exterior antes mesmo da existência de um Eu suficientemente formado capaz de desejar algo. Assim, um importante passo foi dado na teoria psicanalítica em direção a uma primazia da alteridade na constituição identitária. Em segundo lugar, Stoller deu corpo teórico à tese de Greenson, invertendo a noção freudiana de que a masculinidade é um destino mais fácil e mais desejado que a feminilidade. Ao falar da

---

12 Refiro-me aqui às teorias de Paulo de Carvalho Ribeiro e Jacques André.

13 Apesar de preferir a utilização do termo transexualidades, uma vez que não carrega um sufixo patologizante nem reduz ao singular as diferentes experiências trans, uso por enquanto a terminologia do autor citado, guardando a problematização sobre a patologização das transexualidades para a discussão a ser efetuada no quarto capítulo deste livro.

difícil conquista da masculinidade, Stoller desmonta a noção de uma primazia do masculino ou do falo, apontando na direção de uma primazia do feminino que se ancora na identificação precoce com a mãe (identificação que, no entanto, surge como resultado do *imprinting* materno). A mãe, aqui, ocupa lugar central, e é importante dar ênfase a isso para entender que Stoller não inverte simplesmente a tese freudiana de uma primazia fálica que, como vimos, se dá sem nenhuma explicação, como se fosse uma constatação natural e óbvia. A primazia da feminilidade em Stoller se ancora no fato de que são as mães que estabelecem as primeiras trocas com os bebês e é com elas que estes passam a maior parte de seus primeiros anos. Nesse sentido, toda a obra de Stoller é eminentemente a descrição de uma experiência, oriunda de sua extensa casuística e da sociedade em que viveu. Ademais, a primazia do feminino também decorre do fato de que o registro do desejo pode ser entendido como precedido, em sua obra, pelo registro da necessidade (cf. Ferraz, 2008): a necessidade do bebê de alimentação introduz em seu universo simbólico o seio; a necessidade de ser cuidado introduz a figura da mãe e seus atributos femininos.

Nos casos de transexuais femininas (ou seja, de transexualismo homem→mulher) por ele estudados, Stoller percebeu que a origem dessa condição era sempre muito precoce e se encontrava num tipo especial e raro de interação entre mãe e filho. Trata-se de uma simbiose que ocorre sobretudo num nível corporal, na qual a mãe impregna a criança de sua feminilidade antes mesmo de esta ter um Eu suficientemente formado. Tal feminilidade é recebida passivamente por esses meninos, "por via da excessiva imposição dos corpos demasiadamente ternos de suas mães" (Stoller, 1975, p. 54, tradução minha). O grande passo dado por Stoller foi perceber que tal processo, em verdade, ocorre também em crianças cujo destino não será o transexualismo nem a feminização; a diferença sendo apenas o grau com que a mãe impregna o filho com sua

48   GÊNERO E PSICANÁLISE

feminilidade e sua capacidade de deixá-lo des-identificar-se dela. O transexualismo homem→mulher, dessa forma, seria a "chave que permite a compreensão do desenvolvimento da masculinidade e da feminilidade em todo ser humano" (Stoller, 1978, p. 207, tradução minha). A partir desse "experimento natural" em que o *imprinting* materno é máximo, abre-se a possibilidade do estudo de "processos que contribuem para o desenvolvimento da masculinidade e da feminilidade que estão ocultos e, portanto, não revelados nos indivíduos mais normais" (Stoller, 1982, p. 3). Os indivíduos biologicamente masculinos que vivem e se identificam como mulheres, então, seriam o extremo de um processo inicial presente em toda pessoa, seja homem ou mulher.[14] Detenhamo-nos um pouco, então, nesse mecanismo de transmissão da feminilidade à criança, chamado por Stoller de *imprinting*, para entendermos sua natureza e o desafio que ele propõe à teoria psicanalítica.

Stoller (1982) admite que, por muito tempo, ele presumiu que "o processo essencial pelo qual esses meninos desenvolviam a feminilidade fosse a identificação" (p. 55). No entanto, a identificação "requer estruturas psíquicas, ou mais acuradamente, o suficiente desenvolvimento da memória e da fantasia, para que a criança possa acreditar-se absorvendo (incorporando) sua mãe" (p. 55). As evidências clínicas, no entanto, mostraram que não ocorre qualquer tipo de processo intramotivado, e apontaram para a ocorrência precoce de *imprinting*. Em algumas ocasiões, Stoller admite não saber a palavra correta para designar a ausência de escolha presente nesses momentos inaugurais do psiquismo

---

14 Stoller considera que o transexualismo masculino (mulher→homem) difere completamente quanto à etiologia do transexualismo feminino. Enquanto este representa a extremidade de um processo humano universal que nos dá a chance de apreender uma fase desenvolvimental até então oculta, aquele se explicaria pelo "efeito de um traumatismo crônico e inconsciente" (Stoller, 1978, p. 207, tradução minha), cuja especificidade não permite uma generalização.

(por exemplo, Stoller, 1968), mas sempre enfatiza não se tratar de identificação. Os termos condicionamento, moldagem do sistema nervoso central e outros foram por ele usados para tentar explicar o processo que, no entanto, só fica claro a partir das inúmeras descrições e digressões apresentadas:

> As palavras "incorporação", "introjeção" e "identificação" conotam uma atividade motivada, dirigida a um objeto que não é reconhecido como parte de si mesmo. Isso significa que deve haver uma psique (mente) suficientemente desenvolvida para apreender o objeto (parcial) e desejar alojá-lo no interior de si . . . Mas nossa teoria deve também reservar um lugar para outros mecanismos, não mentais (quer dizer, não motivado pelo indivíduo), graças aos quais a realidade externa possa também encontrar seu lugar no interior. (Stoller, 1978, p. 211, tradução minha)

Fica clara, nesse fragmento, a dificuldade de dar uma formulação metapsicológica ao conceito. Penso que muitos desses problemas teóricos se resolveriam se Stoller dialogasse mais com a psicanálise francesa, que, após Lacan e, principalmente, Laplanche, conseguiu dar lugar teórico à primazia da alteridade. Para se ter uma ideia da consonância entre as ideias de Stoller e a direção apontada por Laplanche, vejamos um trecho de seu artigo intitulado "Implantation, intromission":

> . . . todos esses verbos com os quais funciona a teoria analítica para descrever os processos psíquicos têm em comum o fato de terem como sujeito o indivíduo em causa: eu projeto, eu denego, eu recalco, eu forcluo etc.

50   GÊNERO E PSICANÁLISE

O que foi, como no caso de Aristarco,[15] escotomizado?
Simplesmente esta descoberta de que o processo vem
originalmente do outro. *(Laplanche, 1992b, p. 357,*
tradução minha, grifos do original)

Como proporei mais tarde, a noção stolleriana de *imprinting*
torna-se mais inteligível metapsicologicamente a partir da introdução do conceito de identificação passiva formulado por Ribeiro (2000, 2007) e retomado por Laplanche (2003) ao chamá-lo de
"identificação por". Esse tipo primário de identificação remete à
completa passividade da criança diante da sexualidade do adulto
nos primeiros momentos de sua existência. Nesse sentido, não se
pode dizer "eu me identifico", mas antes "eu sou identificado". Voltemos, no entanto, à apresentação do pensamento de Stoller.

Tal *imprinting* faz com que surja, nas crianças de ambos os sexos, uma identificação precoce com a mãe. Embora seja verdade
que o primeiro amor de um menino é heterossexual (sua mãe), é
também verdade que "há um estágio mais precoce no desenvolvimento da identidade de gênero em que o menino [e também a
menina] está fundido com a mãe" (Stoller, 1993, p. 35). Tal fusão
ou simbiose determina a posição sexual primária de ambos os sexos, que é a feminina. Tal posição "coloca a menina firmemente
no caminho para a feminilidade na idade adulta" (Stoller, 1993, p.
35), enquanto, para o menino, desenha-se um caminho mais tortuoso, e coloca-se o risco permanente de que, em sua "identidade
de gênero nuclear", haja um apelo de retorno ao feminino. Para
que o menino conquiste a masculinidade, então, se impõe uma tarefa mais árdua e ansiogênica: des-identificar-se da mãe e erigir
uma identidade masculina. A menina também deve, obviamente,

---

15 Aristarco foi um astrônomo grego que viveu entre 310 a.C. e 230 a.C., sendo o
primeiro a propor o sistema heliocêntrico.

des-identificar-se da mãe, mas as mudanças a serem feitas no que tange à identidade de gênero não seriam tão drásticas para ela. Tal maneira diversa de enxergar a posição sexual primária nos seres humanos claramente se opõe à concepção freudiana e coloca em xeque a primazia do masculino sobre a qual muito da psicanálise clássica se funda. Em vez da importância dada ao pênis, são os atributos femininos aqueles que a criança mais deseja e, como lembra Flávio Carvalho Ferraz (2008), uma das consequências desse modo de pensar é a ideia de que "os homens, quando em fantasia atribuem um pênis à mulher, não o fazem para negar a inferioridade dela, mas sim a superioridade". A masculinidade, assim, torna-se defensiva em relação a essa identificação precoce com a feminilidade da mãe.

A identidade de gênero nuclear a que me referi anteriormente é um conceito desenvolvido por Stoller e que designa, de forma sucinta, a "primeira e fundamental sensação de que uma pessoa pertence a seu sexo" (Stoller, 1982, p. 31). Em diversas ocasiões, Stoller (1975, 1978, 1982, 1993) enfatiza que tal núcleo identitário se forma de maneira não conflitual, por meio do *imprinting*, da influência dos pais ao designar um sexo e ao criar a criança, bem como de fatores biológicos. Com a ideia de ausência de conflito, Stoller quer denotar uma espécie de aceitação passiva da criança ante essas forças que atuam na definição de sua identidade. A palavra aceitação, a rigor, estaria errada, pois não existe um Eu suficientemente delimitado que possa querer aceitar ou não. Enfim, Stoller vê no mecanismo de *imprinting* e na designação do sexo da criança pelos pais a expressão de um gênero que, ao menos inicialmente, se formaria de maneira linear, criando o núcleo da identidade de gênero sobre o qual, então, se criariam os conflitos edípicos na edificação da identidade de gênero final. No entanto, tal conceito se torna um pouco confuso quando é relacionado à identificação precoce com a mãe, que, especialmente no caso dos meninos, torna a aquisição de um núcleo de masculinidade bastante conflituosa. Como dizer que o núcleo de identidade de gênero, nos meninos, é aconflitual se, para conquistá-lo, empreende-se uma angustiante jornada de des--identificação da mãe? Mesmo de uma maneira geral, o fato de que as primeiras vivências de um bebê sejam de extrema passividade diante do *imprinting* e da designação dos pais não significa que não haja conflito. Ao contrário (e aí, mais uma vez, penso que Stoller se beneficiaria muito de um diálogo com a psicanálise francesa), a principal característica do conflito psíquico na psicanálise é o fato de que ele se dá numa temporalidade completamente diferente: a temporalidade do *a posteriori*. O trauma psíquico, pois, se dá em dois tempos, e só pode se configurar a rigor como conflito quando, num segundo momento, alguma mudança faz com que determinadas inscrições se transformem pela aquisição de um significado que não possuíam.[16]

O próprio Stoller (1978), no entanto, se encarrega de mostrar--nos tal contradição inerente ao desenvolvimento da masculinidade: "é somente se o menino . . . puder se separar sem problema da feminilidade de sua mãe que ele terá condições de desenvolver essa identidade de gênero mais tardia – *que não é o núcleo* – que nós chamamos masculinidade" (p. 215, tradução e grifo meus). De qualquer forma, toda pessoa terá uma espécie de núcleo de feminilidade em si, que, no entanto, é muito mais problemático para os homens por entrar em conflito com sua identidade. Stoller postula assim que, se o núcleo da identidade de gênero (ou seja, a certeza de saber-se homem ou mulher) é estável e inerradicável nas mulheres, nos homens ele é instável e edificado sobre um conflito, transportando "sempre com ele a necessidade urgente de regressar ao estado original de união com a mãe" (p. 216, tradução minha).

---

16 No Capítulo 3, proporemos uma hipótese para o surgimento do gênero que contemple a temporalidade do *a posteriori*.

É contra tal necessidade que os homens edificam sua masculinidade, e em relação a ela haverá sempre um sentimento misto de atração e terror à perda de identidade. Stoller chega a comparar tal empuxo ao feminino com o canto das sereias, que cativa e terrifica os homens que o ouvem.

Tal particularidade na constituição identitária masculina, enfim, tem alto poder explicativo sobre vários fenômenos, desde a maior incidência de perversão e transexualismo nos homens até o maior temor que estes têm da homossexualidade, atingindo até a concretude das manifestações alucinatórias nos casos de psicose:

> *Tudo isso pode talvez iluminar as diferenças entre homens e mulheres nas perversões – a ausência de fetichismo* cross-dressing *[vestir as roupas do sexo oposto] e exibicionismo genital como fonte de excitação genital nas mulheres; as diferenças no modo como os homossexuais homens assistem a suas aberrações em comparação com as mulheres e o modo como a sociedade teme a homossexualidade masculina, e não a feminina; o medo da afeminação em tantos homens e a relativa ausência de um medo correspondente de ser masculina na maioria das mulheres; e a frequência muito menor de acusações alucinatórias de homossexualidade nas psicóticas mulheres em relação aos homens... Mas esses resultados são por demais fortes para serem pautados com segurança no meu pouco material. (Stoller, 1968, pp. 264-265, tradução minha)*

É interessante notar como a teoria de Stoller tem o mérito de conseguir explicar vários fenômenos da masculinidade que até então permaneciam como uma incongruência dentro das teorias do

54 GÊNERO E PSICANÁLISE

primado do falo. Metapsicologicamente, no entanto, Stoller deixou várias lacunas abertas, e coube a alguns psicanalistas da atualidade continuar nesse caminho da primazia do feminino no que se refere às identificações e, como veremos, ao próprio surgimento da sexualidade no psiquismo. Com isso não quero dizer que tais autores edificaram suas teorias a partir de Stoller, mas, antes, que seus escritos possibilitaram o entendimento de várias questões que permaneciam em aberto até então.

A primazia do masculino ultrapassada: identificação feminina primária e origens femininas da sexualidade

Foi apenas na década de 1990 que surgiram desenvolvimentos na teoria psicanalítica sobre os gêneros que partissem também da ideia de uma primazia da alteridade. Nesse longo hiato houve, claro, outras colocações e contribuições ao tema, no entanto, nosso recorte teórico neste capítulo inicial tem por objetivo focalizar as concepções que tratem o gênero como um produto de ações exteriores sobre um psiquismo em vias de se consolidar. Não obstante, o gênero como conceito psicanalítico estava em franca decadência devido tanto à alegação feita por alguns autores de que esse era um conceito útil apenas à teoria feminista e à sociologia (cf. Dimen, 2000) quanto à rejeição desse conceito por parte de vários autores da vertente lacaniana.[17]

---

17 Dois exemplos ilustram a posição de alguns desses autores em relação ao gênero: "a antropologia social norte-americana só ia reter e se apropriar do que convinha a seus objetivos, no caso o termo *gênero*, de que ela ia fazer um conceito que lhe permitia atenuar a radicalidade da bipartição sexual pelo apagamento da noção de *sexo*, substituída pela de *gênero*. . . . [O gênero como modo de identificação] rebaixa o sexo ao nível de uma simples característica,

Tendo, então, clara nossa escolha teórica, somos necessariamente levados aos esforços de dois autores que conseguiram resgatar sob outros prismas a relação entre sexo, gênero e primazia da alteridade. Trata-se de Paulo de Carvalho Ribeiro e Jacques André, cujos textos seminais, "L'identification à la femme et le désir de castration dans um rêve de Freud"[18] e "La sexualité feminine: retour aux sources", foram publicados, respectivamente, em 1990 e 1991. Nessas publicações, ambos os autores apresentaram um esboço de suas ideias, que, no entanto, só foram desenvolvidas em obras posteriores. Ribeiro e André têm em comum o fato de situarem a feminilidade nas origens da formação do psiquismo humano, cada qual com sua especificidade. Ademais, ambos têm como solo a teoria da sedução generalizada, de Jean Laplanche. Dessa forma, para estabelecermos as bases das discussões que seguem, torna-se

---

totalmente desligada do que faz, no entanto, desde a aurora dos tempos, a essência do homem, a saber, que a fala, desde o nascimento, e mesmo desde a concepção, é parte interessada na constituição da identidade sexual, e logo, enquanto tal, uma consequência do processo de reprodução sexual dimórfica. É sua articulação com o sexo que permite a um casal engendrar não apenas um corpo vivo . . ., mas um sujeito, ser dotado de fala e criado pela fala" (Frignet, 2002, pp. 87-92, grifos do original). Ou: "alguém que padecia de uma vocação de ser cientista, mas que foi ser psicanalista da IPA, Robert Stoller, criou uma idéia, a partir de um transexual masculino que apareceu em seu consultório, de que a causa da masculinidade e da feminilidade seria o sentimento do sexo que o sujeito tem na cabeça que ele designou de gênero. . . . Nisso se vê nitidamente que ele também não foi analista, porque um analista precisa saber que o gênero se restringe à dimensão do discurso. . ." (Teixeira, 2003, p. 9). Nos Capítulos 3 e 4 teremos oportunidade de dialogar com as teorias de tais autores.

18 No caso de Ribeiro, há ainda dois textos anteriores a este que antecipam em parte suas ideias: "A inveja do útero", de 1985, e "O Pequeno Hans e o complexo de castração: uma inversão", de 1987. Esses textos, no entanto, ainda não apresentam um núcleo teórico suficientemente elaborado que sirva como uma espécie de matriz ou norte para os posteriores desenvolvimentos.

necessário traçar em linhas gerais o pensamento de Laplanche[19] sobre o primado do outro em psicanálise.

A teoria da sedução generalizada como base

"Confiar-lhe-ei de imediato o grande segredo que lentamente comecei a compreender nos últimos meses", escreve Freud a Fliess em setembro de 1897, e continua: "não acredito mais em minha *neurotica* [teoria das neuroses]" (Freud, 1897/1996, p. 309). É a partir dessa frase que Freud anuncia uma importante mudança na direção de seu pensamento, frequentemente vista pelos historiadores da psicanálise como um avanço fundamental na construção da teoria psicanalítica. Trata-se da constatação, por parte de Freud, de que sua explicação que pretendia dar conta da etiologia da histeria era um engano. Até então, ele acreditava que a histeria estaria ligada a verdadeiras ocorrências de sedução na infância de suas pacientes. No entanto, tal hipótese seria, em verdade, altamente improvável: se nem todas as crianças abusadas se tornam histéricas, e se o número de histéricas se mostrou relativamente grande, seria preciso admitir a existência de um número ainda maior de adultos perversos/sedutores. Somado a isso, ele também percebeu que, "no inconsciente, não há indicações para a realidade, de modo que não se consegue distinguir entre a verdade e a ficção que é catexizada com o afeto" (Freud, 1897/1996, p. 310). Assim, a descoberta da realidade psíquica, que se deu dessa forma, é anunciada até hoje como um avanço fundamental na construção teórica freudiana.

---

19 No Capítulo 3, teremos a oportunidade de aprofundar a interlocução com Laplanche ao proformos nossa formulação metapsicológica para o conceito de gênero em sua relação com o inconsciente, o recalque originário e o surgimento do Eu.

Jean Laplanche, no entanto, veio chamar atenção para o fato de que, se não há sedução, as fantasias deveriam, então, ser compreendidas como algo que vem de dentro, um produto endógeno: as falsas recordações de abusos das histéricas se explicariam por fantasias que brotam espontaneamente, sem nenhum vínculo necessário com os fatos de sedução ou com qualquer ação externa. E não apenas as fantasias, como, principalmente, a própria pulsão. Ora, se antes a histeria era compreendida como consequência de uma sexualidade inoculada pela ação sedutora de um outro, agora, com o abandono da teoria da sedução, abre-se caminho para uma concepção endógena da pulsão, extraviando a teoria psicanalítica na direção de uma biologização[20] (Laplanche, 1992a, 1997; Laplanche & Pontalis, 1985).

Pois bem, a esse movimento de extravio da teoria em direção ao endógeno e ao biologizante, Laplanche contrapõe a vocação descentralizadora da psicanálise, à qual o próprio Freud aludiu diversas vezes. Uma dessas alusões é no texto "Uma dificuldade no caminho da psicanálise" (Freud, 1917/1996), no qual Freud argumenta que é principalmente devido ao golpe proferido ao narcisismo do ser humano que a psicanálise encontra tantas resistências em sua aceitação. Já é famosa a comparação feita por Freud entre a destituição do Eu como senhor em sua própria casa e as teorias de Copérnico e Darwin. Estes seriam os responsáveis pelas duas primeiras grandes feridas narcísicas infligidas à humanidade, ao dizer, respectivamente, que a Terra não é o centro do universo e

---

20 Devemos, no entanto, lembrar que esse extravio biologizante não é constatável de forma homogênea ao longo da obra de Freud. Mais de uma vez Freud retoma indiretamente a teoria da sedução, procurando localizar acontecimentos traumáticos vividos por seus pacientes aos quais se pudesse atribuir a origem da neurose, como é o caso da cena primária no *Homem dos Lobos*. Assim, podemos pensar que, mesmo "recalcada", a ideia de sedução continuou presente no pensamento freudiano, reaparecendo em algumas ocasiões.

58   GÊNERO E PSICANÁLISE

que o ser humano é apenas mais uma espécie entre as outras. De acordo com Laplanche (1992d), a psicanálise, ao *descobrir*[21] o inconsciente cuja origem se liga à sedução (o que torna ambos os conceitos indissociáveis), continua a revolução copernicana de descentramento do homem.

A importância da sedução na teoria desenvolvida por Laplanche se deve, acima de tudo, à possibilidade de conceber a pulsão e o inconsciente como verdadeiros produtos da inoculação da sexualidade pelo outro. Logicamente não se trata da sedução perversa de um abusador, e sim da sedução entendida num sentido lato, a sedução generalizada: nenhum adulto está imune aos efeitos de seu próprio inconsciente ao lidar com a criança em pleno estado de desamparo. Uma mãe, por exemplo, ao oferecer o seio a seu filho, não tem como se desvencilhar do fato de que o seio é para ela muito mais que um órgão destinado a alimentar e nutrir. Trata-se propriamente de um órgão sexual no sentido mais estrito da palavra, lugar de intensa excitabilidade e vinculado a inúmeras fantasias. As trocas que a mãe estabelece com o bebê são, dessa forma, parasitadas pelo sexual, que é inoculado na criança por meio do que Laplanche chama de mensagens enigmáticas. Tais mensagens, nesses primeiros momentos, são passadas de modos bastante concretos e relacionados aos cuidados dispensados ao bebê. Em momentos posteriores, podemos pensar em verdadeiros enigmas que os adultos transmitem às crianças.

Para ilustrar a maneira como interpreto a transmissão desses enigmas e seu papel na inoculação da sexualidade pelo outro, relato um caso observado por mim. Trata-se de uma mãe que, quando seu filho de aproximadamente sete anos manifestava a vontade de

---

21 A palavra correta aqui é mesmo *descobrir*, e não *criar*, apontando uma concepção realista do inconsciente, como teremos oportunidade de discutir em capítulos posteriores.

ir ao banheiro, rapidamente se precipitava e tirava de dentro da bolsa uma caixa de lenços umedecidos e o acompanhava até o banheiro para ajudá-lo, pois, para ela, era inconcebível que seu filho limpasse seu ânus com o papel higiênico disponível. Podia ser em sua própria casa, visitando a casa de alguém, numa festa ou em qualquer local público: a reação era a mesma. Ela, nessa ocasião, espontaneamente me disse que desde que ele nascera usava apenas lenços umedecidos. Diante desse breve relato de um fato prosaico, podemos nos perguntar: como não despertar nesse menino a erogeneidade da zona anal? Por mais que a mãe explique a ele todas as razões higiênicas possíveis para tal prática, o menino (e qualquer outra pessoa que presencie a situação) não poderia deixar de perceber como enigmática essa excessiva preocupação com uma parte específica de seu corpo. Tal situação mostra nitidamente um excesso de significação, advindo de um deslocamento no discurso da mãe. Todos os meios, pois, dos quais a criança disporá para traduzir e simbolizar tal enigma serão sempre incompletos, e os restos dessas tentativas de tradução impelirão a pulsão, que nasce desse confronto com a alteridade. Não seria descabido pensar, por exemplo, que tal preocupação advenha das fantasias inconscientes de penetração da própria mãe. Vemos assim como o autoconservativo é parasitado pela mensagem sexualizante do outro ou, como diria Laplanche, como a sexualidade perverte o instinto.

O adulto, pois, já está comprometido com o enigma da alteridade, pois já tem dentro de si esse corpo-estranho-interno ao qual se liga seu inconsciente e do qual ele nunca poderá se desvencilhar. A relação entre adulto e criança estará sempre contaminada por elementos da própria sexualidade inconsciente do adulto, elementos que se tornam enigmáticos justamente por essa "contaminação". Ao conceber a sexualidade dessa forma, o caráter de alteridade que torna o sexual traumático e desnaturalizado é resgatado no pensamento psicanalítico, reestabelecendo, assim, na teoria e na clínica, a primazia do sexual, inseparável da primazia da alteridade. Em outras palavras, trata-se de continuar enxergando o sexual onde todos prefeririam que ele não existisse. Configura-se, assim, uma sexualidade traumática e invasiva que se associa à passividade originária dos seres humanos.

A sedução, entendida dessa forma, implica um terceiro domínio da realidade que se distingue do binômio realidade psíquica *versus* realidade material: trata-se da realidade da mensagem. Num ato de comunicação, uma mensagem nunca se reduz à intencionalidade do interlocutor, pois há sempre um excesso de conteúdo que a torna opaca tanto para quem a produz quanto para quem a recebe. Disso decorre a impossibilidade de se traduzir completamente uma mensagem que se recebe, fazendo que desse trabalho sobre sempre um resto não traduzido. Tal opacidade e tal resto, no entanto, são altamente operantes, e é graças a eles que se instaura a pulsão no humano. Voltando à experiência de Freud, podemos então dizer que as fantasias de sedução daquelas histéricas não decorrem nem de uma realidade material do abuso sexual, nem de uma realidade psíquica endogenamente concebida, mas desse outro domínio que chamamos de realidade da mensagem, cujo comprometimento invariável com conteúdos sexuais inconscientes lhe garante sua dimensão de enigma (Laplanche, 1992a).

Como já foi exposto, para Laplanche, é no confronto com a alteridade que se cria a pulsão e também o inconsciente, que se torna um corpo-estranho-interno.[22] É a partir das mensagens do outro que a sexualidade invade o psiquismo em formação. Nesse sentido, é importante que nos detenhamos na relação do inconsciente com as mensagens exteriores que lhe deram origem, para aprofundar e tornar clara a concepção laplanchiana de alteridade. Dizer que o

---

22 A questão da constituição do inconsciente será detalhadamente trabalhada ao tratarmos do recalque originário no Capítulo 3.

inconsciente se forma a partir do confronto com a alteridade e seus enigmas não significa dizer que o inconsciente deve ser entendido como o "discurso do outro" ou mesmo o "desejo da mãe". Entre o discurso-desejo do adulto e a representação inconsciente do sujeito há um verdadeiro metabolismo, entendido num sentido de decomposição (ou desqualificação) e recomposição desse discurso segundo os elementos que a criança tem disponíveis para tentar uma tradução do que lhe foi excessivo e enigmático. A criança não interioriza simplesmente o desejo da mãe, mas, na tentativa de traduzi-lo, efetua uma verdadeira "metábole". O inconsciente da criança jamais se reduzirá ao inconsciente da mãe ou do adulto, pois ele adquire uma composição própria na medida em que as tentativas de metabolização dos enigmas são sempre particulares.

Retomando aqui a ideia de descentramento, é importante assinalar que nenhuma revolução se faz instantaneamente ou se consolida de maneira irrevogável. No caso de Copérnico, por exemplo, já no século III a.C. Aristarco de Samos propunha a teoria heliocêntrica, e foi necessário mais de um milênio para que ela fosse aceita. Laplanche usa como ícone desse movimento que visa à (re)centralização do homem o astrônomo Ptolomeu, que supunha a Terra como o centro do universo. Esse movimento ptolomaico frequentemente se alterna com a revolução copernicana, inclusive por ser muito mais egossintônico. Como procurei mostrar, no próprio Freud coexistem esses opostos: um movimento ptolomaico que se inaugura no suposto abandono da teoria da sedução convive com algumas aparições de adultos sedutores e cenas de sedução.

Na verdade, a tentação do centramento na própria pessoa é insidiosa, e nem mesmo um autor tão preocupado com o descentramento como Laplanche está imune a "recaídas ptolomaicas". É o que podemos constatar a partir das críticas de Silvia Bleichmar (1998, 2005), que denuncia a impossibilidade de um bebê ter elementos suficientes para traduzir os enigmas sexuais do adulto. Para Silvia, é o próprio adulto que fornece também os elementos/símbolos para a tradução por meio do "narcisismo transvazante" dispensado à criança, possibilitando ao bebê uma quantia de pulsão de vida necessária a qualquer retomada ativa do que lhe interpela. Ou seja, a espontaneidade da tradução dos enigmas, como Laplanche concebe, seria um movimento ptolomaico e recentralizador dentro de sua própria teoria. O filósofo Richard Rorty (1997), no texto "Solidariedade ou objetividade?", faz uma provocação que vem a calhar com a discussão sobre a sempre possível vocação ptolomaica. Para ele, a insistência dos seres humanos de se localizarem como centro do universo, bem como sua vocação para descobrir verdades eternas, nada mais é que o medo de que, com o tempo, se percam as referências de humanidade e de cultura que constroem a própria subjetividade ocidental. Ou seja, estamos sempre às voltas com um movimento do Eu, receoso de que a alteridade o extermine.

A alteridade, assim, se conecta à passividade da criança ante o adulto e à passividade do Eu ante a "estrangereidade interna" que o ameaça. Essa passividade essencial da criança ante o adulto, no que concerne não somente à diferença de línguas (como proposto por Ferenczi, 1932/1974) ou à mediação de leis da cultura (inscrição no Simbólico, como propõe Lacan)[23] presente em um dos polos e ausente em outro, mas principalmente à inundação de sexualidade que tal confronto inevitavelmente produzirá na criança, é chamada por Laplanche de *situação antropológica fundamental*. É a essa situação, pois, que Paulo de Carvalho Ribeiro e Jacques André relacionam a feminilidade, e por isso essa passagem pela teoria laplanchiana é tão importante para que se entendam as teorias desses autores. Passemos a elas, então.

---

23 Cf., por exemplo, Lacan (1956-1957/1995).

Identificação feminina primária e identificação passiva: a contribuição de Paulo de Carvalho Ribeiro

A partir de um percurso de fôlego pela obra freudiana na busca de indícios de um verdadeiro recalcamento da identificação feminina primária e do desejo de castração,[24] Paulo de Carvalho Ribeiro reuniu subsídios para, com a ajuda da teoria de Laplanche, propor sua ideia central: a ação traumática e invasiva da sexualidade inconsciente do adulto sobre a criança é organizada primariamente por uma identificação feminina, que "funciona como uma formação narcísica ainda hesitante entre a unificação e a dispersão" (Ribeiro, 2000, p. 47). Essa identificação primária ocorre devido a uma "afinidade intransponível" entre a sedução originária e a feminilidade, bem como à identificação primária à mãe. Examinemos um pouco desse percurso teórico para tornar mais clara tal ideia. Darei dois exemplos do trabalho feito com o texto de Freud para, em seguida, adentrar na formulação metapsicológica da hipótese de Ribeiro.

Psicologia de grupo e análise do ego (1921/1996) é o principal texto em que Freud apresenta sua noção de uma identificação primária ao pai concomitante com um investimento de objeto com relação à mãe. Ao comentá-lo, Ribeiro chama a atenção para uma contradição presente no pensamento de Freud. No capítulo dedicado à identificação, Freud afirma inicialmente que "a identificação é conhecida pela psicanálise como a mais remota expressão de

---

24 Nesse percurso, incluem-se os artigos "O Pequeno Hans e o complexo de castração: uma inversão" (Ribeiro, 1987), "L'identification à la femme et le désir de castration dans um rêve de Freud" (Ribeiro, 1990), "Oedipe et castration selon le Petit Hans" (Ribeiro, 1993a), bem como a tese intitulada *Identification, refoulement et castration: étude sur les effets du refoulement de l'identification à la mère dans la constituition de l'inconscient chez l'individu et dans l'élaboration de l'oeuvre de Freud* (Ribeiro, 1992), que deu origem ao livro *O problema da identificação em Freud: recalcamento da identificação feminina primária* (Ribeiro, 2000).

64   GÊNERO E PSICANÁLISE

um laço emocional com outra pessoa" (Freud, 1921/1996, p. 115), sustentando em seguida uma identificação primária com o pai, no caso dos meninos. A expressão "laço emocional", aponta Ribeiro, não deixa dúvidas quanto à natureza libinal do fenômeno, já que o termo em alemão é *Gefühlsbindung*, sendo que a *bindung* (ligação) é o "conceito-chave na concepção freudiana do amor" (Ribeiro, 2000, p. 54). Já no próximo parágrafo, Freud (1921/1996) continua:

> *Ao mesmo tempo que essa identificação com o pai, talvez mesmo anterior a ela, o menino começa a desenvolver uma catexia de objeto verdadeira em relação à mãe, de acordo com o tipo anaclítico de ligação. Apresenta, então, portanto, dois laços psicologicamente distintos: uma catexia de objeto sexual e direta para com a mãe e com o pai tomado como modelo, uma identificação. (p. 115, tradução modificada de acordo com a revisão de Ribeiro, 2000, pp. 54-55)*

Se, no entanto, Freud acabara de dizer que a identificação é um laço emocional, uma ligação, entendida como força de Eros, como conceber que ela seja psicologicamente distinta do investimento de objeto? E como o laço emocional com a mãe (catexia de objeto) pode ser anterior a algo que foi previamente definido como "a mais remota expressão de um laço emocional com outra pessoa"? As exigências do complexo de Édipo clássico impunham que a mãe não deveria ocupar o lugar de modelo, e sim de objeto de investimento sexual. Para Ribeiro (2000), nessas passagens "o que salta aos olhos é a necessidade de dotar o menino com uma identificação masculina sem nenhuma 'contaminação' pela feminilidade" (p. 55). Uma identificação primária, afinal, coloca em jogo as condições de constituição do próprio Eu, e seria inconcebível para Freud que a feminilidade estivesse presente nesses tempos de origem, especialmente no papel de modelo para a formação do Eu. Como a mãe é indiscutivelmente o objeto primordial, a única solução possível foi "separar os dois processos em duas categorias distintas e, assim, descrever um deles como não sexual" (Ribeiro, 2000, p. 57). A identificação narcísica com o objeto, dessa forma, deveria ser negada, pelo menos no que se refere aos tempos originários do psiquismo. O preço pago por Freud para manter tal posição, no entanto, é bastante alto, chegando a comprometer a coerência de seu pensamento e alguns pilares de sua própria teoria, como é o caso da concepção ampliada da sexualidade humana. A identificação primária ao pai, que surge na teoria sem explicação alguma, de tal forma necessitava ser justificada que uma extraordinária ficção precisou ser inventada: trata-se de uma identificação quase mística ao pai primevo da horda, cuja psicologia é tomada como matriz da psicologia individual (Freud, 1921/1996). Afinal:

> A postulação de uma identificação com o pai, anterior a tudo, anterior até à existência do indivíduo – na medida em que garante um eu originário bem definido e bem orientado quanto à identidade de gênero e até à escolha de objeto sexual –, nos leva a suspeitar que ela é também um efeito criado no pensamento de Freud pelo recalcamento originário que instaura o eu unificado ao mesmo tempo que cria o inconsciente, por meio do contra-investimento dessa situação originária de sedução, de dispersão libidinal, de passividade e plenitude sem limites definidos. Em outras palavras, a identificação primária com o pai recalca, na teoria freudiana das identificações, a identificação feminina primária. (Ribeiro, 2000, p. 68)

Permitam-me uma breve apreciação sobre a legitimidade do vocabulário escolhido por Ribeiro. Penso que ele é o autor que faz melhor uso do termo "recalcamento" para aludir a um fenômeno em que o conjunto de uma obra aparece como duplicação do fenômeno constitutivo do psiquismo de seu próprio autor. Na análise da obra de Freud empreendida por Ribeiro, esse raciocínio fica bastante claro: trata-se de encontrar uma linha de sentido subterrânea que, quando vem à tona, dá uma incrível inteligibilidade a fenômenos esparsos que até então permaneciam sem explicação – no caso, as inúmeras contradições teóricas e mesmo clínicas no texto de Freud. A semelhança com o que chamamos de inconsciente, pois, ultrapassa o nível de qualquer coincidência. A identificação feminina primária, recalcada, exerce pressão no pensamento freudiano, obrigando-o a lançar mão de aporias e recursos teóricos inconciliáveis com os pilares de sua própria teoria, criando frágeis formações de compromisso que tentam atender simultaneamente a dois senhores: os princípios gerais da teoria psicanalítica e a moralidade de seu criador.

Também na "Análise de uma fobia em um menino de cinco anos" (Freud, 1909/1996), o caso do pequeno Hans, o recalque da identificação feminina primária e do desejo de castração fica claro a partir da releitura de Ribeiro. Como já é bem conhecido, trata-se do relato sobre uma criança, Hans, que, após adquirir fobia de cavalos, é tratado por seu próprio pai, supervisionado por Freud. Aqui, me limitarei a comentar alguns trechos dessa análise.

Em uma das fantasias relatadas por Hans a seu pai, ele imagina que estava no banho, quando um bombeiro chegou, desparafusou a banheira e depois "bateu uma grande broca" em seu estômago. O pai de Hans traduziu essa fantasia da seguinte maneira: "Eu estava na cama com mamãe [pois era a mãe que dava banho em Hans]. Depois papai veio e me tirou de lá. Com seu grande pênis ele me empurrou do meu lugar, ao lado de mamãe" (Freud, 1909/1996, p. 64). Se, como lembrado pelo próprio Freud (p. 68), levarmos em conta as "repetidas garantias" de que a banheira, para Hans, simboliza o "espaço que contém bebês", bem como o impacto causado em Hans pela gravidez de sua mãe à época do nascimento de sua irmã, podemos, na esteira de Ribeiro, supor uma interpretação diferente para a referida fantasia: o bombeiro poderia estar desparafusando a banheira para enfiá-la dentro de Hans, e este expressava assim um desejo de ter filhos *como* a sua mãe.

A segunda fantasia com o bombeiro, somada a acontecimentos da época do nascimento da irmã, apontam a legitimidade dessa interpretação. Hans dissera a seu pai que pensara no bombeiro novamente e, dessa vez, ele lhe havia retirado o "traseiro" e o "pipi" com um par de pinças e depois lhe dera outros. Seu pai, sem hesitar um momento, lhe disse imediatamente que o bombeiro lhe dera, então, um traseiro maior e um pipi maior, "como os de papai, porque você gostaria de ser como papai" (Freud, 1909/1996, p. 92). Lembremos que, quando a mãe de Hans dera à luz sua irmã, ao ver as bacias repletas de sangue no recinto onde o parto domiciliar tivera lugar, ele disse surpreso: "Mas não sai sangue do meu pipi" (p. 19). Voltando então ao bombeiro: não seria mais legítimo pensar que Hans demonstrou, na segunda fantasia, um desejo de castração, pois só assim ele poderia ter um orifício do qual sairia um bebê?

O pai, como já se pôde perceber, sempre interditava Hans quanto a esse desejo, prescrevendo-lhe o caminho de uma masculinidade cuja referência fosse o pai e seu pênis. Certa vez o pai perguntou a Hans por que ele estava sempre pensando nos seus filhos imaginários, e Hans respondeu: "Por quê? Porque eu gostaria tanto de ter filhos; mas eu nunca quero; eu não deveria gostar de tê-los" (Freud, 1909/1996, p. 88). Freud interpreta essa resposta como o sinal de que Hans já introjetara o interdito da proibição do

68 GÊNERO E PSICANÁLISE

desejo de possuir a mãe e, por isso, não deveria gostar de ter filhos. Freud ainda reforça que "não há necessidade, por causa disso, de presumir que haja em Hans uma corrente feminina de desejo de ter crianças" (p. 88). Seria muito mais lógico pensar que Hans diz que não deveria gostar de ter filhos (*como* sua mãe), pois sabe que ele é um menino e meninos não devem desejar isso. Tal constatação se torna inequívoca quando, no mesmo dia, seu pai diz a ele: "Você sabe muito bem que um menino não pode ter filhos", e Hans responde: "Eu sei. Antes eu era a mamãe deles, agora eu sou o papai deles" (p. 91). O que se vê no caso, então, não é o desenrolar de um complexo de Édipo regido pelas forças pulsionais do pequeno Hans, mas, antes, a tentativa (bem-sucedida, diga-se de passagem) de seu pai de "edipizá-lo", tentativa na qual a identificação com o pai assume uma função recalcante em relação à identificação feminina do menino. O complexo de Édipo positivo é insistentemente prescrito a Hans por seu pai e pelo "professor Freud",[25] e Hans acaba por ceder às interdições paternas. Aqui, o recalcamento da identificação feminina primária se duplica: do psiquismo do pequeno Hans às páginas do texto de Freud.

Tal passagem por Freud é importante para demonstrar como a ideia de uma identificação primária com a mãe já existia no pensamento psicanalítico, mas sua sobrevivência foi asfixiada pela necessidade de manter o complexo de Édipo em sua concepção clássica e positiva. O aspecto normativo do gênero falou mais alto, e esse recalcamento/silenciamento de uma feminilidade primária repercute até hoje nas teorizações psicanalíticas sobre o tema. Com a expressão "recalcamento da identificação feminina primária", no

---

25 Há uma ocasião em que Hans visita Freud e este lhe "revela" (*sic*) que ele, Hans, gostava tanto de sua mãe e que, por isso, tinha medo de seu pai. O próprio Hans se encarrega de ironizar a prescrição edípica feita por Freud quando pergunta a seu pai no caminho para casa, após a consulta: "O professor conversa com Deus? Parece que já sabe tudo, de antemão!" (Freud, 1909/1996, p. 45).

entanto, não se quer dizer que esse conceito já estivesse elaborado em Freud ou mesmo que sua formulação seria uma consequência inevitável caso este não extraviasse sua teorização. Não se trata, pois, de invocar o nome de Freud como uma espécie de "certificado de procedência" de uma teoria. Também no caso de Laplanche, o termo recalcamento, quando usado em relação a uma obra, não alude a um subterfúgio pseudofreudiano cujo objetivo seria provar que o que se diz é a verdade sobre a psicanálise, mas, antes, procura mostrar como as teorizações sobre o inconsciente não estão isentas dos efeitos do inconsciente. Esclarecido esse ponto, vejamos então a formulação metapsicológica para o conceito de identificação feminina primária e suas relações com a identificação passiva.

A passividade da criança, como já vimos, é o fato fundamental sobre o qual se constituirá o Eu e o conflito psíquico, de acordo com Laplanche e também na retomada que Ribeiro faz de sua teoria: "Talvez pudéssemos dizer que a existência da criança nos seus primórdios resume-se a isto: o absolutismo de excitações decorrente de uma radical abertura ao mundo" (Ribeiro, 2000, p. 221). As primeiras vivências da criança são de pura excitação, vivências nas quais é seduzida pelos adultos que a cercam, invadida pelos cuidados corporais dedicados a ela e pela sexualidade inconsciente de seus cuidadores. Para Ribeiro (2000), a criança é aí

> . . . moldada de acordo com a feminilidade consciente e inconsciente da mãe, sem que essa feminilidade, para a criança, se oponha à diferença anatômica dos sexos ou com ela se relacione. Penetrar e ser penetrado, ter e ser o objeto, coalescem, nesse primeiro tempo, numa experiência única, na qual passivo e ativo, masoquista e sádico não são pares de opostos, mas vivências homogêneas de um gozo sem oposição. (p. 257)

Ou seja, nos momentos iniciais, o mundo se impõe ao bebê sem que este tenha qualquer tipo de voluntariedade, ou melhor, qualquer tipo de existência enquanto sujeito psíquico. É um absolutismo de excitações que se aproxima de uma espécie de auto-erotismo, que, no entanto, não encontra nem sujeito nem objeto. É exatamente aí que podemos conceber o caráter sexual-pré-sexual (retomando a expressão freudiana) desses momentos originários, pois tais excitações se tornarão, *a posteriori*, excitações "*de* um corpo completamente entregue à penetração, completamente destituído de barreiras em relação a qualquer intrusão pelo outro" (Ribeiro, 2000, p. 222, grifo do original). Esse efeito de retrossignificação ocorre no momento em que essa "nova ação psíquica" que é a identificação primária surge e organiza parcialmente as vivências originárias de intrusão, que passam a ser intrusão imposta ao Eu recém-criado – justamente a essa instância cujo maior temor é a vulnerabilidade absoluta. Num mesmo movimento, se delimita um corpo originário invadido e se cria o Eu-instância. A identificação feminina primária, assim, demarca um corpo que,

> . . . *num momento de hesitação entre a fragmentação e a totalização, delimita e localiza o que era pura excitação, transformando-a em excitação de alguma coisa; esse corpo que, ao ser delineado, revelará não somente o agente e o objeto da excitação, mas também sua violência fragmentadora e consumptiva, estará fadado ao recalcamento. O tempo entre sua delimitação e seu recalcamento é apenas um* flash, *o tempo de uma queda brusca, pois as forças que o constituem são as mesmas que o fazem mergulhar no abismo, do qual ele será o próprio fundo. Nesse átimo se cria também*

o eu-instância. Ele é uma projeção psíquica, logo uma representação da totalidade do corpo. Mas o corpo que ele representa só pode ser a negação do corpo recalcado que acabamos de descrever. . . . Tendo surgido sob a égide da negação, o eu estará irremediavelmente condenado à contradição dialética de sua origem: em seu eterno esforço de consolidação, ele fatalmente se denunciará como uma instância precária, cujo destino é se infirmar na razão direta da busca de sua afirmação. (Ribeiro, 2000, pp. 223-224)

Entre a dispersão passiva marcada pelo autoerotismo e a unificação necessária à formação do Eu, aparece então a identificação feminina primária, que confere unidade e significação às vivências fragmentadas dos primeiros tempos. Assim, para poder existir, o Eu precisa ser identificado por um outro; para se tornar um Eu (com a quantidade de ligação que tal instância exige), paradoxalmente precisa entregar-se completa e passivamente à designação do outro. O próprio verbo "entregar-se" denota um centro de iniciativas que, em verdade, está ausente nesses primeiros momentos de completa passividade. O paradoxo reside justamente no fato de que um sujeito só existe primeiramente aos olhos do outro, de que seu único acesso à existência se dá justamente em ser identificado pelo outro. Percebe-se, assim, também uma mudança na própria concepção de identificação: em vez do clássico "eu me identifico", Ribeiro propõe a fórmula "eu sou identificado". A identificação, pois, que participa da delimitação de um corpo recalcado originário e da formação do Eu é uma identificação passiva, que se dá à revelia de qualquer intencionalidade do sujeito. Dessa forma, Ribeiro procura dar um caráter não ipsocentrista (ou ptolomaico, nos termos de Laplanche) a esse conceito tão fundamental quanto esquecido da psicanálise.[26] Aqui é importante nos lembramos da noção de *imprinting* presente no pensamento de Stoller e compará-la à identificação passiva: esta última não seria uma espécie de tradução em termos metapsicológicos da intuição do psicanalista americano? O conceito de identificação passiva resolve, em meu ponto de vista, muitos dos problemas presentes na ideia de *imprinting*: mantém-se a passividade radical da criança ante a designação e a moldagem do outro e dá-se um tratamento conceitual condizente com a primazia da alteridade para a qual o *imprinting* aponta e que, no entanto, é insuficiente como teorização.

Pois bem, a identificação feminina primária – que dá certa unidade às vivências primárias de invasão e passividade e, dessa forma, significa-as como inaceitáveis ao Eu – transforma-se no recalcado originário. A originalidade dessa formulação deve ser entendida em dois sentidos: primeiramente ao concebermos uma feminilidade primária que é recalcada e gera consequências psíquicas que são fundamentais para a manutenção do conflito psíquico; em segundo lugar, a ideia de que uma identificação possa ser o recalcado dá ao inconsciente um aspecto de ligação e totalidade que faz com que estados do Eu possam fazer parte do recalcado.[27] Nesse sentido, em vez de conceber o inconsciente como elementos isolados e parciais – como propõe Laplanche (cf. Laplanche &

---

26 Além das formulações presentes em *O problema da identificação em Freud* (Ribeiro, 2000), cf. também Ribeiro (2007). É importante lembrar que o próprio Laplanche, no texto "Le genre, le sexe, le sexual" (2003), expressou sua concordância com relação ao que ele denomina uma "mudança no vetor da identificação" (pp. 81-82): em vez de uma "identificação a", deve-se conceber o fenômeno identificatório inicialmente como uma "identificação por".

27 A noção de uma aproximação do recalcado com a identificação se encontra também no pensamento de Heinz Lichtenstein, apesar de exposta de uma forma diferente. Uma avaliação das teorias desse autor quanto ao que é chamado por ele de "tema de identidade" (*identity theme*) pode ser encontrada em Ribeiro (1993b, pp. 71-79).

Leclaire, 1959/1992) ao falar de significantes dessignificados ou representações-coisa –, ele seria principalmente "a cena, a composição desfeita ou nunca feita; ou ainda, o que nos parece a melhor colocação, a composição tão logo feita quanto desfeita" (Ribeiro, 2000, p. 237). Esse segundo aspecto é um ponto bastante polêmico,[28] e construirei minha própria posição em relação a ele ao propor, no Capítulo 3, uma concepção da relação entre o recalcado originário e o gênero.

Como todo recalcamento, também o recalcamento da identificação feminina primária ocorre levando-se em conta a temporalidade do *a posteriori*. Como vimos, num primeiro momento, as vivências de penetração e passividade às quais a criança é submetida não entram num esquema de oposição, mas, antes, fazem parte de uma espécie de gozo homogêneo em que não há diferenciação entre penetrante e penetrado ou fálico e orificial. Portanto, apesar do excesso e da violência desses primeiros tempos, eles não se configuram *a priori* como traumáticos e inaceitáveis. É num segundo tempo, a partir da descoberta da diferença anatômica dos sexos, que a criança terá o imperativo de se posicionar em relação aos sexos: o que antes era homogêneo agora se torna biparticionado.

> *O recalcamento secundário, do qual participam a formação da identidade de gênero e a escolha de objeto sexual, deverá conferir* a posteriori *ao "corpo" recalcado originário o caráter de feminilidade, consolidando, dessa maneira, o recalcamento originário e estabelecendo as bases sexuais e sexuadas do conflito psíquico.* (Ribeiro, 2000, p. 238)

---

28 Laplanche, por exemplo, expressou sua discordância em relação à ideia de que no inconsciente haja forças de ligação, como o pressupõe pensar numa identificação recalcada. Cf. Laplanche (1993/1999) ou Ribeiro (2000).

74   GÊNERO E PSICANÁLISE

A partir da descoberta da lógica sexuada, da diferença anatômica, o recalcado originário ganha, inevitavelmente, significações que o aproximam da feminilidade. Como se pode imaginar, isso trará consequências psíquicas na relação de homens e mulheres com as questões de gênero, bem como consequências teóricas que abalam muitos dos pilares da teoria psicanalítica clássica. Muitas dessas vicissitudes serão tratadas por nós em capítulos posteriores, ao estabelecer diálogos entre essa teoria e nosso próprio ponto de vista.

No entanto, é importante que nos detenhamos rapidamente nas implicações da identificação feminina primária sobre o complexo de castração. Seguindo uma linha de raciocínio iniciada por Laplanche (1998) na sua obra sobre a castração, Ribeiro se pergunta como a castração pode, ao mesmo tempo, seguir uma lógica da contradição que admite apenas dois valores, o sim ou o não, e fazer parte do inconsciente, já que os "psicanalistas, na esteira de Freud, têm boas razões para admitir que, no inconsciente, não existe negação nem contradição" (Laplanche, 1988, p. 163). A castração, se entendida apenas como uma defesa que pretende organizar as teorias sexuais infantis, se torna incongruente com o aspecto pulsional e sexual do inconsciente. Ora, a partir da postulação da identificação feminina primária, outro aspecto da castração transparece e torna esse conceito muito mais interessante: trata-se do desejo de castração. A lógica de base da castração, então, não seria a negação ou a contradição, e sim a lógica do desejo, a partir de um imperativo ao mesmo tempo narcísico e pulsional. Narcísico pelo fato de que imaginar-se passível de castração ou mesmo atribuir em fantasia um pênis à mãe são soluções que buscam assegurar o suporte identificatório que a mãe representa, garantindo uma semelhança imaginária com ela; e pulsional "porque a fantasia feminina de ser penetrado se apresenta como uma tradução sexuada das exigências do objeto-fonte da pulsão" (Ribeiro, 2000, p. 294). Ou seja, o desejo de castração é também correlato do desejo de penetração ou, dito de uma maneira mais clara, do *desejo de ser penetrado*.[29] Retomando o caso do pequeno Hans, podemos tentar fazer uma generalização na qual o papel do pai como interditor no complexo de Édipo é antes um papel de interditar a identificação feminina do menino (correlata ao desejo de castração), e não o desejo incestuoso pela mãe.

Enfim, uma última apreciação, dessa vez sobre o caminho que a teoria de Ribeiro vem tomando com o decorrer dos anos. Partindo de uma leitura atenta de seus textos, percebe-se que a identificação feminina primária assume uma dupla via: por um lado, tal identificação se dá a partir de uma identificação passiva e precoce com a mãe;[30] por outro, se dá como consequência da "afinidade instransponível" (Ribeiro, 2000, p. 47) entre a feminilidade e a situação primária de sedução passiva e de penetração generalizada (independentemente do sexo da pessoa que seduz, para deixar claro o argumento). A própria dupla face narcísica e pulsional do desejo de castração a que aludimos traduz essa dualidade: do lado narcísico, temos a identificação com a mãe como explicação desse desejo, enquanto do lado pulsional o que é evocado é a feminilidade como tradução simbólica da posição passiva originária. De um lado, então, temos a feminilidade como consequência de uma impregnação imaginária e totalizante do que podemos chamar de uma fenomenologia do feminino, transmitida por meio do contato com a mãe; de outro lado, a feminilidade aparece como tradução simbólica e simbolizadora da invasão fragmentada dos primórdios da vida psíquica.

---

29 Em relação a isso, ver no Capítulo 3 nossa hipótese de interpretação do fenômeno pornográfico como um fenômeno identificatório.

30 Um exemplo dessa concepção pode ser encontrado na seguinte passagem: "nós sustentamos que a identificação com a mãe é imprescindível para o surgimento da feminilidade [na criança]" (Ribeiro, 2000, p. 247).

76   GÊNERO E PSICANÁLISE

Não deixa de ser interessante perceber, no conjunto dos textos de Ribeiro, como o potencial simbólico da feminilidade ganhou muito mais espaço com o tempo que a ideia de uma identificação precoce à mãe, apesar de ambas as facetas não precisarem ser consideradas mutuamente excludentes (não se trata, portanto, de apontar uma contradição teórica, mas sobretudo de "escutar" o movimento de uma obra). Tal constatação pode ser feita, por exemplo, com base no próprio livro que serviu como embasamento principal para minha exposição aqui (Ribeiro, 2000): nos capítulos 1 a 6, escritos entre 1988 e 1992 e em que são analisados os textos de Freud, a ênfase recai quase que completamente na identificação primária à mãe. Já no capítulo 7, que compreende um esforço de elaboração teórica que vai de 1992 até o ano 2000, a balança das explicações metapsicológicas para a identificação feminina primária já começa a apontar para o lado simbólico, qual seja, do potencial do feminino em significar as vivências originárias de intrusão. Também em outros textos mais antigos de Ribeiro (1987, 1990, 1993a) podemos perceber a preponderância da identificação precoce à mãe, enquanto em textos mais recentes (1997a, 1997b, 2003, 2005, 2007, 2009a, 2009b, 2010a) vemos o predomínio das explicações sobre o potencial simbolizador da feminilidade. O mesmo se pode dizer de suas recentes incursões no tema da imitação precoce (2009b, 2010b, 2010c): ao contrário do que se poderia supor a partir de uma primeira impressão do conceito de imitação, o motivo principal pelo qual a imitação precoce introduz a feminilidade no universo da criança não é, para Ribeiro, o fato de que exista uma mãe, mulher, a ser imitada, e sim o modo passivo com o qual essa imitação se impõe à criança e que, *a posteriori*, encontrará na feminilidade a principal forma de simbolização.[31]

---

31 Nesse sentido, a relevância dos estudos sobre identificação passiva e imitação precoce para a questão por nós apontada aqui, pois essas formulações apresentam uma solução metapsicológica que de certa forma concilia aspectos deci-

Pois bem, o assinalamento dessa dupla via teórica para a sustentação da identificação feminina primária é de especial interesse, uma vez que a ideia de que a feminilidade tem uma capacidade especial de simbolizar a invasão originária será uma das principais vias que utilizarei na definição da relação do gênero com o inconsciente. Observar sua gênese e seu devir ao longo dos sucessivos desenvolvimentos teóricos nos ajudará a não perder de vista seu caráter clínico e descritivo. Cabe-nos, por ora, nos indagar sobre qual estatuto se dá a essa "afinidade instransponível" entre o corpo recalcado e a feminilidade. Junto com uma complexificação e uma evolução natural do pensamento de Ribeiro, tal noção se deve também ao diálogo que este passou a estabelecer com as teorizações de outro autor. Trata-se aqui de Jacques André, que, ao publicar seu livro *Aux origines féminines de la sexualité* (1995), jogou uma nova luz sobre a relação entre o feminino e o recalcado, estabelecendo os termos a partir dos quais podemos aproximar as condições originárias do psiquismo da feminilidade. Passemos, então, à exposição dos principais conceitos deste autor.

---

sivos para cada uma das concepções dessa "dupla via". A identificação passiva (Ribeiro, 2007) é entendida como um processo que cria estados de Eu e que, ao mesmo tempo, se impõe sobre a criança, fazendo com que esta seja ao mesmo tempo criada (enquanto sujeito psíquico) e invadida. Num segundo tempo, a feminilidade aparece como simbolização a esses momentos ao mesmo tempo inaceitáveis e portadores de um gozo passivo. Da mesma forma, Ribeiro concebe uma imitação passiva que se impõe à criança e que, *a posteriori*, encontra na feminilidade uma simbolização do paradoxo concernente a esses estados primitivos do Eu (o máximo de passividade é responsável por criar a coesão e a unidade de um novo sujeito para o qual a dissolução e a efração passivas são inaceitáveis). Os conceitos de identificação passiva e de imitação precoce (também passiva), assim, preservam ao mesmo tempo as ideias de que um objeto total e identificatório possa ser o recalcado originário e de que a feminilidade apareça como simbolização desses estados precoces e se torne também o recalcado por excelência. Sem precisar recorrer à contingência da existência de uma mãe real a ser imitada ou à qual se identifique, o caráter identificatório da feminilidade originária é mantido.

78   GÊNERO E PSICANÁLISE

Jacques André e as origens femininas da sexualidade

Boa parte da obra de Jacques André é dedicada à feminilidade ou ao tema do gênero.[32] A originalidade de sua abordagem consiste em dar um tratamento à feminilidade no qual, em vez de pensar unicamente nas origens da sexualidade feminina, alarga-se a noção de feminilidade, levando o pensamento psicanalítico rumo às origens femininas da psicossexualidade em geral. Ou seja: "longe de fazer da feminilidade um avatar incerto da história edipiana, quando não uma descoberta da adolescência, propomos, ao contrário, uma concepção da feminilidade que tem uma íntima relação com a constituição do sujeito psicossexual como tal" (André, 1996, p. 23). Sucintamente, podemos dizer que a feminilidade, para André, é a principal simbolização dos momentos originários do psiquismo (marcados pela violência e pela penetração generalizada) e, por isso mesmo, torna-se o recalcado por excelência tanto nos homens quanto nas mulheres, sendo que a lógica fálica é o principal agente recalcante dessa feminilidade originária. Vejamos passo a passo como se constrói esse raciocínio.

De acordo com André, o abandono/recalcamento, por Freud, da sua teoria da sedução (como apontado por Laplanche) se interliga com o abandono da hipótese de uma feminilidade precoce (feminilidade cuja existência André evidencia a partir da análise do caso Dora, do "Homem dos Lobos" e do artigo "Uma criança é espancada"). A conexão entre essas duas ideias se dá pelo fato de que é o pai libidinal e sedutor o principal responsável pelo surgimento

---

32 Podemos aqui destacar: "La sexualité feminine: retour aux sources" (1991); *La sexualité féminine* (1994); *Aux origines féminines de la sexualité* (1995), traduzido para o português sob o título *As origens femininas da sexualidade* (1996); *La féminité autrement* (1999, organizado por Jacques André); *Fatalités du féminin* (2002, organizado por Jacques André e Anne Juranville); e *Les sexes indifférents* (2005, organizado por Jacques André).

da feminilidade precoce, já que, para Freud, "o correlato do pai sedutor . . . é a histerização-feminilização do filho" (André, 1996, p. 96). Mais à frente, André continua:

> *O pai libidinal é uma peça mestra nesses dois conjuntos teóricos [a teoria da sedução e a feminilidade precoce], ao mesmo tempo que seu traço de união. Ele só poderia "sofrer" com a virada iniciada por Freud, para não falar da operação lacaniana: a absorção do Pai, puro princípio de diferenciação, pelo Simbólico, ou seja, o ganho de uma maiúscula e a perda da libido. (p. 96)*

A importância do pai libidinal/sedutor no pensamento de André decorre do fato de que é a partir do *"desejo inconsciente do pai, desejo (de penetração) de um adulto sexualmente maduro"* (André, 1996, p. 43, grifo do original), que se induz uma feminilidade precoce tanto nos meninos quanto nas meninas. Naturalmente, o desejo do pai não deve ser aqui entendido na singularidade da perversão pedofílica, mas, antes, na generalidade dos amores edipianos, evocando a sedução originária e generalizada de Laplanche. Tal desejo paterno, então, despertaria as zonas erógenas "cloacais" nas meninas (vagina, ânus e uretra) e anal nos meninos, ambas protótipos de uma posição feminina. Afinal, um desejo que penetra, que intromete, gera necessariamente uma conjunção entre a violência originária da intromissão precoce do sexual e o dentro, o interior, um interior que encontra no corpo a principal forma de representação. "A conjunção que propomos entre a criança seduzida e a posição feminina encontra nisso seu ponto de ancoragem mais arcaico: *a criança-seduzida é uma criança-cavidade, uma criança orificial*" (André, 1996, p. 98, grifo do original). Nesses momentos arcaicos, então, podemos pensar, na esteira de Ribeiro (2000, 2007), em uma legítima penetração generalizada. Penetração, no

80   GÊNERO E PSICANÁLISE

entanto, que só se apresenta como tal para o infante no momento em que um limite corporal se constitui e passa a ser representado psiquicamente. Em outras palavras, a condição penetrada requer o surgimento do Eu-instância e seu investimento narcísico. Para André (1995), são justamente essas exigências narcísicas de ligação que determinam que o caráter orificial e penetrável da vagina conduza a feminilidade a ocupar a posição de principal e primordial vetor de simbolização da sedução originária:

> *Propomos a seguinte hipótese: do "ele intromete" ao "sou submetido(a) ao coito pelo pai" (enunciado da feminilidade infantil), mediante as primeiras ligações de Eros e as primeiras elaborações da psique que separam o originário de uma organização libidinal, de uma a outra dessas posições, o caminho está profundamente traçado. Procurando ilustrar a violência (originária) que une o adulto e a criança imatura, ocorreu a Ferenczi esta metáfora: "Pensemos nos frutos que se tornam maduros e saborosos muito depressa, quando o bico de um pássaro os fere, e na maturidade prematura de um fruto bichado".[33] Uma mesma consonância genital encontra-se no "ele intromete". A situação geral de sedução reúne um adulto invasor e uma criança invadida: as palavras nos ouvidos, o mamilo na boca, o supositório no ânus... a penetração (sedutora) do adulto não é simples metáfora, ela passa pelo ato. (p. 110, tradução minha, grifos do original)*

---

33 Citação extraída de Ferenczi (1932/1974, p. 130).

Tal conjunção entre feminilidade e sedução originária se assenta, portanto, sobre outra conjunção, a saber, a da feminilidade com o *dentro*, com o interior. Isso leva André a uma discussão sobre o conhecimento precoce da vagina (como símbolo da feminilidade e da orificialidade) e sua inscrição no psiquismo infantil. Como já vimos, para Freud e grande parte dos teóricos da psicanálise, no psiquismo infantil só haveria registro de um órgão genital, o pênis/falo, que pode estar presente ou ausente. A vagina, inicialmente imperceptível sensorialmente e excluída da simbolização, só teria seu despertar erótico na puberdade. Apesar de ser uma zona erógena organizadora da feminilidade adulta, nos diz ironicamente André, não teria nenhum enraizamento no infantil. Tal teoria freudiana, que tem sua continuidade em Lacan, além de contrariar inúmeras evidências clínicas, padece também da seguinte incoerência teórica: se a psicanálise é uma teoria do infantil e do inconsciente, que legitimidade ela poderia conservar "em sua pretensão de compreender a vida psíquica das mulheres?" (André, 1995, p. 57). Em contraposição a tais teorias, André lembra que, se entendermos a gênese da sexualidade ancorada numa primazia do outro sobre a criança, basta que as fantasias de penetração e a vagina existam no inconsciente adulto para que esta, enquanto zona erógena, ganhe vida também nas representações infantis e adquira sua marcação significante no corpo infantil.[34]

Isso não implica, no entanto, conceber um conhecimento equivalente e simétrico da vagina pela menina e do pênis pelo menino. A vagina, diz André, é muito mais obscura, pode até ser relativamente evitada durante os cuidados de higiene dos toques maternos e, diferentemente do pênis, do ânus e da uretra, ela não tem função autoconservadora na infância. Isso, somado à existência de

---

34 Por exemplo: "*O pai desejante e sedutor impõe a hipótese de um conhecimento precoce da vagina – seja ele confuso*, pressentido" (André, 1991, p. 26, tradução minha, grifo do original).

sensações vaginais precoces advindas de uma coexcitação provocada pela estimulação da parede reto-vaginal durante o trânsito fecal (André, 1996, p. 103), justifica que a vagina, enquanto zona erógena, se apresente como herdeira da "confusão cloacal". Como consequência desta ascendência imprópria (afinal, o termo "cloaca" nos remete a algumas espécies de animais), instaura-se também a possibilidade da inscrição da feminilidade nos homens. Nesse sentido, para André, a constatação freudiana de que as representações da analidade são o recalcado por excelência nos homens deve-se "menos à analidade em si do que à íntima ligação que elas mantêm com essa feminilidade primária inaceitável" (André, 1996, p. 115). Dessa forma, a vagina, com seu caráter lacunar e obscuro e com sua ascendência "cloacal", simboliza e renova a sedução originária tanto para mulheres quanto para homens, tornando-a a partir de então sedução sexuada:

> Como lugar de penetração, a vagina presta-se a retomar, a simbolizar a intromissão da sexualidade adulta no psicossoma da criança – com o risco de se aproximar dela em demasia. A vagina é a própria coisa, o lugar repetitivo da intrusão sedutora originária e, nessa condição, particularmente propícia à manutenção do enigma. A confusão cloacal, a natureza interna dos processos somáticos e a invisibilidade dos lugares excitados, tudo isso concorre para acentuar o caráter incontrolável da feminilidade precoce. O ser-penetrado feminino tem com o recalcamento, como colocação do outro no interior, um parentesco que não joga simplesmente com as palavras. (André, 1996, p. 115, grifos do original)

A feminilidade primária constitui, assim, uma primeira e necessária representação da passividade da criança diante da situação traumática e invasiva de sedução. Dessa forma, o feminino se torna o recalcado por excelência para ambos os sexos, dada essa proximidade intransponível entre a posição feminina e a passividade originária. Como assinala André, tal intuição pode ser encontrada no próprio Freud:

> *Quando Freud escreveu, em 1897, que "o elemento essencialmente recalcado é sempre o elemento feminino"*,[35] *ou quando, muito depois, fez da "recusa da feminilidade" um dos grandes entraves no processo analítico,*[36] *foi onde se aproximou mais de perto de uma articulação entre a feminilidade e a alteridade, entre o feminino e o outro no interior de nós. Nossa própria hipótese, assim, tende a nos levar das origens da sexualidade feminina para a* feminilidade das origens *da psicossexualidade. (André, 1996, p. 115, grifo do original)*

Há, então, uma articulação necessária entre a feminilidade e o recalcado, entre a feminilidade e a alteridade, fazendo com que o conflito psíquico guarde sempre relações com os gêneros, afinal, entre o que André denomina "ser invadido originário" e o "ser penetrado feminino" alguma elaboração certamente existe, mas não o suficiente para impedir que a feminilidade sofra os mais intensos efeitos do recalcamento:[37]

---

35 Cf. Freud (1897/1996, p. 300).

36 Cf. Freud (1937/1996).

37 Nesse parágrafo, uso quase as mesmas palavras que Ribeiro (2000, p. 244) utiliza ao descrever a teoria de Jacques André.

> *Acentuando a oposição entre os termos, podemos afir-*
> *mar que o outro sexo, para qualquer um, homem ou*
> *mulher, é sempre o sexo feminino, na medida em que*
> *ele está pré-inscrito no psicossoma da criança pela efra-*
> *ção sedutora originária do outro (do adulto), e em que,*
> *ao ser penetrado, ele repete o gesto e mantém o enigma*
> *dessa efração. Ao contrário, o sexo masculino, em sua*
> *simbolização fálica, é para todo o mundo o mesmo,*
> *quer se o tenha ou não. O falo é o primado de um sexo,*
> *apenas um, sem outro senão sua própria ausência.*
> *(André, 1996, p. 115, grifo do original)*

É interessante notar que tal conclusão se aproxima de algumas formulações de Lacan. No entanto, no pensamento de André, a articulação entre feminilidade e alteridade ocorre não por uma falta de representação do feminino, mas, ao contrário, é justamente o fato de o feminino ter uma representação orificial e penetrável que faz com que ele se torne o recalcado para ambos os sexos. Nesse sentido, André não hesita em criticar o aforismo lacaniano "A mulher não existe", qualificando-o de falocêntrico (André, 1996). Aliás, se pudéssemos enxergar alguma verdade nesse aforismo, seria antes a verdade da sexualidade infantil, uma vez que, para André, cabe à lógica fálica o papel recalcante da feminilidade primária. O primado do falo é o primado de uma síntese que recalca uma feminilidade anterior, sendo que o movimento desse primado visa *"apagar a alteridade*, reduzir tudo à figura do mesmo" (p. 62). A lógica fálica adquire sua importância pelo fato de ser organizadora, de estar do lado do Eu e do narcisismo, de ter a capacidade de recalcar esses tempos primeiros de uma violência intrusiva simbolizada pelo feminino. Não se trata de negar a existência dessa lógica: "a primazia do falo preside a organização das formas sociais, estrutura, além disso, nossa relação com o poder, e submete a si o curso de muitas vidas, de homens ou de mulheres" (p. 60). Trata-se, antes, de compreender sobre o que se ergue essa lógica, entendendo assim sua onipresença na produção das subjetividades, na organização social e mesmo nas teorizações psicanalíticas:

> *Reduzir o outro ao mesmo . . . A lógica fálica abraça o movimento do conhecimento, do esclarecimento; o movimento da* teoria. *Sua capacidade de trazer convicção deve muito, sem dúvida, a essa coincidência. Nossa hipótese, no entanto, é que esse acesso ao conhecimento (ou ao "Simbólico") alimenta-se em uma fonte contrária: o recalcamento, o da feminilidade primária na criança. Na vida psicossexual, assim como na teoria, a* descoberta *do primado do falo* encobre *de sombras uma alteridade para a qual o feminino oferece uma representação eletiva. (André, 1996, p. 63, grifos do original)*

A teorização sobre essa feminilidade originária deve, antes de tudo, procurar se desembaraçar de certas deturpações provocadas por um olhar enviesado pelo primado fálico. É o caso de especificar o que se quer dizer quando se fala sobre o "elo intermediário que une sedução e feminilidade, o vetor pulsional que faz com que elas se juntem: a passividade" (André, 1996, p. 105). Se a abordagem de André o leva a restituir ao par feminilidade-passividade uma parcela de necessidade, não lhe escapa o fato de que isso, "sem dúvida, não agradará a todo o mundo" (p. 106). Antes de definir a passividade pulsional à qual se relaciona a feminilidade, é preciso demarcar os pontos de vista que ele considera equivocados sobre essa relação. Assim, deve-se tomar a devida distância das formulações

86   GÊNERO E PSICANÁLISE

freudianas nitidamente marcadas pelo falocentrismo. Como já exposto no início do capítulo, a passividade que Freud relaciona à feminilidade é uma passividade que se dá como decorrência de uma conformação com a castração, que traz consigo um juízo sobre o desconhecimento da vagina por parte da criança. Uma passividade pensada nesses termos apresenta-se mais como uma "depressão pós-castração", visto que a condição de castrada e a posição passiva se equivalem. "É uma passividade do 'de que adianta', sinônima da inércia, que se torna difícil de distinguir da frigidez" (p. 107). A passividade descrita por Freud é uma passividade julgada pelo crivo da atividade, tida como uma simples negação da atividade, como um silêncio da sexualidade feminina, e foi contra ela, nos diz André, "que se empenhou a crítica feminista psicanalítica, o que lhe permitiu ignorar a outra vertente da questão" (p. 107).

A outra vertente da passividade situa-se no plano pulsional, distinguindo-se radicalmente da figura da passividade castrada. Curiosamente, é num texto do próprio Freud (1896a/1996) que André vai buscar os fundamentos dessa passividade pulsional. Nesse texto, Freud compara as etiologias da neurose obsessiva e da histeria a partir do par atividade-passividade. Na base da histeria, de acordo com Freud, encontraríamos um acontecimento de passividade sexual, "uma experiência à qual alguém se submeteu com indiferença ou com um grau de aborrecimento ou medo" (p. 154). Uma passividade que comporta pavor por parte de uma criança espectadora evoca a passividade originária da sedução, advinda de um excesso de excitação proveniente da fantasia da cena originária. Já na origem da neurose obsessiva, no caso dos meninos, estaria presente uma iniciativa sexual de natureza agressiva e prazerosa e, no caso das meninas, uma participação acompanhada de gozo em jogos sexuais, vivenciada sem sua iniciativa, mas com seu consentimento. Se levarmos em conta, como lembra Ribeiro, que, para Freud, a atividade exibida pelo menino nas cenas sexuais precursoras da neurose obsessiva é vista "como indício de existência de uma cena anterior vivenciada sob a forma passiva" (Ribeiro, 2000, p. 243),[38] podemos deduzir que, enquanto nos meninos há uma dupla transformação (da passividade primária em atividade e do pavor em prazer), "a via feminina permanece no terreno da passividade, o da irrupção sedutora do sexual, mas transita do pavor para o gozo – para o excesso de prazer" (André, 1996, p. 108). É a partir daí que André formula sua definição de passividade pulsional: "*gozar daquilo que (lhe) acontece*, participar com gozo daquilo que (em você) penetra, faz intrusão – isso é dizer a ligação íntima entre a passividade e *o dentro*" (André, 1995, p. 122, tradução minha, grifos do original). Para André, a passividade precede a atividade, sendo que a atividade é uma espécie de "elaboração-distanciamento dessa passividade nuclear" (André, 1996, p. 108), fato muito bem demonstrado pelo menino no jogo do carretel (o *fort-da*) descrito por Freud em *Além do princípio do prazer* (1920/1996).

Da mesma maneira, enfim, que o par feminilidade-passividade, também o par feminilidade-masoquismo deve ser bem trabalhado e separado da visão freudiana do masoquismo feminino, exposta principalmente em "O problema econômico do masoquismo" (1924/1996). A inferioridade, a submissão, a ausência de prazer, a ausência de atividade e a conformação à castração figuram entre as qualidades desse masoquismo feminino teorizado por Freud. Para André, esse masoquismo castrado, mesmo que figure entre as possibilidades do masoquismo feminino, é apenas um aspecto secundário do masoquismo, herdeiro do complexo de castração e

---

38 Freud desenvolve esse raciocínio no artigo "Observações adicionais sobre as neuropsicoses de defesa", na seguinte passagem: "Além disso, em todos os meus casos de neurose obsessiva, descobri um *substrato de sintomas histéricos* que puderam ser atribuídos a uma cena de passividade sexual que precedeu a ação prazerosa" (Freud, 1896b/1996, pp. 168-169, grifo do original).

88 GÊNERO E PSICANÁLISE

de uma visão falocêntrica. O masoquismo primário, pensado nos termos propostos por Laplanche[39] e ao qual André associa a feminilidade, é antes visto como uma conjunção de dor e excitação sexual, conjunção esta que tem suas raízes na violência originária e invasiva dos primeiros tempos da sedução. André sustenta, assim, o "caráter simultaneamente necessário e primitivo do vínculo entre masoquismo e feminilidade" (André, 1996, p. 112), evocando como primária a figura de um masoquismo orificial, dado à penetração e à invasão.

Dessa forma, André concebe a explicação para o caráter de necessidade da tríade *feminilidade-passividade-masoquismo*, à qual poderíamos acrescentar um quarto termo, o *recalcado*: no final das contas, tudo decorre do fato de que é a feminilidade primitiva a primeira representação da passividade da criança diante da situação traumática de sedução. O papel da vagina aí é fundamental, pois, pela sua natureza orificial e penetrável, ela "presta-se a simbolizar a intromissão da sexualidade adulta no psiquismo e no corpo da criança, bem como o ataque da pulsão contra as fronteiras internas do eu" (Ribeiro, 2000, p. 246). A teoria de André, de certa forma, fixa uma definição de feminilidade e, com grande tato clínico, estabelece os termos a partir dos quais podemos compreender a *afinidade instransponível* entre o feminino e o recalcado. No entanto, o caráter de necessidade e de *fundamento/essência* dessa formulação a aproxima de uma espécie de ontologia, uma *ontologia do feminino* que encontra na orificialidade/passividade sua principal ancoragem. Pensar em ontologia, especialmente hoje – após as sucessivas críticas feministas, imanentistas, desconstrucionistas etc. –, requer um esforço no sentido de buscar uma fundamentação radical, num sentido *filosófico* e também *político*, para a referida teoria, fundamentação à altura do peso de suas afirmações.

---

39 Cf. Laplanche (1992e, 1992g).

Nesse sentido, essa "lacuna filosófica" das formulações de André abre espaço para diversas perguntas que se impõem: já que, por exemplo, os meninos têm ânus, boca e outros orifícios, e já que estes também são alvo da penetração sedutora do adulto, por que esta penetração encontrará apenas na vagina uma via de simbolização? Em outras palavras: por que falar de *feminilidade* originária, e não apenas de *passividade* originária? Por mais que se diferencie *feminilidade* de *mulheres*, por mais que se diga que essa feminilidade está presente também em homens, a escolha da palavra dá a ela um peso que não pode ser ignorado. Pois bem, *a vagina como explicação última* para essa relação entre feminino e passivo será suficiente para fundamentar essa ontologia do feminino? Ou será essa explicação um resquício do endógeno e do biológico dentro de uma teoria que se propõe a superar essas categorias? Será a relação entre feminilidade, passividade e masoquismo realmente algo do nível da *necessidade* ou tal relação se assentaria num caráter contingencial e histórico, herdeiro da normatividade de uma sociedade falocêntrica? Seria a diferenciação entre feminilidade castrada e feminilidade orificial suficiente para superar todos os problemas de uma correspondência *fundamental* entre feminilidade e masoquismo, por exemplo? Todas essas perguntas podem ser assim resumidas: quais os pontos de transgressão e quais os pontos de estancamento da teoria de André? Trabalharia ela a favor ou contra a normatividade social? A filósofa feminista Judith Butler, em seu livro *Problemas de gênero*, faz à psicanálise uma pergunta que converge com nossas preocupações aqui:

> *Seria a psicanálise uma investigação antifundamentalista a afirmar o tipo de complexidade sexual que desregula eficientemente códigos sexuais rígidos e hierárquicos, ou preservaria ela um conjunto de suposições não confessadas sobre os fundamentos da identidade,*

o qual funciona em favor destas hierarquias? (Butler, 1990/2003, p. 11)

No próximo capítulo me empenharei em "fazer trabalhar" a teoria de Jacques André e, de certa forma, a de todos os autores apresentados aqui. A intenção será a de colocar à prova os enunciados ora apresentados, confrontá-los, tentar propor para eles uma (re)fundação. Laplanche fala algo semelhante ao propor a necessidade de novos fundamentos para a psicanálise: "Problematizar é abalar, pôr à prova ... A partir desses questionamentos radicais, violentos, é necessariamente uma nova temática, novas ordenações, novos conceitos ou uma nova disposição dos conceitos que se desenha" (Laplanche, 1992b, p. 1). Antes de passar a essa empreitada, no entanto, cabe fazer um balanço parcial do nosso percurso, definindo provisoriamente os conceitos de gênero e sexo para, a partir de então, ter fixada uma primeira plataforma conceitual com base na qual nos movimentaremos posteriormente.

Gênero, sexo, diferença anatômica: primeira circunscrição conceitual

A partir dos estudos pioneiros de Money, vimos como a designação parental tem importância preponderante na definição de uma identidade sexual, em detrimento de qualquer determinismo biológico. Criou-se o conceito de gênero, significando assim a preponderância da cultura e do ambiente sobre o sexo, este então entendido como um dado biológico. Greenson e Stoller continuaram nessa direção de apontar a primazia da alteridade na delimitação da qualidade de sentir-se homem ou mulher. No caso de Stoller, os estudos sobre o transexualismo mostraram que mesmo o sexo dito biológico pode ser colocado em xeque a partir de experiências precoces de socialização.

A partir de Ribeiro, formalizou-se a noção de que o gênero guarda com o recalcamento e com o conflito psíquico uma relação fundamental. O sexo, a partir daí, passa a ser visto não como um dado biológico inicial, mas, antes, como uma aquisição tardia, concomitante ao Édipo e que tem um papel organizador do Eu.[40] Com André, vimos como a definição de um sexo, a partir da lógica fálica, tem antes um papel defensivo diante dos primeiros tempos de penetração sedutora do outro. Deixemos de lado, por enquanto, o papel desempenhado pela feminilidade em todos esses autores, e nos concentremos em tentar esboçar uma definição operacional inicial para os termos *sexo* e *gênero*, acrescentando a essa díade o termo *diferença anatômica*. O texto "Le genre, le sexe, le sexual", de Laplanche (2003), nos ajudará nessa definição.

Nesse artigo, Laplanche dedica-se sobretudo a especificar um outro tipo de mensagens enigmáticas endereçadas à criança nos momentos mais iniciais. Já vimos, neste capítulo, que Laplanche concebe as mensagens enigmáticas como inicialmente veiculadas por meio dos cuidados corporais dispensados à criança, cuidados que, por não terem como se desvincular do inconsciente do adulto, inundam a criança de sexualidade. Assim podemos conceber, por exemplo, a erogenização das chamadas zonas erógenas. Pois bem, ao lado dessa classe de mensagens ligadas aos processos de *attachment* (termo usado pelos teóricos do desenvolvimento), Laplanche introduz outra dimensão da sedução: trata-se das mensagens sociais, oriundas do que Laplanche chama de *pequeno socius* – pessoas

---

40 A concepção do sexo como não biológico, não natural, é um ponto de vista que vai ao encontro das recentes críticas feministas. Cf., por exemplo, Butler (1990/2003). No próximo capítulo, aprofundaremos o diálogo com as teorias feministas.

92   GÊNERO E PSICANÁLISE

com as quais a criança tem uma convivência próxima –,[41] e que se relacionam à identificação e à identidade de gênero. A característica principal dessas mensagens é sua relação com os processos de designação do gênero, e este passa a ser relacionado à primazia da alteridade e ao que Laplanche denomina "identificação por". Essa "mudança no vetor da identificação" (Laplanche, 2003, p. 81) se assemelha muito ao conceito de identificação passiva formulado por Ribeiro (1992, 2000, 2007), denotando que, nos primórdios da vida psíquica, o verbo identificar não pode ser usado na voz reflexiva *eu me identifico*, mas, antes, na voz passiva *eu sou identificado*: são os adultos com os quais a criança convive que designam e definem seu gênero.

Tal designação, no entanto, não é pontual nem linear. Um único ato, como o de dar um nome masculino a um menino, por exemplo, não é suficiente para manter uma designação. Não é apenas um significante o responsável pelo gênero, devendo a designação ser entendida como "um conjunto complexo de atos que se prolonga na linguagem e nos comportamentos significantes do entorno [da criança]" (Laplanche, 2003, p. 81, tradução minha). Essas mensagens, no entanto, não são nada claras, sendo acompanhadas de "ruídos" (*bruits*) oriundos das fantasias inconscientes e pré-conscientes dos adultos, o que torna a mensagem opaca e enigmática para seu receptor. As representações sexuadas inconscientes dos pais, seus fantasmas, sua sexualidade inconsciente, o sexual infantil reavivado pelo convívio com uma criança em estado de desamparo, tudo isso *faz ruído* na designação.[42] A criança,

---

41 "Quer dizer, efetivamente, o pai, a mãe, um amigo, um irmão, um primo etc." (Laplanche, 2003, p. 81, tradução minha).

42 Laplanche (2003, p. 83) dá o exemplo de um pai que designa conscientemente o gênero masculino a seu filho e que, no entanto, sempre desejou ter uma filha. Talvez, para Laplanche, seu desejo inconsciente de penetrar uma filha faça ruído nessa designação.

então, recebe passivamente as mensagens de designação de um gênero, mas os ruídos tornam esse processo mais complexo, criando ùma descontinuidade entre os dois polos. Isso faz com que a designação do gênero seja um processo sujeito a diversas vicissitudes, impondo à criança um trabalho de simbolização do excesso que lhe chega. Essa simbolização do gênero, vista por Laplanche como uma tradução organizadora, é feita justamente pelo sexo: este vem fixar o gênero, dando-lhe estabilidade. O gênero, assim, antecede o sexo e é anterior à própria tomada de consciência; o sexo é secundário e organizador, é uma simbolização do gênero, vindo atender às exigências narcísicas de estabilização de uma multiplicidade. Três das conclusões a que Laplanche (2003) chega nesse texto nos interessam aqui:

> – *Precedência do gênero sobre o sexo, o que choca os hábitos do pensamento, os modos de pensar rotineiros que colocam o "biológico" antes do "social".*
>
> – *Precedência da designação sobre a simbolização.*
>
> – *Identificação primária a qual eu proponho que, longe de ser uma identificação primária "ao" (adulto), seja uma identificação primária "pelo" (adulto). (p. 87, tradução minha)*

Pois bem, reunimos já os subsídios necessários para dizer a que, a partir de agora, nos referiremos quando usarmos os vocábulos gênero, sexo e diferença anatômica: o conceito de **gênero** expressa o resultado da designação, por parte do *pequeno socius*, de identidades e papéis relacionados ao sentimento de pertencimento a um dos grupos sociais classificados como masculino e feminino, sentimento este que se relaciona às formas de se comportar, de sentir, de se vestir, de manifestar emoções, aos modos de gozar, de

94   GÊNERO E PSICANÁLISE

desejar, de amar etc. Tal designação é acompanhada de ruídos inconscientes, o que torna o gênero algo mais desorganizado e múltiplo. A atribuição de gênero é anterior à tomada de consciência e à própria descoberta da diferença anatômica e dos imperativos sociais de se posicionar perante ela. O gênero, assim, convive com o polimorfismo sexual infantil, apesar de já começar a fornecer ao Eu atributos de identidade. O **sexo** é secundário ao gênero, tendo por função organizar sua multiplicidade, fixando uma identidade sexuada que, a partir de então, adquirirá estabilidade ao longo da vida, dado seu vínculo necessário à consolidação de um Eu, já que, nos modos simbólicos nos quais funciona a cultura, toda identidade precisa fazer referência a um sexo.[43] O sexo responde aos imperativos sociais de se posicionar perante a bipartição masculino-feminino, e refere-se à certeza de saber-se homem ou mulher. O sexo, assim, pode ser topicamente referido ao Eu, fazendo parte da identidade, atuando como agente recalcante e servindo como contrainvestimento a tudo aquilo que no infantil é da ordem do múltiplo, a tudo aquilo que vai contra a identidade construída. Em um menino, por exemplo, a assunção do sexo masculino, a partir

---

43 Uma frase de Silvia Bleichmar, em seu livro *Paradojas de la sexualidade masculina*, vai ao encontro do que acabamos de afirmar: "Nesse sentido, podemos considerar que a identidade ontológica, que marca o caráter humano da criança a partir do momento em que o outro a considera da mesma espécie – o que é indubitavelmente um feito simbólico e não biológico –, se articula, ao menos até agora na história da humanidade, com a identidade sexual, como o demonstra a importância do nome próprio" (Bleichmar, 2009, p. 29, tradução minha). Também Berenice Bento (2006), em *A reinvenção do corpo: sexualidade e gênero na experiência transexual*, compartilha do mesmo ponto de vista: "A humanidade só existe em gêneros, e o gênero só é reconhecível, só ganha vida e adquire inteligibilidade, segundo as normas de gênero, em corpos-homens e corpos-mulheres" (p. 230). Duas autoras, portanto, oriundas de campos de saber distintos – a psicanálise e a sociologia –, servem-nos aqui para fundamentar a constatação da centralidade do sexo-gênero nos processos de subjetivação.

da (hetero)normatividade social, pode vir a recalcar: desejos pulsionais homossexuais pelo pai; a identificação à mãe e ao feminino; desejos de ser penetrado; enfim, todo um polimorfismo da sexualidade humana que não se deixa capturar por uma identidade fixa. *O sexo, assim, não é um dado biológico, não é um dado natural, não é um caractere inato.* É para atender à necessidade de uma referência ao anatômico e ao biológico que acrescentamos aqui também o vocábulo **diferença anatômica**, indicando o sexo biológico, ou melhor, indicando aquilo a que se convencionou por muitos anos chamar de sexo. Tal diferença foi apropriada socialmente como a principal classificação humana, e assim serve como uma espécie de matriz hermenêutica a partir da qual os adultos poderão ter a segurança de designar à criança o gênero "correto". Insisto, mais uma vez, que essa designação não é linear, sendo antes parasitada pelos ruídos inconscientes do adulto. O papel que atribuímos à diferença anatômica, enfim, se tornará mais claro nos próximos capítulos, mas desde já podemos adiantar que, absolutamente, nossa posição se distancia do tão propagado oráculo "*a anatomia é o destino*", tentando ao mesmo tempo não encarar essa diferença como um dado qualquer escolhido arbitrariamente pela sociedade para ocupar um lugar central, mas antes lhe restituindo um papel fundamental enquanto enigma do real que exige algum tipo de simbolização.

2. Feminilidade, passividade, masoquismo: novos fundamentos

No Capítulo 1, nosso percurso teórico nos levou a constatar a proximidade entre o feminino e o recalcado ao explorar teorias nas quais a primazia da alteridade se faz presente a partir da associação entre a feminilidade e os tempos originários do psiquismo. Tais teorias colocam em xeque toda a teoria psicanalítica clássica da castração, como pudemos observar. Falar de *desejo* de castração, de orificialidade, de feminilidade originária, tudo isso exige uma revisão radical de muitos dos fundamentos sobre os quais se edificou grande parte da teoria psicanalítica. Ao mesmo tempo, tais teorias postulam novas verdades, chegando a criar uma verdadeira ontologia do feminino/feminilidade, na qual este deixa de ser nomeado como castrado e passa a ser referido ao orificial e à situação originária de sedução. Nesse novo discurso sobre o feminino, é interessante perceber como o espírito crítico de suas formulações coabita com a manutenção de categorias marcadas por uma história de normatividade social e opressão: o masculino e o feminino, a passividade, o masoquismo...

Nesse sentido, a teoria feminista e os *gender studies* vieram denunciar como a delimitação e a definição de certas categorias, como o masculino e o feminino, serviram, ao longo da história, para criar grupos ditos desviantes e justificar mecanismos de dominação e de hierarquia. A chamada matriz binária heterossexual do gênero (Butler, 1990/2003) marcou e ainda marca, em nossa sociedade, apenas dois modos possíveis de identidade sexuada – o homem heterossexual e a mulher heterossexual (de preferência brancos) –, excluindo do domínio de inteligibilidade cultural toda uma gama de identidades (homossexuais, transexuais, "pervertidos" etc.) e estabelecendo ainda uma relação de hierarquia e dominação (social, econômica, de trabalho) entre os dois termos: homens são mais do que mulheres. Se, então, a própria bipartição do gênero em masculino e feminino carrega consigo toda essa história de normatividade, poder e exclusão, o que dizer da associação entre feminilidade, passividade e masoquismo? A que propósitos ela serviu durante sua existência na teoria psicanalítica? Por que e como mantê-la? Dessa forma, se pretendemos dar continuidade à reflexão sobre as teorias nas quais o feminino se aproxima do recalcado, cabe-nos perguntar: será possível trabalhar ainda com todas essas categorias citadas sem que nos precipitemos nos mesmos problemas?

Afinal, trata-se de concordar que o gênero é uma categoria fundamental da subjetivação ou colocá-lo em xeque? Ou a própria formulação de duas alternativas tão opostas já implicaria o binarismo que se deveria superar? Como se movimentar dentro dessa difícil dialética? Se a psicanálise descreve o imperativo de domar a multiplicidade da sexualidade infantil por meio da necessária assunção de um sexo, e se essa identidade sexuada faz parte do processo de consolidação do Eu, estaria a psicanálise contribuindo de alguma forma para a manutenção dessa heteronormatividade? Mais uma vez, as perguntas de Judith Butler (1993) nos ajudam a refletir:

Além do mais, em que medida, na psicanálise, o corpo sexuado é assegurado por meio de práticas identificatórias governadas por esquemas regulatórios? . . . Se a formulação de um ego corporal, um senso de contorno estável, e a fixação da fronteira espacial são obtidas por meio de práticas identificatórias e se a psicanálise descreve os funcionamentos hegemônicos daquelas identificações, podemos, então, ler a psicanálise como uma inculcação da matriz heterossexual ao nível da morfogênese corporal? (pp. 13-14, tradução minha)

Nesse sentido, o próprio movimento da *teoria*, enquanto descrição e circunscrição de um objeto, coloca-nos em uma posição delicada: "desde que a psicanálise teoriza, ela inventa uma generalidade que a faz correr riscos" (André, 2005, p. 16, tradução minha). Sobre esses riscos, Silvia Bleichmar adverte-nos que "a absolutização [da teoria psicanalítica] à margem da história e dos modos como se constituem as diversas correntes da vida psíquica leva consigo o risco de um moralismo decadente que empurra a psicanálise em direção ao século XIX, em lugar de convocá-la ao século XXI" (Bleichmar, 2009, p. 108, tradução minha). Como, então, fazer a teoria transitar entre uma generalidade (mesmo que mínima) e a história? Sandra Azerêdo (2010), ao defender a necessidade da *teoria* nos estudos de gênero, define esta como o "produto de deslocamento", de uma abertura para o desconhecido, "o diferente, este 'outro impróprio' (inapropriado e inapropriável)" (p. 184). Impõe-se então a difícil tarefa de fazer uma teoria que não se absolutize, que não se feche sobre si, dando espaço para a irrupção da alteridade e do novo; é nessa direção que buscaremos caminhar neste capítulo.

Para seguir nessa tarefa, no entanto, considero, junto com Silvia Bleichmar (2009), que os núcleos de verdade que compõem certos enunciados não podem ser perdidos junto com aquilo que precisa ser refundado na teoria: não se pode jogar fora o bebê junto com a água do banho. No caso do gênero, como defende Paulo de Carvalho Ribeiro num texto recente sobre a feminilidade, não se trata de rechaçar as noções de masculinidade e feminilidade, mas, antes, de constatar a "importância de se manter na teoria e na prática psicanalíticas as categorias de masculino e feminino desde que sua relação com a teoria da castração seja repensada e reformulada a partir de seus fundamentos, ou seja, de forma radical" (Ribeiro, 2010a, p. 7). Na busca dessa refundação, para Ribeiro, uma pergunta permanece fundamental para qualquer tentativa de reformulação da teoria psicanalítica dos gêneros:

> *A pergunta, apesar do inevitável constrangimento que causa, deve ser formulada nos seguintes termos: se existe de fato, como é afirmado por Freud e vários pós-freudianos, uma relação do recalcado com o feminino, constatável tanto nos homens quanto nas mulheres, tanto nos indivíduos que se vêem como masculinos, como nos que se vêem como femininos e também nos que se vêem em trânsito entre essas duas posições; se existe então uma relação generalizada do feminino com o recalcado, e se o recalque participa da constituição psíquica, qual é afinal a relação do feminino com as condições que consideramos originárias na constituição psíquica, a saber, a passividade e o masoquismo? (Ribeiro, 2010a, p. 7)*

Pois bem, será a partir dessa pergunta que tentarei contribuir para a (re)fundação do pensamento do gênero dentro da psicanálise. Para tal, nossa proposta aqui será levar ao seu limite as teorias que se propõem a fundamentar criticamente a relação feminino--passivo-masoquista, acompanhando-as em sua fecundidade e, ao mesmo tempo, mostrando suas limitações. Nessa empreitada, o diálogo com algumas grandes vertentes do pensamento crítico nos será fundamental, figurando entre elas as filosofias de Nietzsche e Deleuze e as teorias feministas (nas quais se incluem a epistemologia de Donna Haraway e a filosofia de Judith Butler, entre outras).

Como ponto de partida, penso ser importante deixar claro a que nos referimos ao usar o conceito de feminilidade, demarcando sua diferença e seus pontos de interseção com a categoria geral de "mulheres".

Como já vimos a partir da exposição das teorias de Ribeiro e André no Capítulo 1, tanto em homens quanto em mulheres podemos constatar a existência de uma feminilidade originária. E vimos também que a lógica fálica, lógica da diferença, é necessária para homens e mulheres enquanto elemento organizador do gênero e recalcante do polimorfismo sexual infantil e da própria feminilidade originária – é aí que podemos conceber a definição e a estabilização de um sexo. A assunção de uma identidade sexuada, então, mescla elementos do feminino e do masculino, sendo uma aquisição relativamente tardia no desenvolvimento infantil. Isso faz com que a noção de ser mulher (e também de ser homem) não seja um ponto de partida, mas, antes, um ponto de chegada na constituição identitária. Assim, ao falarmos "mulher", não nos referimos a uma entidade homogênea caracterizada pela presença de vagina, mas, antes, ao resultado de um processo no qual a identidade se constrói sempre de uma forma particular, resultado da tensão entre a designação normativa do social e as possibilidades de simbolização da criança. Chantal Mouffe (1999) escreve que não temos mais "uma entidade homogênea 'mulher', confrontada com uma entidade homogênea 'homem', mas uma multiplicidade de relações sociais nas quais a diferença sexual está construída de diversos modos" (p. 34). Por isso o uso das aspas para falar da "mulher" e também do "homem": tais categorias não existem de modo uniforme. Assim, chegamos a uma primeira conclusão: *a feminilidade como conceito não é suficiente para capturar as subjetividades das mulheres.*

A diferenciação entre feminilidade e "mulher", no entanto, não é um processo completo – tais conceitos têm muitos pontos de interseção e muitas vezes se misturam. De tal forma que entre a feminilidade e as mulheres existe uma relação de proximidade muito maior que entre a feminilidade e os homens, logicamente. Uma mulher, ao consolidar sua identidade sexuada como tal, estará assimilando como atributo do Eu as representações da feminilidade, em maior ou menor grau. E, dessa forma, as mulheres, como norma geral, mantêm com a feminilidade originária uma maior aproximação. De fato, se assim não fosse, não faria nenhum sentido usar o termo *feminilidade* para designar os tempos originários de invasão sedutora do outro/adulto. De acordo com Jacques André, a passividade originária resultante dessa invasão é simbolizada pela feminilidade em virtude da representação das mulheres como penetráveis e orificiais. Representação esta que, a nosso ver, longe de ser natural, não pode ser desvinculada de uma sociedade heteronormativa na qual a diferença anatômica se estabelece de maneira binária, mas tal observação será retomada e ficará mais clara com o decorrer do capítulo. Por ora, queremos apenas mostrar que se, por um lado, o conceito de feminilidade se distingue o conceito de *mulheres*, por outro, mantém com este uma relação de proximidade.[1]

---

1 Por isso, por exemplo, podemos conceber a existência de um movimento feminista – *movimento de mulheres*. Claro, hoje existem homens que também se

O entrelaçamento entre esses conceitos nos leva a uma consequência que não pode ser ignorada: se é concebida uma relação entre a feminilidade, a passividade pulsional e o masoquismo, e se a feminilidade tem com as mulheres certa proximidade, isso significa então que as mulheres estariam mais propensas ao masoquismo e à passividade?

Esse, enfim, é o motivo do "inevitável constrangimento" que Ribeiro (2010a, p. 7) admite gerar com sua pergunta, bem como da afirmação de André (1996, p. 106) de que a postulação de uma relação entre feminilidade e passividade, "sem dúvida, não agradará a todo o mundo". A nosso ver, tal constrangimento denota a exigência e a necessidade de uma (re)fundação dessas teorias, refundação que, por um lado, dê as bases para a positivação da tríade feminilidade-passividade-masoquismo, desatrelando esses conceitos de qualquer visão subjugadora que os acompanhe; por outro lado, que denuncie o estancamento que o caráter de necessidade e essência dá a tal tríade, resgatando sua historicidade indissociável dos jogos de poder que fundam a cultura. Nesse sentido, a refundação a ser feita aqui não se pretende eterna nem fixa, vindo, ao contrário, mostrar a impossibilidade de fixar certas noções, dando-lhes sempre um caráter mutante e mutável. O movimento de refundação, então, é infinito, assemelhando-se, como propõe Laplanche, ao movimento de uma espiral: "passar de forma cíclica à vertical de certos pontos problemáticos, cada espiral tomando um pouco mais de distância com relação à precedente e

---

mobilizam, que escrevem e lutam a favor do feminismo, mas isso não anula o fato de que, apesar de todas as diferenças e tensões existentes entre as várias categorias de mulheres (anglo-saxãs, francesas, "do terceiro mundo", negras, lésbicas etc.), trata-se de um movimento de mulheres. Assim, mais uma vez vemos que, mesmo o conceito de feminilidade não encobrindo as diferenças que constituem o grupo "mulheres", o elo entre as duas categorias existe, possibilitando inclusive a inteligibilidade de um movimento feminista. Nesse sentido, cf. Butler (1998).

designando mais nitidamente as opções e as diferenças" (Laplanche, 1992f, tradução minha).

Uma revisão dos fundamentos, um confronto destes com teorias que os colocam em xeque, que abalam seus pilares; é assim que buscaremos um movimento que proponha uma refundação, parcial e sempre inacabada, das teorias aqui analisadas. Tarefa difícil, especialmente por tentar uma interlocução da psicanálise com os pensamentos feministas, desafio que se impõe a qualquer um que queira pensar a complexidade do gênero em sua necessária imbricação político-ontológica.[2] Nesse sentido, Ribeiro localiza aí um desafio inadiável que se impõe à pesquisa psicanalítica atual:

> *Trata-se de um posicionamento inadiável sobre tudo o que vem sendo estudado e debatido no campo hoje conhecido como "gender studies". Sobre isso, poder-se-ia argumentar que a psicanálise já dialoga com os estudiosos do gênero há décadas, como demonstra, por exemplo, a tradicional interlocução do feminismo com a psicanálise. Mas, ainda que já existente, e por mais que já tenha dado demonstrações do seu vigor, algumas questões fundamentais ainda me parecem relegadas a uma posição menos central do que deveriam ocupar. (Ribeiro, 2010a, p. 7)*

---

2 É isso que Sandra Azerêdo (2010) aponta ao dizer que, mais que uma dificuldade, devemos entender a "'encrenca' [*trouble*] que implica teorizar sobre gênero pela complexidade desse conceito, que necessariamente remete ao encontro com a diferença e à necessidade de posicionamento nesse encontro, e, diante disso, à tendência da academia e da psicologia a domesticar e disciplinar o conceito" (p. 175). A complexidade do gênero, assim, "exige um discurso inter e pós-disciplinar para resistir à domesticação acadêmica" (p. 175).

Tal é o caso da teoria que justifica uma relação do recalcado com o feminino, e que leva consigo as noções de passividade e masoquismo.

Enfim, cabe aqui a mesma advertência feita por André ao se aproximar do mesmo tema:

> *A precedência desses esforços milenares [tentativas de fazer uma teoria da feminilidade ao longo da história], longe de aliviar a empreitada, torna-a ainda mais perigosa;* e não apenas para um homem... mas um pouquinho mais para ele, afinal! *Nesses espaços, o inquietante e o estranho demoram a se tornar familiares; aventurar-se por eles exige, na melhor das hipóteses, audácia, e na pior, muita pretensão. (André, 1996, p. 11, grifo meu)*

Positivação do feminino: feminilidade ferida versus *feminilidade orificial*

Na teoria freudiana, como vimos, a diferença anatômica é descrita em termos de presença *versus* ausência, fálico *versus* castrado. Como observa Flávio Carvalho Ferraz (2008), "o pênis é o órgão designado pela positividade, enquanto a vagina, descrita pelo negativo, tem como referente maior a falta do pênis, isto é, transforma-se no emblema da castração". As justificativas para tal julgamento de valor sempre aparecem travestidas de uma *naturalização*,[3] como se a biologia ou a natureza (incluindo aí os processos

---

3 Ferraz (2008, *online*) define naturalização como um procedimento que tenta conferir um caráter de constatações extra-linguísticas a sentenças que só exis-

perceptivos) assegurassem a evidência factual dessas constatações. Ribeiro (1997a) aponta que:

> *Esse julgamento de valor nunca aparece como tal no pensamento de Freud, mas como uma espécie de evidência cuja sustentação última não tem como evitar o apelo a uma série de outros valores diretamente ligados tanto ao comportamento animal (os machos são geralmente mais fortes que as fêmeas e são ativos na cópula), quanto à forma e função do pênis, quando enrijecer/penetrar/agredir se oporia (e seria, do ponto de vista da autoconservação, melhor que) invaginar/ser penetrado/ser agredido, ou, ainda, quando o tamanho externo do órgão guardaria uma proporção direta com o prazer sexual de tal forma que, ao constatar a presença do pênis no menino, a menina passaria, instantaneamente, a desejar possuir um de igual tamanho.*
> *(p. 127)*

Tal forma de interpretar a diferença anatômica entre os gêneros influenciou e ainda influencia grande parte das teorias psicanalíticas sobre a feminilidade, como é marcado por diversos autores (cf. Ribeiro, 1997a; Ferraz, 2008). André, Ribeiro e Ferraz veem especialmente em Lacan e sua escola uma continuidade com o ponto de vista freudiano, dado que no aforismo "A mulher não existe" (Lacan, 1975/2008) está implícita a mesma lógica, já que os homens têm um significante universal que os identifique – o falo –, e "A mulher", sem um significante que a identifique, seria antes uma fatia não simbolizável do real, sobre a qual nada se pode

---

tem no registro da linguagem. Uma ideia semelhante se encontra presente em diversos textos de Judith Butler (1990/2003, 1993, 2002).

dizer (André, 1996). Mesmo que o falo, como se insiste, não seja o pênis, mas, antes, sua representação (cf. Nasio, 1997, p. 33), "o primado do masculino permanece intacto" (Ferraz, 2008), já que se trata de ter ou não ter o instrumento fálico.[4] Além disso, como coloca Ferraz (2008),

> *o conceito de* falo, *que se distanciou do pênis a ponto de romper o contato significante com o órgão sexual masculino, manteve o termo que o define não só como representação figurada do pênis, mas que, mais que isso, remete ao caráter de* veneração *do mesmo como símbolo da virilidade e da fecundidade.*[5] *(grifos do original)*

Enfim, o seguinte parágrafo de "A significação do falo" mostra indubitavelmente como, em Lacan, além da continuidade com Freud no que tange à negatividade do feminino, há também uma continuidade nas explicações *naturalizantes* para tal interpretação:

> *Pode-se dizer que esse significante [o falo] é escolhido como sendo o mais saliente do que se pode apreender no real da copulação sexual, e também o mais simbólico no sentido literal (tipográfico) desse termo, visto que ele equivale à cópula (lógica). Pode-se dizer também*

---

4 O trecho de um artigo de Marina Caldas Teixeira nos parece exemplar para ilustrar a questão: "Segundo a lógica da sexuação, o que especifica a oposição sexual macho e fêmea, designada homem ou mulher, não seria o órgão em si [o pênis], mas o valor de utensílio (instrumento, significante) desse órgão na significação fálica. Utensílio porque ele se presta, por suas características, a ser tomado, no discurso sexual, pelo significante do falo, signo da diferença sexual: *se o sujeito tem o instrumento fálico, então é um menino; se não tem o instrumento fálico, então é uma menina*" (Teixeira, 2006b, p. 74, grifo meu).

5 Nota do original de Ferraz: A. Houaiss; M. S. Villar, *Minidicionário Houaiss da língua portuguesa.*

> *que ele é, pela sua turgidez, a imagem do fluxo vital na medida em que se transmite na geração. (Lacan, 1958b/2008, p. 269)*

Além de comprometer o entendimento da masculinidade e da feminilidade, as consequências desse modo de apreensão do feminino presente em Freud e Lacan são diversas e abrangentes, gerando efeitos que se estendem desde a concepção da travessia do Édipo, com seus caminhos identificatórios possíveis, até os recentes debates em torno da psicopatologia contemporânea. No caso de Lacan, por exemplo, a partir do momento em que o falo, via Nome-do-Pai, passou a ocupar o lugar de significante-excepcional fundador do Simbólico – o que Derrida (1980/2007) denominou *falogocentrismo* (conjunção entre falocentrismo e *logos*) –, este adquiriu um caráter transcendental e imutável, tornando a psicanálise rígida e impedindo-a de acompanhar as mudanças das subjetividades de nossos tempos. Como ressalta Ferraz (2008):

> *Penso que uma das consequências desta linha de pensamento é que, diante das modificações estruturais pelas quais passam a família, os papéis sociais do homem e da mulher, enfim, o regramento das sexualidades, as novas configurações só possam ser vistas como perversão, delinquência ou loucura, pois escapam à lógica fálica do discurso analítico e assim vão, automaticamente, alinhar-se às estruturas psicótica ou perversa. Para simplificar: o mundo vai se tornando errado e a psicanálise se mantém certa em seu poder diagnóstico, quer das pessoas, quer da cultura. Não é por outra razão que na França, quando se fala, por exemplo, da homoparentalidade, a oposição mais ferrenha à possibilidade*

> *de sua oficialização provenha de instituições tão díspa-*
> *res como a Igreja Católica e a psicanálise lacaniana!*[6]
> *(grifos do original)*

Não poderíamos deixar de criticar aqui também as concepções de Laplanche referentes à percepção do feminino como negativo e como ausência. No mesmo texto "Le genre, le sexe, le sexual", usado por nós para fundamentar uma primeira conceitualização dos termos gênero e sexo, Laplanche (2003) apresenta uma surpreendente teoria do complexo de castração que, como aponta Ribeiro (2007, 2010b), acaba por afetar o que poderia ser, em seu pensamento, uma teoria da feminilidade. Nesse texto, Laplanche retoma a célebre frase freudiana "a anatomia é o destino" para dizer que, para a psicanálise, "a anatomia que é um 'destino' é uma anatomia popular, perceptiva e até mesmo puramente ilusória" (Laplanche, 2003, p. 84, tradução minha). Assim, Laplanche buscará explicitar a importância de uma anatomia que procura se distanciar do biologismo e se fundamentar na *percepção*.

Tal anatomia popular, segundo Laplanche, decorreria de um fenômeno evolutivo na história da espécie humana: trata-se da adoção da postura ereta (*station debout*), bípede. Esse fenômeno teria sido responsável por uma verdadeira anulação dos órgãos genitais femininos como perceptíveis pelos outros, já que estariam inacessíveis ao olfato e à visão. Ao contrário dos animais, nos quais os órgãos genitais femininos podem ser visualizados como tais e, sobretudo, percebidos olfativamente – fazendo com que eles percebam dois conjuntos genitais distintos –, "para o ser humano a percepção dos órgãos genitais não é mais a percepção de *dois*

---

6   No Capítulo 4 deste livro, teremos a oportunidade de analisar o fenômeno transexual, denunciando como o diagnóstico de psicose remetido a ele por toda uma gama de psicanalistas lacanianos é herdeiro da visão *falogocêntrica* aqui apontada.

110   FEMINILIDADE, PASSIVIDADE, MASOQUISMO

órgãos genitais, mas de um só. A diferença dos sexos se torna 'diferença de sexo'" (Laplanche, 2003, p. 84, tradução minha, grifo do original). A exemplo de Lacan, Laplanche também transforma essa concepção da presença *versus* ausência em um dos fundamentos da própria civilização: "*Não é um destino extraordinário esta contingência?* A posição ereta torna os órgãos femininos perceptivelmente inacessíveis. Ora, esta contingência foi elevada por muitas civilizações, e sem dúvida a nossa, ao posto de significante maior, universal, da presença/ausência" (Laplanche, 2003, p. 85, tradução minha, grifo do original).

A diferença anatômica, vista dessa forma, torna-se o código gerador da lógica do terceiro excluído, lógica fálica que organiza o complexo de castração nos indivíduos.

A nosso ver, aqui, a teoria de Laplanche não apenas repete as concepções freudiana e lacaniana da positividade do masculino em contraposição à negatividade do feminino, como também justifica tal hierarquia utilizando-se de argumentos *naturalizantes*. Nesse sentido, basear suas observações na *percepção*, e não na *biologia*, não basta para que se escape do "truque" de naturalização, se entendermos esta como a tentativa de justificar fora da linguagem sentenças que só podem ganhar existência dentro dela. A percepção, pois, não é nada neutra e, como lembra Ferraz (2008), uma justificativa para a superioridade do masculino baseada nela é

> *tão falaciosa quanto aquela que busca* naturalizar *a inferioridade [do feminino] pela via do biológico, visto que a percepção não é uma operação psíquica neutra, mas também sujeita a determinações a priori. Não se nomeia, como ato resultante de uma percepção, aquilo que já não fora antes delimitado como categoria perceptiva pela linguagem. (grifos do original)*

A rigor, nem precisaríamos fazer uma crítica da neutralidade da percepção para nos dar conta da artificialidade da referida teoria. Como aponta ironicamente Ribeiro (2010b):

> *Reflitamos agora sobre essas mulheres eretas das quais nos fala Laplanche. Elas só podem ser pré-históricas, já que adotaram a posição ereta e continuaram andando nuas. Será que seus órgãos genitais eram assim tão invisíveis? Será que elas não se assentavam de pernas abertas, não pariam suas crias diante dos outros, não subiam em árvores, não se abaixavam para pegar algo no chão sem flexionar totalmente os joelhos? Será que elas tinham hábitos de higiene suficientemente eficazes para evitar que odores genitais alcançassem os narizes alheios, alçados apenas a menos de um metro de distância de onde se encontravam antes da posição ereta? Convenhamos, não basta ficar de pé para tornar os genitais femininos inacessíveis. Seria preciso ter "bons modos", ser pudica, asseada e recatada para torná-los inacessíveis à visão e ao olfato. Como então entender essa teoria de Laplanche, quando ela me parece tão descabida e improvável? (p. 88)*

Na esteira de André e de Ribeiro, poderíamos dizer que essa teoria é passível de ser compreendida (como as outras que, a partir da naturalização, criam uma hierarquia entre o masculino e o feminino) como um efeito do recalcamento de uma feminilidade originária e positiva (ou seja, que se apresenta não como falta ou negatividade) pelo primado fálico. Como teremos a oportunidade de discutir no Capítulo 3, não se trata de negar a existência da lógica fálica e de seu poder de organização social, mas, antes, de

112 FEMINILIDADE, PASSIVIDADE, MASOQUISMO

situá-la como um dispositivo defensivo para, dessa forma, desnaturalizá-la e dela fazer uma lógica histórica que, "mesmo sendo tão velha quanto a cultura, não possui nenhuma garantia intrínseca de continuidade" (Ribeiro, 1997a, p. 126). Por ora, prossigamos com a tarefa de positivar o feminino.

* * *

Como vimos no Capítulo 1, Jacques André não hesita em criticar todas essas teorias nas quais a feminilidade é referida ao negativo e à ausência do pênis/falo, sendo que, para ele, a visão de feminilidade que daí decorre é a de uma *feminilidade ferida* (André, 1996): uma feminilidade cuja passividade não passa de um eterno "contentar-se com a falta de atividade", cujo masoquismo é resultado da conformação à castração; uma feminilidade hierarquicamente inferior à masculinidade e que só pode medir-se numa relação de submissão a ela, que só pode existir se inserida completamente na lógica do primado fálico; uma feminilidade sem desejo, cujas marcas maiores são o ressentimento e a conformação.

Com a proposta de superar os efeitos do falocentrismo na teoria psicanalítica, Jacques André propõe outra visão da feminilidade que, na interpretação da diferença anatômica, não veja a vagina como emblema da castração, da falta e da negatividade, mas, antes, localize nela uma positividade correlativa à sua representação como orificial e penetrável; correlativa à sua íntima ligação com o *dentro*. A vagina, assim, passa a não ter mais como referente a ausência, e sim a presença de algo.[7]

---

7 Um exemplo dado por Ferraz ilustra de forma simples e eficaz a possibilidade de designar a vagina pela positividade: "Uma vez, observando uma menina de menos de dois anos que olhava atenta a fotografia de um bebê do sexo masculino, nu, e o mostrava com o dedo, dizendo 'nenê, nenê', eu lhe indaguei se se tratava de um menino ou de uma menina. Ela prontamente respondeu

Essa feminilidade cuja marca magna é o caráter penetrável da vagina, para André, adquire especial força no psiquismo, já que "presta-se a simbolizar a intromissão da sexualidade adulta no psiquismo e no corpo da criança, bem como o ataque da pulsão contra as fronteiras internas do eu" (Ribeiro, 2000, p. 246). Como o Eu, para se consolidar, precisa recalcar esses momentos primários de passividade e fragmentação (inaceitáveis por serem sensações sem sujeito), a feminilidade que os simboliza torna-se também o alvo do recalque. Dessa forma, dada sua proximidade com o recalcado, a feminilidade também se aproxima das condições originárias da constituição psíquica, a saber: a passividade e o masoquismo.

A passividade, o masoquismo e a feminilidade, assim, tornam-se o corpo recalcado, sendo a lógica fálica a principal força responsável por dar unidade ao Eu e, assim, proporcionar a lente denegativa e defensiva com a qual, a partir desse momento, o Eu passará a enxergar qualquer possibilidade de se aproximar desse originário recalcado. A lógica fálica, assim, contribui para o caráter defensivo do Eu, e é dessa maneira que entendemos o julgamento denegativo que então se dá a tudo aquilo que ameaça essa defesa.

A nosso ver, afinal, os julgamentos de que *ser dominado* é pior que *dominar, ser penetrado* é pior que *penetrar, ser fragmentado* é pior que *ser inteiro* e *ser passivo* é pior que *ser ativo* são falácias decorrentes da apropriação que o primado fálico faz dessas diferenças, associando um dos polos à negatividade e o outro à

---

tratar-se de um menino. Quando lhe perguntei como ela sabia disso, respondeu-me com um ar de quem pronunciava uma obviedade: 'porque ele não tem xoxota!' Portanto, não parecia haver, ao menos para ela, impossibilidade de representar o órgão sexual feminino como uma positividade. Faltava-lhe um *a priori aprendido* que lhe indicasse que o menino *tem* algo que falta à menina. A vagina, apesar de sua forma anatômica não protuberante, era vista e significada como tal" (Ferraz, 2008, grifos do original).

positividade. São precisamente essas falácias que buscaremos "desmascarar" a partir de agora.

Reinstaurando o desejo como fator diferencial entre a negatividade e a positividade, tentaremos formular como, por exemplo, a sentença *"desejar* ser dominado" é infinitamente diferente de "deixar-se dominar por não conseguir algo melhor, por inércia".

Poder-se-ia objetar que falar em desejo já implica certo grau de atividade e que, dessa forma, não estaríamos mais no terreno da passividade. Trata-se de uma objeção que nos incita a fundamentar a natureza de uma passividade e de um masoquismo que não se definem pela negação da atividade e pela aceitação resignada da inferioridade. Fundamentação esta que deverá, portanto, responder às seguintes perguntas: que tipo de passividade é essa que deseja, que não apenas se ressente e se conforma? Que tipo de masoquismo é esse que quer a efração, a invasão e a dor? O que de positivo há neles? É nas filosofias de Nietzsche e Deleuze que buscaremos as bases para tal positivação.

Nietzsche, Deleuze e a teoria das forças: por uma refundação das noções de passividade e masoquismo

> *Era pois fatal que a filosofia só se desenvolvesse na história degenerando e voltando-se contra si, deixando-se prender à sua máscara. Ao invés da unidade de uma vida ativa e de um pensamento afirmativo, vê-se o pensamento dar-se a tarefa de julgar a vida, de lhe opor valores pretensamente superiores, de medi-la com esses valores e de limitá-la, condená-la. Ao mesmo tempo em que o pensamento torna-se, assim, negativo, vê-se a vida depreciar-se, deixar de ser ativa, reduzir-se às suas formas mais fracas, a formas doentias somente compatíveis com os valores superiores.*

Triunfo da "reação" sobre a vida ativa, e da negação sobre o pensamento afirmativo.

Gilles Deleuze (1965)

Como analisar as relações ativo-passivo e dominador-dominado sem usar como crivo os valores estabelecidos de nossa sociedade, inseparáveis de uma primazia fálica que marca sua onipresença enquanto norma para a consolidação de identidades? Como ir além desses valores que, para André, são, em verdade, expressão de uma defesa e de uma denegação? Como fazer uma crítica desses valores que, ao mesmo tempo, consiga captar a positividade inerente às noções de passividade e masoquismo?

O próprio encadeamento dessa sequência de interrogações aponta a direção a ser seguida: trata-se de entender o que estaria por trás desses valores para, então, fazer-lhes uma crítica. E dessa forma restaurar a positividade do que, denegado pelo primado fálico, aparece apenas como ferida. Ora, tudo isso converge para o projeto filosófico de Nietzsche: para além de qualquer pensamento sobre a origem de um valor ou que tente captar sua essência, cabe antes fazer uma genealogia desse valor e descobrir quais forças vêm se apoderando dele ao longo da história e, somente assim, pode-se fazer uma verdadeira avaliação crítica e diferencial. Dessa forma, será a partir do pensamento de Nietzsche que tentaremos refundar a passividade e o masoquismo em sua positividade. Comecemos descrevendo alguns aspectos de sua filosofia que nos serão úteis para, em seguida, retomar os conceitos de passividade e masoquismo. Para tal descrição, nos basearemos principalmente na interpretação que Gilles Deleuze dá ao conjunto da filosofia nietzschiana.[8]

---

8 Cf. Deleuze (1965, 1976). Ao escolhermos a interpretação deleuziana da filosofia de Nietzsche, o fazemos sabendo que, como aponta Roberto Machado

A filosofia de Nietzsche, para Deleuze, é caracterizada principalmente pela introdução do conceito de forças. Na sua genealogia da moral, por exemplo, Nietzsche se preocupa principalmente em saber quais forças estão por trás da origem e da manutenção dos valores morais vigentes para, assim, poder fazer-lhes uma crítica e propor novos valores afirmativos. A dinâmica das forças, para Nietzsche, pode ser resumida da seguinte forma: as forças se relacionam e, desse relacionamento, são gerados fenômenos, sentidos, objetos, máscaras e valores. Esses produtos da relação das forças são percebidos pela consciência e pelo intelecto, porém estes não são aptos para perceber as forças em si. Somente os corpos percebem as forças, percepção esta que se dá por meio do sentimento de potência. As forças, portanto, somente se apresentam à consciência mascaradas, e cabe ao filósofo-genealogista descobrir quais as forças que se apoderaram dessas máscaras: este é o sentido de história para Nietzsche.

As forças, assim, são o pano de fundo e o fator que permite analisar toda relação e todo sentido. Uma força só existe em relação à outra, e sempre uma força comandará enquanto a outra obedecerá. Tal relação é determinada quantitativamente. Além disso, há também a diferença qualitativa entre as forças: aquelas cujo objetivo é *afirmar a própria diferença* são as forças ativas; aquelas

---

(2009), Deleuze por vezes força e provoca certas torções no pensamento de Nietzsche para adaptá-lo ao seu próprio projeto filosófico. Não obstante, acreditamos que a originalidade da interpretação deleuziana tem a capacidade de captar e colocar em conceitos a potência afirmativa da filosofia de Nietzsche. É por isso, também, que adotamos aqui a leitura deleuziana de Nietzsche, pois esta nos ajudará em nossos propósitos de conceitualizar a afirmação por meio da vontade de potência. Nesse sentido, apropriamo-nos aqui da colocação feita por Deleuze na célebre conversa com Foucault sobre os intelectuais e o poder: "Uma teoria é como uma caixa de ferramentas. . . . É preciso que sirva, é preciso que funcione" (Deleuze & Foucault, 1979, p. 71).

cujo objetivo é *negar a diferença das outras* são as forças reativas. É importante não confundir as coisas: o fato de uma força obedecer nada tem a ver com o fato de ela ser reativa – no encontro de duas forças ativas, uma sempre obedecerá, sem deixar de ser ativa. Dessa forma, as forças estão sempre em relação e, em um encontro de uma força ativa com uma força reativa, sempre a que tiver mais energia transformará a outra qualitativamente, por isso pode-se também pensar em devir ativo da força reativa e devir reativo da força ativa.[9] As forças têm ainda alguns outros elementos diferenciais, por exemplo, a vontade de potência, ou seja, a vontade que uma força tem de exercer sua própria potência.

Nesse último aspecto, é bom nos determos um pouco e esclarecer o que se entende por vontade de potência.[10] Esse conceito de certa forma vem dar uma nova dimensão ao *querer* e ao *desejar*, sendo entendido por Nietzsche como a qualidade de toda ação afirmativa. Acompanhemos a definição dada por Deleuze (1965) em um de seus livros sobre Nietzsche:

---

9 Devir, aqui, deve ser entendido como sinônimo de *vir-a-ser*, uma espécie de potencialidade para a mudança e para a diferença. Ao tratarmos do que chamaremos de *devir-mulher*, no fim do próximo capítulo, tal conceito será trabalhado novamente.

10 Há duas formas de traduzir o alemão *Wille zur Macht*: vontade de potência ou vontade de poder. Aqui escolhemos adotar o mesmo ponto de vista de Scarlett Marton, a despeito de ir contra as traduções das obras de Deleuze para o português: "Se traduzir *Wille zur Macht* por vontade de potência pode induzir o leitor a alguns equívocos, como ao de conferir ao termo 'potência' uma conotação aristotélica, traduzir a expressão por vontade de poder corre o risco de levá-lo a outros, como o de tomar o vocábulo 'poder' estritamente no sentido político (e, neste caso, contribuir – sem que seja essa a intenção – para reforçar eventualmente apropriações indevidas do pensamento nietzscheano). Mesmo fazendo má filologia, parece-nos ser possível entender o termo *Wille* enquanto disposição, tendência, impulso e o vocábulo *Macht*, associado ao verbo *machen*, como fazer, produzir, formar, efetuar, criar" (Marton, 1997, pp. 10-11).

118   FEMINILIDADE, PASSIVIDADE, MASOQUISMO

*A relação da força com a força chama-se "vontade". É por isso, antes de mais nada, que é preciso evitar os contra-sensos sobre o princípio nietzscheano de vontade de poder. Este princípio não significa (pelo menos não significa em primeiro lugar) que a vontade queira o poder ou deseje dominar. Enquanto interpretarmos a vontade de poder no sentido de "desejo de dominar", fazêmo-la forçosamente depender de valores estabelecidos, os únicos capazes de determinar quem deve ser "reconhecido" como o mais poderoso neste ou naquele caso, neste ou naquele conflito. Desse modo, ficamos sem conhecer a natureza da vontade de poder como princípio plástico de todas as nossas avaliações, como princípio escondido para a criação de novos valores não reconhecidos. A vontade de poder, diz Nietzsche, não consiste em cobiçar nem sequer em tomar, mas em criar e em dar. O Poder, como vontade de poder, não é o que a vontade quer, mas aquilo que quer na vontade. A **vontade de uma força obedece**. . . . É **por vontade de poder que uma força dirige, mas é também por vontade de poder que uma força obedece**. (p. 22, negrito meu, grifo do original).*

Retomemos, agora, a discussão sobre o masoquismo e a passividade. Um masoquismo, então, marcado pela anulação e pela castração se encaixaria no que Nietzsche chama de *força reativa*, sendo que sua submissão à lógica fálica (também reativa) não passaria de uma duplicação do *niilismo*, aqui entendido como o triunfo das forças reativas ao longo da história e da filosofia[11] e,

---

11 Para Nietzsche, da perspectiva das forças, a reatividade triunfou ao longo da história da humanidade. Não por adição de suas forças, como vimos, e sim por subtração da força alheia, separando os "fortes" daquilo que podem. A

acrescentaríamos, também da psicanálise e do próprio pensamento ocidental no que tange às teorias da feminilidade. André (1994), em seu livro sobre a sexualidade feminina, diz que "a proliferação de representações femininas [sobre o que é a feminilidade] ao longo dos séculos nos informa mais sobre o inconsciente dos homens do que sobre o inconsciente das mulheres" (p. 12, tradução minha). Entre vários exemplos possíveis, a afirmação de Aristóteles explicita-nos o quão antiga é essa visão reativa: "A mulher é um macho mutilado" (citado por André, 1994, p. 14). Ou seja, a lógica fálica preocupa-se, antes de qualquer coisa, em negar a feminilidade e dominá-la, silenciando aquilo que a ameaça.

A passividade que se dá como resultado desse movimento defensivo do primado fálico é, assim, uma passividade reativa, ressentida, castrada. O mesmo se pode dizer do masoquismo: um masoquismo que deseje a dor, a fragmentação, um masoquismo cuja vontade de potência se expresse como vontade de ser dominado, invadido, penetrado, de ter suas fronteiras atacadas, é infinitamente diferente de um masoquismo cuja explicação última seja a conformidade com a castração e a aceitação da submissão como saída única.

---

esse triunfo Nietzsche dá o nome de niilismo, significando uma espécie de vontade de nada, "uma recusa radical de valor, de sentido, de desejabilidade" (Nietzsche, 2008, livro I, parágrafo 1), que se opõe à afirmação e à criação e só consegue encontrar sua legitimidade num mundo suprassensível, metafísico e transcendente (mais à frente, ao fazermos uma crítica da metafísica, retomaremos a questão do suprassensível e do transcendente). Um trecho de Roberto Machado esclarece a questão do niilismo: "Acontece que houve na história um triunfo das forças reativas. Com a ajuda de circunstâncias favoráveis externas e internas, as forças reativas neutralizaram as forças ativas, por decomposição, subtração, divisão, isto é, venceram não em virtude de uma superioridade, mas porque conseguiram separar as forças ativas do que elas podem, tornando-as reativas num novo sentido" (Machado, 2009, p. 93).

André (2002, p. 9, tradução minha) fornece o exemplo, para se referir a essa passividade positiva, de uma mulher que se queixa de seu companheiro e está prestes a deixá-lo: "O que eu quero é um homem que me esmague contra a parede do banheiro, que me revire sobre o sofá". Ou ainda outra jovem, que se inquieta com a fantasia que regularmente a assalta: "Fazer amor com três homens". Antes eram dois, diz ela, "mas isso eu já fiz". Essa passividade pulsional, para André, longe de representar uma inércia, é frequentemente vista pelos homens como "castradora", evocando assim, à moda dos clássicos filmes do cinema *noir*, a figura da mulher fatal.[12] Podemos até pensar na probabilidade de que muitos homens reajam à presença de tais desejos com uma disfunção erétil, ou até mesmo com o uso de violência para silenciar aquilo que lhes ameaça.

Deleuze, em seu livro sobre Sacher-Masoch, mostra como o masoquismo e o sadismo não são pares de opostos, mas antes entidades fundamentalmente diferentes. Os personagens de Sacher-Masoch e também de Sade, por exemplo, mostram-nos que "nunca um sádico de verdade aceitaria uma vítima masoquista" (Deleuze, 2009, p. 41), nem "um masoquista . . . aceitaria um carrasco sádico" (p. 41). É uma falsa complementariedade, pois o masoquismo tem precedência sobre o sadismo,[13] e podemos dizer até

---

12 Não é por outro motivo que o livro organizado por Jacques André e Anne Juranville (2002) no qual se encontram tais exemplos é intitulado *Fatalidades do feminino* (*Fatalités du féminin*).

13 Se o masoquismo é entendido como a junção de prazer e dor, e se a dor, como propõe Freud (1924/1996), é entendida como a efração de um limite corporal, o masoquismo então aparece como *símbolo* e como *exigência pulsional* concernente aos tempos primários da invasão sedutora do adulto. A precedência do masoquismo sobre o sadismo, assim, deve ser entendida tanto do ponto de vista pulsional quanto do ponto de vista da constituição psíquica. Os dois pontos de vista podem ser exemplificados, respectivamente, nestas duas passagens de Laplanche (1992g, tradução minha): 1) "Pois a intervenção do outro, necessariamente traumatizante, comporta obrigatoriamente . . . o elemento de efração característico de uma dor. . . . [Isso faz com que] a pulsão esteja para

que aquele representa para este uma ameaça: como parte do recalcado, o masoquismo atormenta o sadismo com o medo do retorno à situação originária de sedução e invasão. E não é um medo qualquer, mas, sobretudo, um medo de vir a ter reacendido o *desejo* de ser penetrado que subjaz ao caráter defensivo do sadismo.

Analisemos, enfim, um elemento importante que Deleuze destaca nos personagens masoquistas de Sacher-Masoch, o *contrato*, que por si só aponta isso que, com a ajuda de Nietzsche, procurei chamar de vontade de potência do verdadeiro masoquismo:

> *É curioso que Reik, e outros analistas, negligencie... a forma contratual na relação masoquista. Nas aventuras reais de Masoch, assim como em seus romances, no caso particular de Masoch tanto quanto na estrutura do masoquismo em geral, o contrato aparece como a forma ideal e a condição necessária da relação amorosa. Um contrato então se estabelece com a mulher-carrasco renovando a ideia de antigos juristas segundo a qual mesmo a escravidão se apoia num pacto. Só nas aparências o masoquista está preso por correntes e amarras; é sua palavra que o prende. O contrato masoquista não exprime apenas a necessidade do consentimento da vítima, mas o dom de persuasão, o esforço pedagógico e jurídico com que a vítima adestra o carrasco.[14] (Deleuze, 2009, p. 76)*

---

o Eu como a dor está para o corpo" (p. 452); 2) "Fazer face à essencial passividade da situação infantil, esta é a tarefa maior da simbolização. ... Em relação a ela [à pulsão sexual], nós estamos em uma posição de essencial passividade, uma posição de 'masoquismo originário'" (p. 455).

14 Considero interessante e pertinente reproduzir aqui o contrato firmado entre Sacher-Masoch e a Sra. Fanny de Pistor (extraído de Sena Machado, 2009, p. 42):

122 FEMINILIDADE, PASSIVIDADE, MASOQUISMO

O masoquismo que aqui nos interessa, pois, deve ser radical-mente diferenciado de um masoquismo castrado que surge como o efeito ferido de um primado fálico-sádico marcado pela reati-vidade. Aqui é importante sublinhar nossa diferença com relação a toda uma gama de psicanalistas que, por exemplo, analisam o fenômeno social da violência contra as mulheres como uma evi-dência da posição masoquista por elas adotadas. Nossa teoriza-ção procura ir num sentido absolutamente contrário, vendo nesse fenômeno uma expressão da fragilidade do primado fálico, cujos esforços defensivos precisam muitas vezes recorrer a formas es-tereotípicas e toscas ao tentar não se afetar pelo feminino e pelo

---

Contrato entre a Sra. Fanny de Pistor e Leopold de Sacher-Masoch

Por sua palavra de honra, Sr. Leopold de Sacher-Masoch compromete-se em ser o escravo de Sra. de Pistor, e executar absolutamente todos os seus desejos e ordens, e isto durante seis meses.

Em contrapartida, Sra. Fanny de Pistor não lhe pedirá nada que seja desonran-te (que possa lhe fazer perder sua honra de homem e de cidadão). Também, ela deverá lhe deixar seis horas por dia para seus trabalhos, e jamais olhar suas cartas e seus escritos. A cada infração ou negligência, ou a cada crime de lesa-majestade, a senhora (Fanny Pistor) poderá punir como bem entender o seu escravo (Leopold de Sacher-Masoch). Enfim, o sujeito obedecerá à sua soberana com uma submissão servil, acolherá seus favores como um dom en-cantador, não lhe fará valer nenhuma pretensão ao seu amor, como também nenhum direito a ser seu amante. Por sua vez, Fanny Pistor se compromete a usar peles tão frequentemente quanto possível, e sobretudo quando for cruel.

(*Riscado mais tarde:*) No término de seus seis, esse episódio de servidão será considerado como não ocorrido pelas duas partes, e elas não farão a ele ne-nhuma alusão séria. Tudo que tiver acontecido deverá ser esquecido, com re-torno à antiga ligação amorosa.

Esses seis meses não deverão se prolongar; eles poderão sofrer grandes inter-rupções, começando e terminando segundo o capricho da soberana.

Assinaram, para a confirmação do contrato, os participantes:

Fanny Pistor BAGDANOW e Leopold, cavaleiro de SACHER-MASOCH

passivo que nos habita.[15] Não há nessa afirmação nenhuma intenção reducionista, e sim a de analisar o aspecto psicanalítico de um fenômeno complexo e multicausal.

A metafísica da substância e o problema do essencialismo: diálogos com a teoria feminista

Neste capítulo viemos acompanhando e levando ao seu limite a potencialidade da relação entre feminilidade, passividade e masoquismo, no intuito de dar a esses conceitos novas fundações a partir das quais se possa considerá-los de uma perspectiva positiva. Um masoquismo e uma passividade calcados no regime do desejo e da vontade de potência são qualitativamente diferentes de um masoquismo e uma passividade baseados na falta, na inércia e na inferioridade – como o *sim* se opõe ao *não*, diria Deleuze. Para André, essa relação entre feminilidade, passividade e masoquismo baseia-se no caráter orificial e penetrável da vagina que, associado à sedução invasora do adulto nos primórdios da vida psíquica, cria um elo de *necessidade* entre a posição feminina e as posições passiva e masoquista. É precisamente neste ponto que se iniciará nossa crítica a Jacques André: postular a *necessidade* dessa ligação o faz cair numa asserção *essencialista* que, mesmo ao buscarmos positivar a relação do feminino com a passividade, o fixa de forma a impedir sua historicidade e seu devir. Para desenvolvermos essa crítica, contaremos com o auxílio de Judith Butler, autora que elaborou uma importante crítica ao que chamamos de essencialismo. Passemos, então, a uma breve exposição de alguns conceitos de

---

15 Teremos a oportunidade de desenvolver isso que chamamos de "estereotipia das identificações masculinas" no Capítulo 3, propondo a feminilidade (o "devir-mulher") como metáfora de abertura e mudança subjetiva.

Butler, relacionando a ela outros pensadores e pensadoras que nos ajudarão a formular nossa crítica.

Tentando fazer uma crítica genealógica, nos moldes nietzschianos, das noções de sexo e gênero, Butler argumenta que ambas as categorias, em vez de serem consideradas origem e causa de identidades, são antes efeitos de discursos, práticas e instituições "cujos pontos de origem são múltiplos e difusos" (Butler, 1990/2003, p. 9). Assim, a autora aponta que sexo e gênero, masculino e feminino são noções historicamente construídas, apesar de, em nossa cultura, tais construtos serem entendidos como fixos, essenciais e naturais. Na tentativa de desnaturalizar o par sexo-gênero, Butler evoca a metafísica da substância (em referência a Nietzsche), dizendo que, na maioria das teorias feministas e psicanalíticas, o sexo é visto como *substância*, como algo idêntico a si mesmo através do tempo e da história. Detenhamo-nos um pouco aqui e tentemos explicitar quais os problemas que podem ser gerados ao embasarmos determinados conceitos numa suposta essência, que acaba por conduzir a uma dimensão metafísica.

Comecemos pela formulação de uma pergunta básica: o que é, pois, metafísica? Eladio Craia define por metafísico: "aquele dispositivo conceitual e reflexivo que institui como fundamento uma dualidade necessariamente opositiva, e no qual um dos pólos desta oposição é hierarquicamente superior ao outro, fundando assim um 'bem-em-si'" (Craia, 2002, pp. 19-20).

Podemos citar algumas oposições clássicas da metafísica: inteligível/sensível, cultura/natureza, transcendente/terreno, mente/corpo, sujeito/objeto, espírito/matéria etc. Em todas essas dualidades, os primeiros termos, considerados superiores aos segundos, tornam-se o ponto de partida arbitrário para a medida de todas as coisas, ou seja, transformam-se no "bem-em-si". É nesse sentido que Craia nos fala de categorias essenciais e a-históricas que fundam qualquer possibilidade de conhecimento.

Nietzsche já denunciara que toda metafísica é essencialista por não conseguir perceber o devir histórico dos conceitos e, dessa forma, dá a eles uma "vida útil" muito mais longa do que eles deveriam ter (cf. Deleuze, 1965, p. 20 *et seq.*). A filosofia pautada na metafísica, como alerta Nietzsche, torna-se assim incapaz de acompanhar a história e a mudança, tornando-se inevitavelmente hierárquica:

> *Vocês me perguntam o que é idiossincrasia nos filósofos?... Por exemplo, sua falta de sentido histórico, seu ódio à noção mesma do vir-a-ser, seu egipcismo. Eles acreditam fazer uma honra a uma coisa quando a des--historicizam,* sub specie aeterni – *quando fazem dela uma múmia. Tudo o que os filósofos manejaram, por milênios, foram conceitos-múmias; nada realmente vivo saiu de suas mãos. Eles matam, eles empalham quando adoram, esses idólatras de conceitos – tornam- -se um perigo mortal para todos, quando adoram. A morte, a mudança, a idade, assim como a procriação e o crescimento, são para eles objeções – até mesmo re- futações. O que é não se torna, o que se torna não é... Agora todos eles crêem, com desespero até, no ser. Mas, como dele não se apoderam, buscam os motivos pelos quais lhes é negado. "Deve haver uma aparência, um engano, que nos impede de perceber o ser: onde está o enganador?" – "Já o temos", gritam felizes, "é a sensua- lidade! Esses sentidos, já tão imorais em outros aspec- tos, enganam-nos acerca do verdadeiro mundo. Moral: desembaraçar-se do engano dos sentidos, do vir-a-ser,*

126　FEMINILIDADE, PASSIVIDADE, MASOQUISMO

da história, da mentira - história não é senão crença
nos sentidos, crença na mentira. . . . E, sobretudo, fora
com o corpo, essa deplorável idée fixe *dos sentidos!"*
(Nietzsche, 2006, Aforismo I)

A metafísica, assim, torna estanques conceitos que, por fazerem parte da vida e do mundo, são antes mutantes. Ao mesmo tempo, ela não se pergunta pela condição de surgimento desses conceitos, uma vez que acredita que sua essência sempre existiu como tal, inscrita num mundo suprassensível, transcendente e eterno.

Butler, então, denuncia o caráter metafísico do conceito de sexo. De acordo com ela, vivemos em uma cultura em que a heterossexualidade é compulsória, fazendo com que as práticas de sexo-gênero-desejo estejam necessariamente coladas: um corpo anatomicamente masculino, por exemplo, deve ter o sexo masculino, deve agir, se vestir e pensar como se espera que um homem o faça e deve também desejar (e submeter!) uma mulher. Não se pergunta quais as condições que concorreram para que essa heteronormatividade adquirisse uma força tão grande, não se pergunta o que a mantém ainda hoje como imperativo social onipresente na produção de subjetividades; esse silêncio nada mais é do que a consequência de seu caráter supostamente metafísico: afinal, é óbvio que um corpo masculino deve se subjetivar de "tal e tal" forma. O efeito de naturalização que as categorias sexo, gênero, masculino e feminino adquirem nessa sociedade heteronormativa é extremo. A causa desse efeito de naturalização, pois, se encontra na metafísica da substância denunciada pela autora. Como consequência, temos que "certos tipos de 'identidade de gênero' parecem ser meras falhas no desenvolvimento ou impossibilidades lógicas, precisamente por não se conformarem às normas da inteligibilidade cultural" (Butler, 1990/2003, p. 39). Para Butler, assim, toda formulação essencialista/metafísica necessariamente atua a serviço de determinada norma e, dessa forma, exclui identidades que não se adequam a essa norma, impossibilitando-nos de pensar a complexidade e a historicidade de certas categorias.

Pois bem, se relacionarmos as críticas de Butler à teoria de André, podemos fazer a seguinte formulação: se a relação entre feminilidade, passividade e masoquismo se sustenta no caráter orificial e penetrável da vagina, teríamos de admitir que, para além de qualquer relação histórica e qualquer configuração de poder, a feminilidade é *essencialmente* passiva. Esse é o motivo pelo qual André é levado a constatar o caráter de *necessidade* da relação entre feminilidade, passividade e masoquismo. Ao dizer que o feminino é essencialmente passivo e masoquista, André funda essa ontologia em um argumento metafísico e idêntico a si mesmo através da história: trata-se da *natureza* penetrável e orificial da vagina. Vejamos alguns dos problemas acarretados por uma formulação como essa.

Em primeiro lugar, conceber o feminino dessa forma faria com que outras representações de feminilidade ficassem excluídas do domínio do que pode e deve ser entendido como feminilidade. Tal enrijecimento teórico seria bastante empobrecedor para qualquer tentativa de leitura da realidade, seja num nível cultural ou mesmo num nível clínico. Mesmo que a passividade e o masoquismo aos quais André associa a feminilidade sejam positivos (o que, como vimos, representa um grande avanço em relação às teorias nas quais o feminino é representado como negatividade), o caráter de fixidez que a feminilidade adquire em sua teoria impede outros desenvolvimentos desse conceito.

Para dar um pequeno exemplo do que denominamos empobrecimento e enrijecimento da compreensão sobre o feminino, evocamos aqui o histórico discurso proferido por Sojourner Truth, uma escrava negra americana, no ano de 1851:

128   FEMINILIDADE, PASSIVIDADE, MASOQUISMO

*Bem, meus fio, onde tem tanto baruio tem de tê quar-
qué coisa fora dos trio. Eu acho que no meiu dos nêgo
do Su e das muié do Norte tudo falano dus direito, os
branco já já vai se ver aperreado. Mas que é essa conversa toda aí? Aquele home acolá diz que as muié precisa ser ajudada a subir nas carruage, e alevantada pra
passar nas vala, e ficá cum os mió lugar – e eu num sô
muié? Eu pudia trabaiá qui nem quarqué home (quando tinha trabáio), e puxá a Corrêa qui nem ele – e eu
num sô muié? Butei cinco fio no mundo e vi a maioria
sê vendido pra escravidão, e quando eu gritei com a dô
de mãe, ninguém, só Jesus ouve – e eu num sô muié?*
(citado por Haraway, 1993, pp. 282-283)

Tal discurso foi proferido em uma convenção sobre os direitos
das mulheres, em Ohio, na qual estava em pauta o direito de voto.
Em meio a homens brancos antissufrágio que a acusavam de não
ser mulher e ordenavam que ela mostrasse os seios para as "verdadeiras mulheres" presentes conferirem sua feminilidade, Sojourner, simultaneamente, desconstrói e reivindica para si a identidade
"mulher" (cf. Haraway, 1993, p. 289).

Para Donna Haraway (1993, p. 285), a força desse discurso se
encontra no fato de que ele aponta, a partir de suas perguntas e de
sua problematização, para a impossibilidade de enclausuramento
de uma categoria em uma definição única, ou seja, para a impossibilidade de essencializar a feminilidade. Nesse sentido, e relacionando tudo isso à teoria de André, cabe perguntar: por que fixar/
enclausurar a feminilidade em uma definição, em vez de deixá-la
aberta? Por mais que se faça uma leitura precisa de características
positivas da feminilidade, e por mais que essa leitura e essa descrição contenham uma inegável parcela de verdade, elas sempre

excluirão, dado seu caráter necessário e essencial, outras possibilidades de apropriação e de positivação desse conceito.[16]

Vê-se, no discurso de Truth, que as possibilidades que ela aponta para uma simbolização da feminilidade são diversas da passividade e do masoquismo. Junto com ela, perguntamos: não seria ela também uma mulher? Não seriam seus atributos também passíveis de representar de outra maneira a feminilidade? Ou teríamos de concebê-la como uma mulher que psiquicamente seria, em verdade, identificada com o masculino? E dessa forma repetir a violência dos homens brancos que queriam lhe negar o direito de ser representada como feminina? Talvez a própria noção de representação carregue consigo uma violência, num sentido de tentar se apropriar daquilo que escapa à apropriação, nos dirá Gayatri Spivak.[17] A ânsia por classificar Truth como "isto ou aquilo", em última instância, não decorreria de um movimento defensivo de alguém que vê seus binarismos desabarem? De toda forma, entendemos assim que, junto com as determinações fantasísticas e anatômicas em jogo, a dinâmica social do poder também decide o que pode ou não ser simbolizado como masculino ou feminino.

De nosso ponto de vista, é bastante claro que, em André, não está presente uma visão tão inocente da relação entre passividade e feminilidade – a passividade descrita por ele se distancia qualitativamente de uma passividade que evoca a fragilidade da mulher

---

16 Mesmo na teoria psicanalítica, há outras possibilidades de positivação do feminino. Como comenta Ferraz (2008), um exemplo pode ser encontrado em Stoller, que enxerga no seio e na capacidade procriativa da mulher a possibilidade de apreender o feminino como positivo. De nosso lado, no entanto, consideramos a concepção orificial da vagina tanto mais interessante quanto é o seu poder de subverter o binarismo fálico/castrado a partir da própria diferença que se pressupõe fundamentá-lo.

17 Cf. Spivak (2010). Nesse ensaio, Spivak nos mostra a impropriedade de representar (ou re-presentar) algo ou alguém, que inevitavelmente alude à tentação dos "intelectuais pós-modernos" de "falar por" alguém.

(como dito por Truth em seu discurso), situando antes esse conceito no plano pulsional. No entanto, muitos dos fundamentos de sua argumentação levam a consequências desse tipo na interpretação de sua teoria, especialmente por basear a associação entre feminilidade e passividade numa relação essencial e metafísica. É importante e urgente, pois, que tais fundamentos sejam revistos e reformulados: é precisamente esse o papel do confronto da teoria psicanalítica com a teoria feminista e a filosofia.

Após expor sua teoria sobre as origens femininas da sexualidade, André afirma:

> *Mas essa cumplicidade do elemento feminino e do recalcado não centra nem recentra nada. A lógica "centralizadora" é uma lógica da elaboração, da ligação, da organização das representações em um sistema de diferenças. . . . Em suma, a lógica centralizadora é, em si mesma, fálica, tendo por finalidade a afirmação de um primado. (André, 1996, p. 116, grifos do original)*

Infelizmente, somos levados a discordar dessa afirmação, baseados na nossa crença (respaldada por pensadores como Judith Butler e Nietzsche) de que todo essencialismo é centralizador. Pode não ser um "ginocentrismo" – acusação da qual André se defende nesse trecho –, mas se trata de um centrismo do pensamento, da resistência à história, um centrismo que se traduz na certeza da eternidade de uma formulação. Isso leva ao segundo ponto de minha crítica a André.

Penso que outra dificuldade de se pensar a passividade como representada fundamental e essencialmente (leia-se *a-historicamente*) pela feminilidade é que tal concepção impede de se pensar o devir-feminino da masculinidade e da própria feminilidade, já que mesmo esta, muitas vezes, é regida por uma lógica fálica que não se deixa negociar em momento algum. A abertura à passividade pode ser um importante elemento de mudança subjetiva e mesmo de mudança social na direção de uma permeabilidade das identificações, como já expus em outro lugar (cf. Lattanzio, 2009) e como retomarei no Capítulo 3.

Antes de passarmos ao próximo tópico, cabe uma última apreciação sobre o essencialismo em André: entendemos que, em sua teoria, a questão de essencializar o feminino não segue apenas uma via, pois, como vimos no Capítulo 1, em vários momentos ele aponta a necessidade da ação de um *outro* para que a zona vaginal adquira significados de passividade. No caso, André aponta a necessidade da fantasia inconsciente de penetração por parte do pai para que haja esse despertar da orificialidade. Não obstante, as mesmas fantasias de penetração estão presentes na relação do pai com os meninos e, apesar disso, a invasão originária não é sequer imaginada como passível de simbolização pelo masculino. Assim, em última instância, é a natureza orificial da vagina o argumento último para a relação do feminino com a passividade e o masoquismo. Mais uma vez, reafirmamos que, a nosso ver, o desenvolvimento e a consolidação das formulações de André e de qualquer outro que se disponha a trabalhar tal relação devem passar, antes, por uma revisão radical dos fundamentos teórico-filosóficos, epistemológicos e políticos das teorias sobre a masculinidade e a feminilidade. Nossa intenção aqui é contribuir para que se avance nessa direção.

A vagina como local de penetração... mas não o único

A sedução originária do adulto, como propõe Laplanche, coloca a criança em uma situação de passividade. A pulsão, que se instaura como resultado da inoculação da sexualidade pelo adulto, passa a ser vista como uma ameaça às fronteiras do Eu: "que a pulsão esteja para o Eu assim como a dor está para o corpo, que o objeto-fonte da pulsão fique 'cravado' no envelope do Eu como a farpa fica na pele" (Laplanche, 1992g, p. 452, tradução minha). Se a situação originária de sedução pode ser considerada, como propõe Ribeiro (2000), uma situação de penetração generalizada, o surgimento do Eu-instância e o narcisismo que lhe é correspondente se encarregarão de produzir sobre essa situação um efeito *a posteriori* de penetração das fronteiras egoicas.

Da própria comparação de Laplanche entre o Eu e o corpo podemos depreender a relação intrínseca entre eles. Num primeiro tempo, para Laplanche (1992a, p. 142), o Eu surge como coincidente com o todo do indivíduo, com o corpo, e representa a projeção de seus limites,[18] sua periferia: é um Eu-corpo. Assim, podemos conceber a penetração sedutora do outro como uma penetração desses limites do próprio corpo. Num segundo tempo, consolida-se o Eu-instância, que passa a ser, dessa vez, "uma parte do aparelho [psíquico], à imagem do todo" (Laplanche, 1992a, p. 142). A "farpa" que penetra o Eu-instância é a pulsão, sentida como uma ameaça, como um ataque interno.

André relaciona, de forma magistral, essa penetração generalizada ao feminino. Para ele, a feminilidade necessariamente simbolizará a invasão originária, visto que o Eu coincide, inicialmente, com os limites do corpo, e que a vagina, como orifício que conduz ao interior, é a parte mais apropriada desse corpo para representar

---

18 Essa é a maneira como Laplanche interpreta a famosa nota acrescentada por Freud em 1927 à versão original de *O ego e o id*: "Isto é, o ego, em última análise[,] deriva das sensações corporais, principalmente das que se originam da superfície do corpo. Ele pode ser assim encarado como uma projeção mental da superfície do corpo, além de, como vimos acima, representar as superfícies do aparelho mental" (Freud, 1923b/1996, p. 39). A relação entre o Eu e o envoltório do corpo também se encontra trabalhada em Anzieu (1989).

o penetrável.[19] O recalque, dessa forma, encontrará na feminilidade uma representação da passividade originária. De outro lado, a lógica fálica aparecerá como agente recalcante, possibilitando ao Eu um contrainvestimento capaz de assegurar a efetividade do recalque. Como procuramos mostrar, tal teoria é transgressora na medida em que confere uma positividade ao feminino, subvertendo a lógica do fálico/castrado a partir daquilo que se pressupõe fundamentá-la; mas ela encontra seu ponto de limitação no momento em que funda toda sua argumentação no caráter orificial da vagina, como se sobre ele se assentasse inteiramente o que denominamos ontologia do feminino. Ora, dentro de nossa perspectiva que se busca antiessencialista, seria muito mais apropriado pensar que as formas de se representar o corpo humano como penetrável e orificial são tão extensas quanto a extensão da criatividade humana, ou seja, são virtualmente infinitas.

Nesse sentido, o ânus e a boca são também passíveis de simbolizar a invasão originária, como descrito inclusive pelo próprio André.[20] A pele, por ser o envoltório e o limite do corpo biológico, é especialmente propensa, em toda sua extensão, a responder pela possibilidade da penetração. Podemos ainda supor que o próprio olhar do outro se relaciona com a passividade originária, uma vez que também envolve uma forma de penetração (cf. Ribeiro, 2012). Para reforçar a ideia de uma diversidade de formas por meio das quais o corpo pode suportar representações da invasão originária, recorro aqui ao famoso quadro tríptico de Bosch, *O jardim das delícias terrenas* (Figura 2.1), do qual reproduzo apenas o terço direito, que representa o inferno.

---

19 "*A vagina é a própria coisa*, o lugar repetitivo da intrusão sedutora originária e, nessa condição, particularmente propícia à manutenção do enigma" (André, 1996, p. 115, grifo do autor).

20 ". . . as palavras nos ouvidos, o mamilo na boca, o supositório no ânus..." (André, 1995, p. 110, tradução minha).

Figura 2.1 – *Detalhe de* O jardim das delícias terrenas *(aprox. 1510), de Hieronymus Bosch. Fonte: Wikimedia Commons.*

Nessa pintura, proliferam simbolismos do corpo enquanto penetrável: figurações da analidade, da oralidade; instrumentos musicais que perfuram a pele de homens e mulheres; um "homem-árvore" ao centro da imagem cujo tórax aberto e oco é invadido; um par de orelhas atravessado por flechas e por uma faca; corpos partidos e corpos disformes; enfim, uma multiplicidade de orifícios naturais e artificiais nos permite vê-la (numa interpretação entre inúmeras outras possíveis) como uma obra que aponta para o elemento indomável e não totalizável da invasão originária do outro.

Não obstante, ainda conseguimos ver na teoria de André e em sua concepção de que o feminino simboliza a invasão originária uma enorme potencialidade para tratar a questão dos gêneros de uma perspectiva psicanalítica inovadora. Apesar de discordarmos do fato de que essa característica da feminilidade deva-se unicamente a uma *essência* penetrável, pensamos que a relação entre feminilidade, passividade e masoquismo que decorre dessa concepção tem um lugar de verdade em nossa cultura e nos modos de subjetivação de homens e mulheres, dado que se fundam nas relações binárias do sistema sexo-gênero instauradas por jogos de poder e dominação ao longo dos séculos e milênios... Ao contrário de entendê-la sob um viés que a inferiorize ou negative, tal relação aponta uma positividade da feminilidade que adquire um duplo sentido: em primeiro lugar, como já mostramos, na vontade de potência que podemos encontrar na "passividade positiva" e no "masoquismo positivo"; em segundo lugar, na potência que a feminilidade adquire para metaforizar novas formas de subjetivação mais livres e permeáveis na medida em que são menos pautadas pela norma fálica. Esse segundo ponto, no entanto, será tratado por nós ao propormos uma conceitualização do *devir-mulher*. Por ora, cabe perguntar: como, então, fundar essa verdade da feminilidade de forma a contemplar sua historicidade, sem recorrer a uma essência e a uma metafísica do feminino? Na tentativa de

136   FEMINILIDADE, PASSIVIDADE, MASOQUISMO

responder a essa questão nos encaminharemos para o próximo tópico. Adiantamos, no entanto, que, em nossa concepção, a relação entre feminilidade, passividade e masoquismo *não tem como ser desvinculada da sociedade heteronormativa em que figura*, sociedade esta marcada por um binarismo que se apropria da diferença anatômica para elevar-lhe performativamente a um patamar metafísico na definição das categorias de masculino e feminino. Por isso o caráter orificial e penetrável da vagina ganha um significado tão central na definição da feminilidade.

Sobre paradoxos e tensões: entre essencialismo e construcionismo

Dentro de uma teoria psicanalítica que se propõe a compreender o gênero em sua complexidade, que papel atribuir à diferença anatômica? Já vimos os problemas nos quais desembocam as concepções essencialistas pautadas no que Butler definiu como metafísica da substância. Seria o caso, então, de considerar a materialidade dos corpos ou, para ser mais específico, a diferença sexual, formada pelo discurso? Ou seria o discurso que se apropria dessa materialidade para imprimir-lhe significados culturais? Para Butler (1993), o sexo não é simplesmente um dado de natureza, mas tampouco somente uma construção social-discursiva. O sexo é visto pela autora como uma norma cultural que governa a materialização dos corpos. Ou seja, para um corpo poder existir, ele precisa ser sexuado, precisa passar pela iteração e reiteração das normas sexuais e materializar-se forçosamente a partir delas – é uma existência violenta desde as origens. Dessa forma, para a autora, sempre que pensarmos na materialidade de um corpo, teremos que pensar nas normas pelas quais se é possível ser matéria. Em nossa sociedade, a norma é a heterossexualidade, que se apropria da diferença anatômica entre o pênis-falo e a vagina para criar uma hierarquia entre os termos e elevar a lógica fálica ao patamar de norma rígida e transcendente para a assunção de um sexo, tanto para os homens como para as mulheres, como vimos.

Outro ponto que se relaciona com essa questão é a crítica de Butler (1998) a um "eu" anterior à teoria, que sai de um lugar a-conflitual para teorizar. Tal ilusão se dá pela defesa contra a possibilidade de pensar que esse próprio "eu" já é um resultado de jogos de poder e saber que o tornaram possível e inteligível. "Nenhum sujeito é seu próprio ponto-de-partida" (Butler, 1998, p. 18), diz a autora. A crítica ao sujeito, muitas vezes associada com um relativismo pós-moderno, não visa abrir mão dele, e sim se perguntar sobre as condições de sua possibilidade. Tal concepção teórica da autora é o que permite, para nós, efetuar um verdadeiro diálogo entre seu pensamento e as teorias psicanalíticas pautadas na primazia da alteridade: trata-se de nunca conceber o sujeito como sua própria medida, como defende Laplanche. Recorrendo a Foucault, Butler diz que o sujeito é efeito de uma genealogia e, ao declarar-se como autofundante, o sujeito apaga essa origem e forja uma ilusória essência a-histórica. Continuando o paralelo com Laplanche (1992d), esse tipo de autofundação se encaixaria no que ele denomina movimento ptolomaico, que visa negar a alteridade como constitutiva de si mesmo. De acordo com Butler, para ser constituído e materializado, o sujeito precisa excluir o que não lhe cabe, precisa diferenciar-se, precisa, enfim, reprimir aspectos que não lhe seriam "egossintônicos" (a expressão é minha). A ilusão de uma autonomia vem esconder essa alteridade fundamental de todo e qualquer sujeito. Cria-se, com esse movimento, um domínio de não sujeitos, pré-sujeitos, sujeitos não inteligíveis e não autorizados pela matriz heterossexual:[21] o exterior constitutivo da própria

---

21 Com a expressão *matriz heterossexual*, Butler procura "caracterizar o mode-

categoria universal, aqui entendida como as identidades sexuais que não se conformam à norma fálica e binarista de gênero.

Assim, como consequência da normatividade que regula a existência de corpos sexuados e sua possibilidade de apreensão por qualquer teoria, criam-se corpos que, por não se adequarem ao imperativo heterossexual de formação, passam para um domínio de ininteligibilidade cultural, de abjeção, como mostra Butler. Tais corpos delimitam exteriormente as identidades sexuais/sexuadas, tornando-se seu *exterior constitutivo*. O mais interessante desse conceito é pensar que esse exterior é ao mesmo tempo interior, dado que é constitutivo: "um abjeto[22] exterior, que está, afinal, 'dentro' do sujeito como seu próprio repúdio fundante" (Butler, 1993, p. 3, tradução minha). Podemos relacionar essa abjeção originária ao próprio movimento do recalque, que cria em nós um corpo-estrangeiro-interno, o inconsciente, que determina a partir de então a existência de um Eu, uma vez que este só pode se consolidar ao afastar de si a passividade originária sob a qual foi formado. Podemos, então, concluir que é em contraposição a essa abjeção/passividade originária que a necessidade de materialização de um sexo se torna tão necessária, pois para nós seria impensável um corpo que não fizesse, de alguma forma, referência ao sexo. Ora, a

---

lo discursivo/metodológico hegemônico da inteligibilidade do gênero, o qual presume que, para os corpos serem coerentes e fazerem sentido (masculino expressa macho, feminino expressa fêmea), é necessário haver um sexo estável, expresso por um gênero estável, que é definido oposicional e hierarquicamente por meio da prática compulsória da heterossexualidade" (Butler, 1990/2003, p. 216).

22 "Abjeto" (*abject*) é um termo utilizado por Butler para referir-se aos corpos que, excluídos da (hetero)normatividade, não ascendem ao *status* da inteligibilidade social. Tais corpos, para a autora, delimitam exteriormente as categorias que se encaixam na normatividade, fazendo com que, paradoxalmente, estas dependam dos abjetos para existir. As categorias políticas dominantes, assim, dependem das exclusões por elas efetuadas para se constituírem.

referência magna que os corpos fazem ao sexo, em nossa sociedade marcada por binarismos, é a diferença anatômica: é ela quem vai indicar se se trata de um corpo-homem ou um corpo-mulher, se se deve interpelar esse corpo como um "ele" ou como um "ela". Antes mesmo de um bebê nascer, por meio do ultrassom, essa diferença já é convocada a assumir seu papel central, como nos lembra Azerêdo (2007, p. 89) ao comentar o entusiasmo do médico ao dizer ao casal: "olha o pintão do Pedro!". Ou seja: a identidade se funda no sexo e, dessa forma, na diferença anatômica.

Recorramos aqui a três importantes teóricas de diferentes áreas do conhecimento (filosofia, sociologia e psicanálise) para situar a centralidade do sexo-gênero na cultura. Judith Butler explica-nos que o sexo não é apenas um atributo de adjetivação, mas uma marca necessária para a humanização:

> *Sexo é, pois, não simplesmente aquilo que alguém tem, ou uma descrição estática do que alguém é: ele será uma das normas pelas quais o "alguém" torna-se simplesmente viável, que qualifica um corpo para a vida dentro do domínio da inteligibilidade cultural. (Butler, 1993, p. 2, tradução minha)*

Dessa forma, para a autora, sempre que pensarmos na materialidade de um corpo, teremos que pensar nas normas pelas quais se é possível ser matéria. Berenice Bento complementa esse ponto de vista ao apontar que "a humanidade só existe em gêneros, e o gênero só é reconhecível, só ganha vida e adquire inteligibilidade, segundo as normas de gênero, em corpos-homens e corpos-mulheres" (Bento, 2006, p. 230).

Essa parece ser a mesma posição de Silvia Bleichmar, ao colocar a identidade sexual como requisito necessário ao que ela denomina identidade ontológica, marcando ao mesmo tempo o caráter histórico dessa relação:

> Nesse sentido, podemos considerar que a identidade ontológica, que marca o caráter humano da criança a partir do momento em que o outro a considera da mesma espécie – o que é indubitavelmente um feito simbólico e não biológico –, se articula, ao menos até agora na história da humanidade, com a identidade sexual, como o demonstra a importância do nome próprio. (Bleichmar, 2009, p. 29, tradução minha)

Além da importância do nome próprio, podemos pensar ainda que as normas gramaticais das línguas atestam como a referência ao gênero é onipresente, não apenas para a identidade como também para se pensar e interpretar o mundo de forma geral.

A diferença anatômica, assim, foi apropriada como fundamental desde o início da cultura, desde a concepção do que é ou do que pode ser um sujeito (cf. Butler, 2006).

A diferença anatômica como enigma fundamental

Em relação à diferença anatômica, Butler se coloca como uma das teóricas que "pensam que a diferença sexual é *inevitável e fundamental*, mas que sua forma patriarcal pode ser contestada" (Butler, 2006, p. 298, tradução e grifo meus). Esse também é o nosso ponto de vista e, para justificá-lo, lançaremos mão de dois argumentos, cujas sustentações são, ao mesmo tempo, inseparáveis e paradoxais. Nesse sentido, cabe lembrar um texto recente de Joan Scott (2005) sobre o dilema da igualdade *versus* diferença. Do ponto de vista dessa autora, várias questões recentes que são alvo de debate caloroso não têm realmente uma solução fácil, sendo que dicoto-mizá-las conceitualmente faz com que se perca a tensão necessá-ria entre os argumentos presentes nos dois lados de um paradoxo. Scott defende, então, que o melhor a se fazer é manter certos para-doxos na teoria, pois somente assim ela expressará a tensão exis-tente em seu próprio objeto de estudo.

O primeiro ponto do paradoxo refere-se ao fato de que a dife-rença anatômica, como mostramos no item anterior, foi apropriada pela cultura heteronormativa para se tornar um dado fundamental e binário na definição de qualquer identidade. Relacionando esse ponto a toda nossa discussão sobre a suposta essência orificial da feminilidade, poderíamos dizer: a feminilidade é orificial na me-dida em que a diferença anatômica é elevada, em nossa sociedade, a uma posição de centralidade. Em relação a essa diferença, Paulo de Carvalho Ribeiro e Jacques André nos mostraram como existe, desde a mais tenra infância, um conhecimento da vagina e de sua característica orificial. A negação dessa orificialidade provém da lógica fálica que, para se impor, necessita recalcar aquilo que a con-traria, aquilo que aponta uma multiplicidade incompatível com o narcisismo egoico.

O segundo argumento refere-se à constatação de que, de fato, a diferença anatômica entre os sexos é uma diferença humana que se mostra universalmente existente. Nessa segunda afirmação nos distanciamos de algumas teorias sociais que consideram a dife-rença anatômica como uma *diferença qualquer*, elevada arbitra-riamente a uma categoria central. De nossa parte, consideramos que tais posturas, apesar de serem alinhadas a uma perspectiva não essencialista, se mostram ingênuas na medida em que desconside-ram a força simbólica (enquanto diferença que exige alguma sim-bolização) da diferença sexual. Mais ainda, desconsideram que tal diferença não é apenas dotada de poder em nossa lógica cultural, como funda a cultura e aparece como norma necessária para que um corpo se torne matéria, se torne inteligível. Não se trata, portanto, de uma diferença qualquer, e os que consideraram a diferença anatômica nesse sentido, apesar de bem intencionados, acabam minimizando sua centralidade em nossos modos de subjetivação e, assim, perdem muito de sua capacidade de análise: é o que denominamos postura histórico-ingênua.

Cada cultura se apropria da diferença anatômica de uma maneira diferente, lhe dá significados e normas sociais diferentes, lhe atribui hierarquias distintas. Strömquist (2018), por exemplo, nos mostra como o clitóris e a vulva foram sendo sucessivamente apagados das representações do sexo feminino em detrimento da supervaloração da vagina enquanto diferença complementar do pênis. De qualquer forma, em todas as culturas documentadas, a diferença aparece como significante.

Do ponto de vista antropológico, é bastante interessante notar que, em todas as sociedades já conhecidas ao longo da história, sempre existiu alguma forma de simbolizar a diferença sexual. Logicamente, essa forma é infinitamente variável. Laqueur (2001), por exemplo, nos fala que, desde a Grécia clássica até o século XVIII, predominava a noção do sexo único, sendo que a mulher era vista como um homem atrofiado, invertido. Com a mudança para a representação dimórfica (na qual haveria dois sexos, em vez de um único), no século XVIII, a iminente diversidade foi rapidamente transformada em dominação masculina, valendo-se de argumentos que associavam a mulher à inferioridade e a determinadas características morais negativas. Stearns (2017), por sua vez, em sua *História das relações de gênero*, nos remete a diversas formas de representação do que é masculino e do que é feminino em várias culturas: sociedades de caça e coleta, sociedades agricultoras, civilizações clássicas (grega, helenista), sociedades budistas, chinesas, islâmicas, indianas, africanas, modificações que ocorreram a partir do encontro de diferentes culturas... Ele nos mostra que essas representações são bastante variáveis, e que encontramos diferentes maneiras de entender o que é masculino e o que é feminino ao longo da história e das civilizações.

Essas duas grandes obras sobre a história do sexo e dos gêneros, de Laqueur e Stearns, ao relatarem diversas maneiras de simbolizar a diferença sexual e de associar-lhe determinados papéis, mostram definitivamente que não existe uma determinação ontológica para o que é entendido como masculino e feminino. O interessante, contudo, e que essas obras não problematizam, é o fato de que, *em todas as sociedades descritas, a diferença sexual é simbolizada – a diferença sexual está sempre presente como marcador fundamental.* Mesmo que com significados diferentes, a diferença sexual sempre é um traço relevante a ponto de demandar alguma forma de simbolização; ela nunca é desconsiderada e entendida como um traço qualquer.

Afinal, a existência de uma classe de seres humanos que têm vulva, vagina, clitóris, seios, que menstruam, em contraposição a outra classe que tem pênis, não é uma diferença qualquer. A diferença se torna ainda mais simbólica na medida em que (ao menos até hoje na história da humanidade) ela se conecta com a reprodução da espécie: à diferença morfológica dos órgãos e caracteres secundários soma-se o fato de que são as mulheres que engravidam e dão à luz, o que, em nossa opinião, dificilmente não exigirá algum tipo de simbolização das diferentes culturas e civilizações. Considerando o caráter histórico das representações da diferença sexual e, ao mesmo tempo, sua onipresença como traço distintivo e significante *a ser* simbolizado, nomeamos a diferença anatômica e sexual como um *enigma privilegiado* que se impõe à humanidade, na medida em que muito provavelmente exigirá algum tipo de tradução, seja ela de que ordem for.

Ribeiro, no âmbito da teoria laplanchiana, interpreta o problema conectando-o com a necessidade dos seres humanos de simbolizar, de alguma forma, os tempos originários de passividade:

> *Ao estabelecer a situação antropológica fundamental como posição inteiramente assentada na passividade radical do infante perante o caráter involuntariamente invasivo do inconsciente sexual do adulto, Laplanche não só coloca em primeiro plano os efeitos psíquicos e pulsionais da oposição interno-externo inerente à delimitação do corpo e sua projeção no psiquismo, como também estabelece que a tradução da passividade originária se dê, invariavelmente, em termos de penetração, de intrusão, de rompimento de barreiras, de arrombamento de orifícios. Como, então, desconsiderar o poder que a diferença entre os sexos tem sobre a simbolização dessa penetração originária? Diferença esta que se manifesta prioritariamente como presença de um órgão apendicular e erétil nos homens e presença de um órgão orificial e penetrável nas mulheres? (Ribeiro, 2016, pp. 110-111)*

Acrescentaríamos, em relação à diferença, a questão da gravidez e do parto, que nos parece uma via privilegiada para a simbolização do dentro e do fora. Basta lembrar, por exemplo, que o nascimento dos bebês é um dos alvos mais frequentes da curiosidade infantil, como atesta, em meio a inúmeros outros exemplos, o caso do "pequeno Hans".

Nesse sentido, a diferença sexual, dado que fornece um substrato material para o problema do dentro e do fora, das relações de penetração e intrusão, das barreiras do corpo, acaba sendo erigida a um lugar de *representação primeira* da identidade, da diferenciação eu-outro, da simbolização-tradução do enigma do sexual inconsciente. Sendo uma representação primeira, a diferença sexual passa a manter relações estreitas com os processos constitutivos do sujeito e da tópica, uma vez que participa destes. É nesse ponto que constatamos a importância das relações entre sexo, gênero e manutenção da tópica psíquica, à qual voltaremos no próximo capítulo.

Não se trata, portanto, de uma diferença qualquer, mas de uma que foi alçada à posição de centralidade ao longo da história da humanidade e das civilizações. Do nosso ponto de vista, algo da realidade dessa diferença favorece – mas não determina – essa centralidade. Em nossa civilização, a isso se somam modelos específicos de interpretação da sexualidade, em certo aspecto mutáveis através dos tempos, mas em outros aspectos mais rígidos, dado que fundam uma série de categorias (como a linguagem, a família...) cuja ausência seria impensável. Dessa forma, reconhecemos a contingência e a historicidade dessa centralidade da diferença sexual e de certas formas de interpretá-la, que não se configuram como invariáveis do humano; ao mesmo tempo, constatamos que elas são fundantes de várias de nossas formas de comunicar, interpretar o mundo, nos relacionar, entender o que é humano. Veja-se, nesse sentido, a importância do nome próprio e da referência ao sexo enquanto marca fundante da identidade.[23]

---

23 Mesmo nos fenômenos e movimentos sociais e identitários que buscam questionar essencialismos no que tange à identidade de gênero como um todo (por exemplo as lógicas *trans*, *inter*, fluida), o sexo paradoxalmente continua sendo evocado como característica central da identidade.

Com isso, procuramos nos distanciar de duas posições extremas: nem essencialismo, pois a invariável do humano se encontra na situação antropológica fundamental, e não nos modos de ligar e interpretar o sexual; nem historicismo ingênuo, pois os grandes modos de interpretação do sexual adquirem uma enorme fixidez, dado que se relacionam com as raízes de nossos sistemas simbólicos e com os pilares das formas de produção de subjetividades e de existência que concebemos. Assim, perceber o caráter histórico de determinadas associações não pode significar deixar de perceber a força e a centralidade destas nos modos vigentes de produção de subjetividades, tampouco as importantes consequências destas para o campo psicopatológico, como procurei trabalhar em minha tese de doutorado (Lattanzio, 2018). Tal clareza nos será necessária para sustentarmos determinadas associações (entre o desligamento e a feminilidade, por exemplo) e determinadas centralidades (como é o caso da lógica fálica e do Nome-do-Pai) que, não sendo essenciais do humano, permanecem centrais nos modos vigentes de produção de subjetividades.

Como bem observado por Laplanche, seria um erro da psicanálise querer incluir como verdades metapsicológicas (portanto essenciais) os esquemas de narração advindos do universo do "mito-simbólico", dado que o que há de essencial é apenas a situação antropológica fundamental, cujos desdobramentos conduzem à tópica psíquica. Ao mesmo tempo, Laplanche (2003/2015) adverte, "a psicanálise não deve baixar os braços quando se trata de dar conta da intervenção do 'mito-simbólico' na constituição do aparelho psíquico humano, e mais precisamente no que dele é um motor fundamental, o modelo 'tradutivo'" (p. 202).

A diferença anatômica entre os sexos, a nosso ver, é uma diferença fundamental e inevitável nos seres humanos, e isso faz com que ela seja um enigma privilegiado sobre o qual todos terão de se posicionar de alguma forma e conferir-lhe algum tipo de simbolização. No entanto, essa universalidade da diferença anatômica entre os sexos só adquire valor significante quando habitada pela linguagem, quando relacionada aos modos simbólico-culturais que governam uma sociedade. Ou seja: pensamos que é inconcebível acercarmo-nos dessa diferença ou fundamentá-la de outra forma que não por meio da linguagem, que não historicamente. Com relação à tese de André, diríamos: realmente, é um fato universal que a vagina seja orificial, mas esse fato só existirá no momento em que for habitado pela linguagem e significado como tal.

Eis então o paradoxo formulado por nós: a diferença anatômica é um enigma fundamental, universal e extralinguístico que mobiliza os seres humanos a conferir-lhe um significado e, *ao mesmo tempo*, só pode existir enquanto construída linguisticamente.

Fazer dessa diferença algo não hierárquico transforma-se, assim, numa tarefa de superação dos binarismos que nos são atualmente impostos pela cultura. A teoria, assim, confunde-se com a política.

O problema do binarismo que governa o sistema sexo-gênero e as possibilidades de transgressão

Não existe nenhuma forma de contestar esse tipo de gramáticas a não ser habitá-las de maneiras que produzam nelas uma grande dissonância, que "digam" exatamente aquilo que a própria gramática deveria impedir. A razão pela qual a repetição e a ressignificação são tão importantes para meu trabalho tem tudo a ver com o modo de eu conceber a oposição como algo que opera do interior dos próprios termos pelos quais o poder é reelaborado. A idéia não é baixar uma proibição contra o uso dos termos ontológicos mas, ao contrário,

> *usá-los mais, explorá-los e resgatá-los, submetê-los ao abuso,*
> *de modo que não consigam fazer o que normalmente fazem.*
>
> Judith Butler (citada por Prins & Meijer, 2002)

A diferença anatômica, genital, ocupa lugar central nos modos simbólicos segundo os quais funciona nossa sociedade. *No que concerne a essa diferença sócio-historicamente alçada à centralidade na produção de subjetividades e identidades*, as mulheres são orificiais e penetráveis, e os homens são fálicos e penetrantes. André relaciona a essa característica o fato de o feminino simbolizar a passividade das origens do sujeito psíquico, de forma que, a partir daí, o caminho para a tríade feminilidade-passividade-masoquismo já se encontre indicado. Teoria esta que, para André, não agradará a todos. Apropriando-nos de sua teoria, ressalvamos que é o juízo de valor que damos a essas categorias que é culturalmente construído: a categoria feminino-passivo se encaixa perfeitamente no projeto de uma sociedade falocêntrica, na qual o feminino aparece sempre silencioso e subjugado. No entanto, enfatizamos mais uma vez que a passividade que aí se encaixa, a passividade que se ajusta ao primado fálico, é a passividade ferida, castrada, e não a orificial, não a dotada de vontade de potência, como procuramos definir anteriormente.

Nesse sentido, a positivação do feminino, como a propusemos, implica uma nova concepção de antigos dualismos marcados por hierarquias, em que sempre o primeiro termo silenciava a *potência* do segundo: ativo/passivo e sádico/masoquista foram as relações que exploramos. Ao dar uma conotação positiva ao que antes era silenciado, desmonta-se o dispositivo estruturante do próprio binarismo, cuja existência depende da antiga hierarquia.

Uma das formas pelas quais essas concepções dominantes se conjugam com a questão dos gêneros refere-se à associação mulher-natureza e homem-cultura, que liga à mulher os termos *natureza, corpo, singular* e *objeto*; reservando aos homens os domínios da *cultura, mente-teoria, espaço público-coletivo* e *sujeito*. Claro, dessas díades depreende-se o fato de que, tal como o ser humano tem a pretensão de dominar a natureza, aos homens é possibilitado o domínio sobre as mulheres. Para além dos aspectos subjetivos de tal relação, mecanismos sociais e políticos estão em jogo nesse binarismo. Christophe Dejours (2005, p. 48), nesse sentido, mostra como tal relação de dominação se ancora no mundo do trabalho e nas relações de produção:

> *o gênero é indissociável da dominação dos homens sobre as mulheres e o que está em jogo, antes de tudo, é o trabalho, sua produção, sua repartição e sua apropriação. Homens e mulheres não estão, em absoluto, em posição de igualdade no que diz respeito ao trabalho. (tradução minha)*

A psicanálise, com a negativação do feminino, contribuiu de certa forma para a manutenção dessas dualidades estruturadas hierarquicamente, como pudemos mostrar a partir de nossas críticas a Freud, Lacan e Laplanche. Particularmente no aforismo lacaniano "A mulher não existe" se expressa essa junção entre a mulher e o real, ao mesmo tempo que se designa aos homens a possibilidade de deter como símbolo um significante universal e transcendental (o falo), organizador da cultura, da sociedade e, consequentemente, da própria ciência.

Isso se relaciona, por exemplo, com um dos pilares da epistemologia clássica, na qual prevalece a ideia do cientista que tem o domínio total sobre seu objeto de estudo (silencioso e inerte), que consegue captar-lhe a essência e dar sobre ele uma explicação completa e totalizante. A dicotomia sujeito/objeto, na qual o sujeito, ativo e universal, apreende seu objeto, passivo e totalizável, serve de base a essa noção de objetividade científica, como nos mostra Donna Haraway (1995). Nesse contexto, as mulheres que ousavam enfrentar tal modelo de ciência (as feministas) inevitavelmente eram vistas como "os outros corporificados, a quem não se permite não ter um corpo, um ponto de vista finito e, portanto, um viés desqualificador e poluidor em qualquer discussão relevante" (Haraway, 1995, p. 7). À sua maneira, Haraway também efetua uma positivação das categorias subjugadas nesses dualismos, propondo pensarmos na *agência* do objeto (que ganha "voz" em vez de ser tido como inerte) e no privilégio que a perspectiva parcial e corporificada tem sobre uma visão neutra e totalizante na tentativa de apreensão da realidade. A perspectiva parcial, para Haraway, se traduz em um conhecimento localizado, que se torna mais interessante por poder se responsabilizar, ao contrário de uma visão dita neutra, "tanto pelas suas promessas quanto por seus monstros destrutivos" (p. 21). Outra vez, trata-se de habitar os dualismos de dentro, criando neles um "curto-circuito" que quebre a antiga hierarquia. Foucault (1979) conseguiu perceber muito bem esse movimento:

> *Durante muito tempo se tentou fixar as mulheres à sua sexualidade. "Vocês são apenas o seu sexo", dizia-se a elas há séculos. E este sexo, acrescentaram os médicos, é frágil, quase sempre doente e sempre indutor de doença. "Vocês são a doença do homem". E esse movimento muito antigo se acelerou no século XVIII, chegando à patologização da mulher: o corpo da mulher torna-se objeto médico por excelência. . . . Ora, os movimentos feministas aceitaram o desafio. Somos o sexo por natureza? Muito bem, sejamos sexo mas em sua singularidade e especificidade irredutíveis. Tiremos disto*

as consequências e reinventemos nosso próprio tipo de existência, política, econômica, cultural... Sempre o mesmo movimento: partir desta sexualidade na qual se procura colonizá-las e atravessá-la para ir em direção a outras afirmações. (p. 234)

Ou também Deleuze, que já enunciava sua proposta filosófica em seus tempos de juventude: "Acercar-me sigilosamente a um autor pelas costas e fazer-lhe um filho monstruoso, em que não se possa reconhecer" (citado por Baremblitt, 1998, p. 38). Para contrapor a incontornável falicidade da proposta, se poderia também dizer: "Deixar-me penetrar pelos termos hierárquicos de um binarismo e gerar-lhes um filho monstruoso e positivo, no qual não se possam reconhecer".

As tantas tensões hierárquicas entre o masculino e o feminino, entre o ativo e o passivo, entre o sujeito e o objeto, presentes em tantos outros binarismos, são objeto de muita discussão, e as possibilidades de transgressão dessas dualidades sempre voltam à tona. Alguns sugerem que se criem tantas novas categorias quantas são as infinitas possibilidades de expressão do desejo humano, que certamente resiste a se deixar capturar por apenas dois termos. No entanto, junto com Butler, vimos que a própria concepção do que possa ser o humano é herdeira desses termos: a linguagem, a cultura e os símbolos que usaríamos para criar outras categorias estariam já marcados pela hierarquia que se quer ultrapassar. Assim, de nosso lado (e talvez extrapolando o pensamento de Butler), pensamos que não se trata de imaginar a criação de uma terceira categoria que superasse o caráter binário do gênero, mas, antes, pensar em subversões que desestabilizem tal binarismo habitando-o de dentro. A nosso ver, e forçando o traço, a dificuldade principal do dualismo não se relaciona fundamentalmente com o número dois, mas reside na imposição de uma lógica em que os dois termos não se misturam, ou seja, no fato de se ter de ser um *ou* outro; lógica na qual esses termos são marcados de maneira hierárquica por uma relação de dominação, em que um dos polos busca silenciar o outro e tirar-lhe a potência.

Penso, por exemplo, no silenciamento do clitóris, principal órgão responsável pelo prazer feminino e cuja anatomia ("a cabeça do clitóris é apenas a ponta de um iceberg . . .; o próprio órgão na verdade tem um comprimento de sete a dez centímetros e possui duas pernas que se estendem para trás abraçando as laterais da vagina. O órgão inteiro se dilata ao ser estimulado" [Strömquist, 2018, p. 79]) foi descoberta somente em 1998 por Helen O'Connell, após séculos de teorias pseudocientíficas que muitas vezes associavam a frigidez das mulheres com a incapacidade ou dificuldade de obter orgasmos por via de penetração vaginal. Ainda na atualidade, grande parte dos livros didáticos de biologia não representa o clitóris corretamente, escamoteando um elemento que subverte a complementariedade binária das genitálias e coloca o prazer em primeiro plano. Imaginem o poder de uma imagem como a da Figura 2.2, de um molde 3D do clitóris em escala real, tão importante quanto ainda desconhecido.

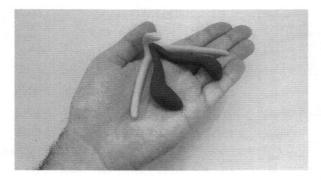

Figura 2.2 – Molde 3D de um clitóris em escala real (foto do autor).

Seguindo nas tentativas de percorrer algumas das vias pelas quais se é possível pensar subversões do binarismo, recorro a Butler novamente para trazer outro exemplo.

Quando uma transexual imita toda a fenomenologia estereotípica de uma mulher, ela se torna incômoda aos olhos da sociedade porque assim o caráter desnaturalizado da mulher imitada aparece. Essa relação, nos diz Butler, não é o que "uma cópia é para o original, mas, em vez disso, o que uma cópia é para uma cópia" (Butler, 1990/2003, p. 57). Butler acrescenta que essa constatação "não implica que a própria repetição deva ser interrompida – *como se isso fosse possível*. . . . daí emerge a questão crucial: que tipo de repetição subversiva poderia questionar a própria prática reguladora da identidade?" (p. 57, grifo meu). Nós diríamos, então, que não se trata de criar uma terceira categoria que escape aos pares masculino-feminino, ativo-passivo, penetrante-penetrável, e sim de usar esses pares de forma completamente subversiva e desestabilizadora, como é desestabilizador ver uma transexual, no exemplo dado. Mais desestabilizador ainda seria a eventualidade de que essa transexual fosse lésbica. Em entrevista dada mais de dez anos depois, Butler (citada por Prins & Meijer, 2002) reitera essa opinião: "não existe nenhuma forma de contestar esse tipo de gramáticas a não ser habitá-las de maneiras que produzam nelas uma grande dissonância, que 'digam' exatamente aquilo que a própria gramática deveria impedir" (p. 159).

Tratar-se-ia, portanto, de misturar os dois termos, tornar sua fronteira fluida de forma a subverter as hierarquias anteriores. Gloria Anzaldúa (1987), ao fazer o elogio da *mestiza*,[24] considera que esta, por poder habitar duas fronteiras ao mesmo tempo, torna-se

---

24 A *mestiza* é aquela que pertence a duas culturas ao mesmo tempo, que habita e interioriza a fronteira. No caso de Anzaldúa, trata-se de ser uma *chicana*: uma cidadã estadunidense de descendência mexicana.

154 FEMINILIDADE, PASSIVIDADE, MASOQUISMO

híbrida, maleável, flexível, mostrando-se mais apta a desmontar antigas dualidades. Essa hibridez e essa maleabilidade, afinal, se encontram presentes, acima de tudo, como nos lembra Sandra Azerêdo (2007), no literário: este favorece a diferença e o processo de mudança. Não é por outro motivo, podemos pensar, que o livro supracitado de Anzaldúa é, ao mesmo tempo, teoria e literatura. Azerêdo, no entanto, estende a toda forma de arte esse fenômeno que se observa no literário, pois a arte, como um todo, favorece essa irrupção da diferença.

Exemplos que se prestariam a corroborar essa análise são incontáveis, mas escolho aqui dois espetáculos de dança do Grupo Corpo para ilustrar a transgressão de gênero que a arte efetua ao habitar binarismos de dentro. Trata-se das peças *Lecuona* (2004) e *Ímã* (2009), ambas coreografadas por Rodrigo Pederneiras. Nos dois espetáculos, a mistura e a fruição entre o masculino e o feminino são de uma poesia que escapa a qualquer definição. No oitavo *pas de deux* de *Lecuona*, o casal alterna constantemente as posições de condutor da dança, que varia entre passos de tango, bolero e *ballet* contemporâneo. Ao final, a mulher, trajando um fatal e esvoaçante vestido vermelho, segura o homem (este num traje sóbrio e escuro) arremessando sua cabeça para baixo e olhando-o de forma penetrante (ver Figura 2.3). A mistura de gêneros causa no espectador um efeito de abertura e epifania: quem na normatividade da dança de salão é conduzida passa a conduzir, e o contraste entre as vestimentas do casal dá ainda mais força ao paradoxo produzido. Já em *Ímã*, todo o espetáculo se conduz a partir da mistura de corpos-homem e corpos-mulher, que se entrelaçam uns aos outros de tal forma que os limites de cada corpo se tornam fluidos e movediços. Onde acaba o masculino e onde começa o feminino? Tal movimento de corpos nos faz lembrar da bela indagação que Donna Haraway (2009) nos faz em seu *Manifesto ciborgue*: "Por que nossos corpos deveriam terminar na pele?" (p. 92).

Figura 2.3 – À esquerda, foto do espetáculo Lecuona; *ao centro e à direita, fotos do espetáculo* Ímã. *Créditos: José Luiz Pederneiras e Grupo Corpo.*

Tanto em *Lecuona* quanto em *Ímã*, as categorias masculino e feminino, mesmo que mantidas, são, como diria Butler, exploradas, submetidas ao abuso, intercambiadas, misturadas, de forma a subverter o binarismo que outrora as fundamentava.[25] Ou, como bem expresso por Caetano Veloso: fazer o avesso do avesso.

Enfim, trata-se de habitar essas dualidades milenares e hierárquicas, subvertendo-as de dentro, dando a seus termos positividade e fruição: é dessa forma que concebemos o trabalho de transgressão, mudança e abertura ao devir necessário a toda apreensão (teórica ou artística) que se queira fazer do gênero. Por isso consideramos pertinente manter, na teoria psicanalítica, a relação entre a feminilidade, a passividade e o masoquismo, desde que tal relação não seja naturalizada e tornada eterna/imutável, mas, antes, apareça como histórica e aponte para a mudança: só assim pode-se subverter de dentro uma relação de dominação utilizando seus próprios termos. Assim, afinal, conceberemos os fundamentos de uma ontologia do feminino que seja mutante e não se fixe através dos tempos.

---

25 É interessante perceber como em *Ímã* há também a mistura de raças. Nesse sentido, um desafio que se impõe à psicanálise atualmente, como aponta Butler (1993), é a teorização da raça e seus efeitos no psiquismo.

A relação entre feminilidade, passividade e masoquismo como um fundamento contingente

A relação entre feminilidade, passividade e masoquismo, em nosso ponto de vista, deve ser compreendida como um *fundamento contingente* das teorias de gênero: um fundamento, visto que tal relação está presente e produz seus efeitos na produção de subjetividades (presença que é consequência, como vimos, da centralidade da diferença anatômica nos processos de identificação ligados ao gênero-sexo), e contingente, pois o fundamento aqui deve ser pensado numa perspectiva histórica e mutante, por mais que tenha na diferença anatômica um respaldo real e dificilmente ignorável. Nesse sentido, como aludimos antes, a própria reprodução da espécie, que escancara o orifício feminino do qual saem os bebês, é um fato que, no mínimo, terá de encontrar algum tipo de simbolização em qualquer sociedade. E, como também mostramos, toda e qualquer apreensão desse fato só pode ser feita no registro da linguagem, registro este inseparável das normas que regulam uma sociedade e que escamoteia determinadas características em benefício de outras.

Dentro dessa lógica hegemônica vigente, podemos pensar que mesmo o discurso de Sojourner Truth, que evoquei anteriormente, faz certa alusão à relação da feminilidade com o interior, no momento em que ela invoca os filhos que "botou" no mundo. Mais uma vez, Nietzsche e Deleuze servem como referência, pois, à maneira da ontologia do feminino que buscamos fundamentar, também as suas ontologias não se fixam, mas nem por isso deixam de ser ontologias. A palavra-conceito *ontologia* deve ser aqui entendida como um ramo da filosofia que estuda a questão da realidade última, da existência. A ontologia trata do ser, mas sua pergunta não precisa ser pela essência fixa, mas sobre qual realidade é capaz de fazer um ser que não se fixa, que é histórico e, por isso, não se escreve com inicial maiúscula. Não se deve equiparar ontologia e metafísica, pois não necessariamente se precisa utilizar argumentos metafísicos para responder à questão ontológica. Esse é o caso da relação entre feminilidade, passividade e masoquismo: uma relação que aponta para um universal que é, ao mesmo tempo, histórico, por mais paradoxal que possa ser tal enunciado. Em uma direção correlativa à nossa, Butler (1998) pensa que a saída possível para a ontologia não é abrir mão do conceito de universal, e sim formulá-lo de forma aberta, de modo que ele possa ser permanentemente contestado e reformulado, pois nunca se sabe que futuras exclusões um novo universal pode gerar. Claro que aqui interpreto o pensamento de Butler em uma direção própria, e penso ser importante explicitar tal ponto aqui.

Do universal/eterno, o que resta é apenas o que Laplanche chama de situação antropológica fundamental, ou seja, o fato de os bebês humanos nascerem com essa enorme disparidade em relação ao outro, ao adulto: disparidade de línguas, de capacidade de simbolização, de existir ou não enquanto sujeito dotado de intencionalidade e, principalmente, de ter ou não inconsciente, de ser ou não marcado pela sexualidade. E mesmo isso pode ser visto como resultado de uma contingência, um golpe do acaso na história da espécie humana. Como essa disparidade será representada ao longo da humanidade, disso só poderemos saber ao longo da história e de suas mudanças profundas. A relação entre feminilidade e passividade, a existência do Édipo, a lógica fálica e outros, por mais universais que sejam em nosso tempo e por mais que sejam tão antigos quanto a própria cultura, são apenas caminhos possíveis dentro de um infinito mar de possibilidades.

3. O conceito de gênero e suas articulações metapsicológicas

No Capítulo 1, a partir de um recorte histórico-teórico baseado na primazia da alteridade, procurei apresentar algumas teorias psicanalíticas sobre o gênero. Tal encaminhamento me levou, no Capítulo 2, a problematizar a associação entre a feminilidade e o recalcado e propor-lhe uma nova fundação, histórica e aberta à diferença. Neste terceiro capítulo buscarei, a partir de tudo isso, formular um conceito psicanalítico de gênero.

O capítulo se dividirá em três partes principais. Na primeira, buscarei situar a centralidade do gênero na formação e na manutenção do conflito psíquico. Na segunda, tratarei dos caminhos identificatórios que levam à masculinidade e à feminilidade e de algumas de suas consequências clínicas. Na terceira parte, enfim, proporei uma reflexão sobre em que medida o conceito de feminilidade pode servir como base a novas formas de subjetivação, formulando o conceito de *devir-mulher*.

Gênero e conflito psíquico[1]

Ponto de partida: a situação antropológica fundamental

O ponto de partida de nosso edifício conceitual é o fato de que, na espécie humana, os bebês nascem em um total estado de desamparo – é o que Freud identifica com o termo *Hilflosigkeit* (Freud, 1926/1996). Os adultos, por sua vez, além de serem autossuficientes no sentido autoconservativo, estão imersos na linguagem e marcados pela *sexualidade inconsciente*, esta entendida como um profundo desvio em relação a qualquer espécie de instinto. Laplanche denomina esse estado da criança *situação antropológica fundamental*, pois é a partir dela que se instaurará a pulsão e o inconsciente, que nascem do confronto com a alteridade, com o outro/adulto. Para Laplanche (1992a), o originário humano consiste em:

> *Um bebê, que não é fechado, nem tábula rasa, mas profundamente desadaptado. Continua-se, com razão, a empregar o termo "prematuração", que poderíamos definir assim: confronto com tarefas de nível demasiado alto relativamente ao grau de maturação psicofisiológica. Mas, no caso do pequeno ser humano, é preciso distinguir dois tipos de prematuração, justamente na medida em que se quer distinguir o nível de autoconservação do sexual. A prematuração no domínio adaptativo está ligada ao problema da sobrevivência;*

---

1 Uma versão resumida deste tópico foi publicada por nós na *Revista Psicologia em Estudo* (Lattanzio & Ribeiro, 2012), à qual agradecemos pela cessão dos direitos autorais. Tal artigo foi também traduzido para o espanhol, sendo publicado no dossiê sobre gênero e teoria da sedução generalizada da *Revista Après-Coup* (Lattanzio & Ribeiro, 2016).

a prematuração no domínio do sexual é o confronto
com uma sexualidade para a qual . . . a criança não
tem reação adequada. É o que Freud chama de estado
"pré-sexual". (p. 103)

O originário é, portanto, uma criança, cujos comporta-
mentos adaptativos, existentes mas imperfeitos, débeis,
estão prestes a se deixarem desviar, e um adulto des-
viante, desviante em relação a qualquer norma concer-
nente à sexualidade (Freud o demonstra amplamente
nos Três ensaios para uma teoria da sexualidade*), e eu*
diria inclusive desviante em relação a si mesmo, na sua
própria clivagem. (p. 110)

O bebê, então, dado seu estado de desamparo, se encontra aberto ao mundo e a todos os estímulos que se impõem a ele; é passivo diante das invasões provenientes do ambiente e dos adultos habitados por uma sexualidade desviante. Laplanche (1992a) nos diz que "para o pequeno ser humano o problema de abrir-se ao mundo é um falso problema; a única problemática será, isto sim, a de se fechar, de fechar um si mesmo, ou um ego" (p. 100).

Buscaremos, a partir de agora, extrair o máximo de consequências desse único *a priori* da situação humana. *A priori* que, no entanto, aponta muito mais para uma contingência da espécie que para qualquer essência metafísica.

É a partir desse pilar, dessa assimetria originária entre a criança e o adulto, que Laplanche edificará toda a teoria da sedução generalizada, e será a partir dele que fundaremos nossa teorização sobre o papel central do gênero na metapsicologia psicanalítica. Comecemos, então, compreendendo como se origina o conflito psíquico para, em seguida, relacioná-lo ao gênero e ao sexo.

162   O CONCEITO DE GÊNERO E SUAS ARTICULAÇÕES...

O recalque originário e a natureza do inconsciente segundo Jean Laplanche

No famoso texto de 1915 dedicado ao recalque, Freud (1915c/2004) apenas alude à existência de um recalque originário:

> *Temos razões para supor que exista uma primeira fase do recalque, um* recalque original, *que consiste em interditar ao representante [*Repräsentanz*] psíquico da pulsão (à sua representação mental [*Vorstellung*]) a entrada e admissão no consciente. Este recalque estabelece então uma* fixação, *e a partir daí o representante em questão subsistirá inalterado e a pulsão permanecerá a ele enlaçada. (pp. 178-179, grifos do original)*[2]

A existência desse recalque pode ser deduzida pelo fato de que, para uma representação ser recalcada, precisa-se supor a existência de conteúdos inconscientes, que servem como polo de atração. No entanto, para se supor esses conteúdos inconscientes, tem-se de conceber uma outra forma de recalque que não ocorra a partir da atração de conteúdos já recalcados.[3] Além dessas formulações, existem alguns esparsos trechos da obra de Freud sobre a associação do recalque com a sexualidade (a esses trechos voltaremos no próximo item) que, por serem nitidamente controversos, mostram

---

2 Especialmente nesse trecho preferimos utilizar a nova tradução das obras de Freud (1915c/2004), pois a tradução antiga se mostra imprecisa ao usar os termos "repressão primeva" e "instinto" no lugar de "recalque original" e "pulsão".

3 Para tal, Freud, no texto "O inconsciente" (1915b/1996), postula o contrainvestimento como o único mecanismo do recalque originário, visto que é impossível a atração/investimento por parte dos conteúdos recalcados (que ainda não existem), bem como o desinvestimento por parte do consciente, já que este ainda não existe num sentido tópico.

a necessidade de se continuarem as tentativas de elaboração teórica sobre o tema. O que nos interessa por ora é saber que, na obra freudiana, há apenas apontamentos sobre o recalque originário, e tal conceito ainda carecia de formulações mais precisas.

Nesse sentido, Lacan, em sua retomada de Freud, abriu o caminho para se pensar no inconsciente e na pulsão como historicamente adquiridos ao postular que "sua gênese e sua natureza são indissociáveis do mundo humano e da comunicação inter-humana" (Laplanche, 1993/1999, p. 78, tradução minha). Laplanche, por sua vez, nessa mesma "tradição francesa" da psicanálise, concebe também o inconsciente e a pulsão como ligados a uma dimensão essencialmente humana, que aponta uma ruptura ou um desvio com relação ao inato e/ou instintual. No entanto, Laplanche (1993/1999) se distancia de Lacan na medida em que recusa o "caráter estritamente linguístico, supraindividual – estrutural (e para dizê-lo: metafísico)" (p. 78, tradução minha) do inconsciente. A partir dessa recusa, Laplanche defende o realismo do inconsciente e procurará explicitar como o recalque originário (enquanto movimento real e não mítico) opera na formação do conflito psíquico. Procuraremos, a partir de agora, expor o conceito de recalque originário segundo a perspectiva de Laplanche. Para tal, será necessário, em determinados momentos, retomar alguns elementos de sua teoria já apresentados no Capítulo 1.

Na ocasião de sua apresentação no Colóquio de Bonneval (1959), Laplanche, pela primeira vez, elabora uma teoria sobre o recalque originário, momento em que se inicia seu distanciamento do pensamento de Lacan. Analisemos, inicialmente, as formulações de Laplanche sobre o que ele chamou de "metáfora constitutiva do inconsciente". Nessa apresentação, Laplanche nos fala que tal metáfora "é o próprio esquema do recalcamento" (Laplanche & Leclaire, 1959/1992, p. 250). Vejamos:

$$\frac{S^1}{s} \times \frac{S^2}{S^1} = \frac{\dfrac{S^2}{s}}{\dfrac{S^1}{S^1}}$$

Figura 3.1 – *Metáfora constitutiva do inconsciente.*

Nessa fórmula, os dois últimos termos da cadeia de quatro andares equivalem aos elementos recalcados, que assim se tornam inconscientes. Na fórmula, S^1 é o significante com o qual depara a criança, significante veiculado principalmente por seus cuidadores. Estes, por estarem submetidos aos efeitos do inconsciente, transmitem à criança mensagens sexuais que ignoram transmitir. Tais mensagens parecem completamente enigmáticas à criança, que nem sempre consegue traduzi-las/simbolizá-las. Um exemplo nos ajudará a esclarecer do que se trata quando falamos de mensagens sexuais enigmáticas.

Uma reportagem veiculada pelo portal *Terra* em agosto de 2006[4] relata um fato inicialmente curioso: vários leitores de uma revista americana voltada para pais protestaram contra a publicação da foto de uma mãe amamentando um bebê na capa da revista. Os leitores se diziam "ofendidos" e "horrorizados" com a foto, que lhes parecia "nojenta". Como entender o sentimento de repulsa desses leitores à imagem de um fato aparentemente inocente e "natural"? As reclamações dos leitores nos remetem ao fato de que, ao amamentar, a mulher, por mais maternal que seja, não tem como se desvincular da dimensão erótica inconsciente ligada à estimulação do seio. O incômodo desses leitores, portanto, decorre do fato de que eles mesmos não conseguiram desvincular a dimensão

---

4 "Foto de amamentação gera protesto nos Estados Unidos". Recuperado (2011) de http://noticias.terra.com.br/ interna/0,,OI1090687-EI1118,00.html.

erótica do seio do ato de amamentação. O mesmo acontece com a própria mãe e, portanto, ela não tem como não transmitir isso ao bebê de alguma forma, nem que seja apenas por um excesso de carinho e ternura. O bebê, então, recebe um "a mais" enigmático, que parasita, por assim dizer, as trocas que sua mãe estabelece com ele. É justamente esse enigma que é designado pelo s minúsculo na primeira parte da fórmula.

Ao mesmo tempo que a mãe, por exemplo, transmite pela amamentação esse enigma, ela também transmite à criança os meios de simbolizá-lo.[5] Tais meios, no entanto, nunca darão conta de solucionar inteiramente o enigma, por se tratar de mensagens inconscientes, logo obscuras também para o agente que supostamente deveria fornecer os subsídios para a tradução/simbolização. Se fôssemos, então, exemplificar a fórmula a partir dessas considerações, diríamos que S^1 remete à amamentação e às carícias maternas, enquanto o enigma é designado por s. O S^2 representa qualquer significante que seja encobridor e venha a substituir, num outro nível de simbolização, os cuidados maternos. Podemos utilizar como exemplo o caso de Da Vinci,[6] retomado por Laplanche no seu "Court traité de l'inconscient" (1993/1999). Ele vê na "lembrança" de Da Vinci da cauda do pássaro penetrando em sua boca uma primeira simbolização da intrusão materna. Seria então o S^2 da fórmula.

A questão principal, no entanto, é o resultado dessa multiplicação, dessa metaforização. Para Laplanche, nessa operação, os S^1

---

5 Tal concepção de que, ao mesmo tempo, o adulto transmite os enigmas *e* o aporte narcísico que permite uma primeira simbolização foi desenvolvida fundamentalmente por Silvia Bleichmar, apesar de Laplanche admitir, por vezes, a importância desse aporte. Cf. Bleichmar (1994).

6 Freud (1910/1996) relata-nos que uma das mais antigas recordações de infância de Leonardo da Vinci é a cauda de um pássaro penetrando em sua boca e fustigando-lhe os lábios.

166 O CONCEITO DE GÊNERO E SUAS ARTICULAÇÕES...

caem ao nível inconsciente. Não se pode aplicar as regras matemáticas para tal multiplicação, pois, a rigor, os S^1 seriam simplificados numa lógica matemática. Como afirma Laplanche (1981) em um texto cujo título é emblemático ("O estruturalismo: sim ou não?"): "em outros termos, se vocês podem encontrar o mesmo significante no numerador e no denominador, podem cortá-los (*barrer*), o que é próprio de um funcionamento estruturalista que não leva em conta o sentido" (p. 23, tradução minha). Com isso, Laplanche quer dizer que os conteúdos psíquicos não se prestam a uma abordagem estruturalista, e assim defende o realismo do inconsciente.[7] Poderíamos escrever, de acordo com Laplanche, o que seria um uso estruturalista da metáfora:

$$\frac{\overline{S}^1}{s} \times \frac{S^2}{\overline{S}^1} = \frac{\dfrac{S^2}{s}}{\dfrac{\overline{S}^1}{\overline{S}^1}} \left.\right\} \begin{array}{l} \text{desapareceria} \\ \text{o denominador,} \\ \text{que, simplificado,} \\ \text{se iguala a 1} \end{array}$$

Figura 3.2 – Uso estruturalista da metáfora constitutiva do inconsciente.

Se assim o fizéssemos, se eliminaria o próprio conteúdo do inconsciente. Essa simplificação, diz Laplanche, ocorre somente no discurso pré-consciente, de forma que a barra que separa os S^1 inferiores da parte superior da fórmula é, ao mesmo tempo, a barra que separa os sistemas inconsciente e pré-consciente/consciente.

---

7 Realmente, pensar no significante como *puro* efeito do Simbólico e das relações diferenciais equivale a adotar uma perspectiva estruturalista. Ver, como demonstração, Deleuze (1974). Ver especialmente os critérios I ("O Simbólico") e II ("Local ou de posição"). Logicamente, Laplanche está se dirigindo a Lacan e aos lacanianos nessa passagem, mesmo reconhecendo que um pensamento como o de Lacan não pode ser reduzido aos seus aspectos estruturalistas. O que Laplanche critica mais incisivamente é a máxima lacaniana "o inconsciente é estruturado como uma linguagem".

Os significantes que caíram ao nível inconsciente foram "coisificados", nos diz Laplanche. Por isso ele propõe a tradução "representação-coisa" para o termo freudiano *Sachvorstellung*, com o objetivo de provocar um contrassenso com relação à tradução original, lembrando que, no alemão, não há preposição ligando os dois termos (a saber: representação e coisa) e, a rigor, ambas as traduções estariam corretas. Essa coisificação significa que esses significantes, ao caírem para o inconsciente, não remetem a nada senão a eles mesmos. Por isso, tanto a parte de cima do algoritmo quanto a de baixo contêm o termo S^1: é um significante que só remete a si mesmo. Laplanche chama esses conteúdos inconscientes de *significantes-dessignificados*, justamente por perderem seu caráter de comunicação. Laplanche pretende, assim, dizer que o inconsciente não é estruturado como uma linguagem, mas é antes como uma linguagem não estruturada.

A melhor imagem que me ocorre ao pensar nesses significantes-dessignificados ou representações-coisa é a imagem de buracos negros. Na física, buracos negros são intensos aglomerados de matéria que criam para si uma gravidade tão grande que não deixa nada escapar de seu domínio, nem mesmo a luz. Por isso nunca se pode ver um buraco negro, mas somente deduzi-lo e concebê-lo a partir de seus efeitos. Tal seria o caso das representações inconscientes: elas não remetem a nada, todas as características comunicativas foram perdidas. No entanto, elas permanecem como polo de atração para os conteúdos psíquicos, como um buraco negro atrai os elementos que passam perto dele, dada a sua altíssima gravidade. Por isso, para Laplanche, o inconsciente é condição de linguagem: é a partir desses legítimos buracos negros no psiquismo que se pode conceber um ponto de basta que dê alguma forma de ancoragem ao infinito deslizamento de significantes. Por isso, por exemplo, a vertiginosa experiência de um dicionário, em que um termo somente se define por outro, consegue fixar algum sentido.

168   O CONCEITO DE GÊNERO E SUAS ARTICULAÇÕES...

* * *

Abordarei, em seguida, a questão do recalcamento na teoria de
Laplanche por outra via que complementará e esclarecerá essa
primeira explicação, a saber: o modelo tradutivo do recalcamento. O significante-dessignificado, ao qual aludimos anteriormente, é, nesse modelo, o resíduo de um processo tradutivo. Tal ideia
foi tirada da famosa carta 52 endereçada a Fliess, escrita em 1896,
época em que Freud ainda sustentava sua teoria da sedução. Essa
abordagem tradutiva do recalcamento, portanto, requer uma rápida retomada dessa teoria na sua relação com algumas ideias de
Laplanche.

Quando Freud abandona a teoria da sedução e diz que as
lembranças das histéricas eram *fantasias* de sedução, tudo já está
preparado para uma concepção biologizante da sexualidade, e
perde-se assim o caráter alteritário do sexual. As fantasias originárias, que Freud comparava a uma espécie de instinto nos seres
humanos, o provam: a sexualidade, antes vista como produto da
ação de um *outro* sobre o psiquismo, passa a ser vista como algo
endógeno e biológico. Laplanche, com sua teoria da sedução generalizada, pretende resgatar essa direção freudiana que se extraviou, a saber: a associação entre recalque, sexualidade e alteridade.
Laplanche parte da ideia de que somos marcados por uma condição antropológica fundamental, caracterizada pelo fato de que
nascemos completamente expostos e desamparados, num mundo
em que a própria sobrevivência da criança se dá em permanente confronto com os adultos, cujo psiquismo já está marcado pela
clivagem e pela sexualidade inconsciente. A generalização da sedução, tal como pensada por Laplanche, remete a essa inoculação
da sexualidade no bebê. É, então, a sexualidade inconsciente do
adulto cuidador que torna esse contato sedutor e enigmático. Essas
mensagens inoculadas no psiquismo da criança são excitantes em

virtude do grande investimento libidinal que veiculam. Assim, tais mensagens se tornam corpos estranhos (ou estrangeiros) internos ao psiquismo, e só podem ser parcialmente tratadas por meio de um trabalho de tradução ou simbolização.

Freud, na carta 52, diz que na fronteira entre os registros (ou sistemas) é preciso que haja uma tradução do material psíquico. O esquema de Freud, amplamente conhecido, é o seguinte (cf. Freud, 1896c):

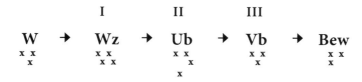

Figura 3.3 – Esquema freudiano do modelo tradutivo da memória.

Nesse esquema, o primeiro símbolo, W, equivale às percepções, que são conscientes, mas ainda não representam uma forma de inscrição no psiquismo, dado que consciência e inscrição são mutuamente excludentes. O segundo símbolo, Wz, é o que Freud chama de indício de percepção, sendo o primeiro registro no psiquismo. É depois de Wz que aparece o inconsciente, Ub, sendo seguido pelo pré-consciente (Vb) e pela consciência (Bew). Laplanche pretende, com seu modelo tradutivo do recalcamento, fazer uma equivalência entre a percepção (W) e a realidade da mensagem; e entre Wz (indícios de percepção) e a implantação das mensagens no psiquismo. Dessa forma, o Wz, muitas vezes esquecido pelos teóricos da psicanálise, é resgatado como elemento fundamental no processo de recalcamento. A passagem de Wz para Ub (inconsciente) seria uma primeira tradução/simbolização dessas mensagens, o que equivaleria à metáfora constitutiva

170 O CONCEITO DE GÊNERO E SUAS ARTICULAÇÕES...

do inconsciente, que apresentamos há pouco. Nessa concepção, o aspecto mais importante de um significante seria o endereçamento, que o torna, efetivamente, uma mensagem. Ao mesmo tempo, aponta-se para o fato de que as mensagens estão comprometidas sempre com o inconsciente do emissor, veiculando sempre uma significação desconhecida e enigmática.

Cabe aqui um breve esclarecimento a respeito do uso do termo "enigma". Embora tenha utilizado inicialmente os termos "significante enigmático", Laplanche preferiu passar a utilizar "mensagens enigmáticas" justamente para evitar mal-entendidos e explicar melhor sua natureza: o enigma não se dá por uma simples polissemia linguística do significante, e sim por estar comprometido com a sexualidade inconsciente do adulto. O resíduo dessa primeira tradução cai, então, para o nível inconsciente, ao mesmo tempo que perde seu caráter de endereçamento, de comunicação: torna-se um significante coisificado e dessignificado. Dessa forma, os conteúdos desse primeiro nível inconsciente servem como elementos de ancoragem que possibilitam o processo secundário, responsável pela linguagem, pela comunicação e pela memória. O recalcamento, assim, mais que um esquecimento, é visto como a própria condição da memória.[8] Tais "buracos negros" no psiquismo, significantes coisificados gerados a partir da inoculação do sexual pelo outro, se tornam, assim, os objetos-fonte da pulsão. Toda pulsão, para Laplanche, é sexual nesse sentido de estar comprometida com a alteridade e a inoculação do sexual pelo outro.[9]

---

8   Sobre a concepção de recalcamento como condição de memória, remeto ao artigo de Maria Teresa de Melo Carvalho (2001).

9   Assim, a "pulsão sexual de morte", para Laplanche, denota a ligação entre o mortífero e o sexual fragmentado e disperso, como o sexual dos *Três ensaios sobre a teoria da sexualidade*. Laplanche (1992h) aponta o fato de que, na obra de Freud, esse caráter fragmentário do sexual se perdeu, sendo que a culminação dessa perda se deu no período das teorizações de Freud sobre o nar-

Para explicitar a junção dessas duas vias de explicação que percorremos (a saber, as teorizações sobre a metáfora constitutiva do inconsciente e o modelo tradutivo do recalcamento). recorreremos agora à fórmula da Figura 3.1, com pequenas modificações, como apresentada por Laplanche (1993/1999, p. 82):

$$\frac{M^1}{s} \times \frac{M^2}{M^1} = \frac{\dfrac{M^2}{s}}{\dfrac{S^1}{S^1}} \Bigg\} \quad \text{Significante-dessignificado,} \atop \text{que só remete a si mesmo}$$

Figura 3.4 – Metáfora constitutiva do inconsciente conforme reformulação em Laplanche (1993/1999).

Percebe-se que os significantes da primeira metade da fórmula são substituídos por mensagens. Somente os significantes que caem para o inconsciente, sendo coisificados, permanecem com o nome de significantes, justamente para denotar sua perda da capacidade comunicativa. Sobre essa perda de comunicação, Laplanche (1981) é bem claro: para ele, o inconsciente não comunica nada. "O sintoma é o que perdeu seu valor de alocução, um fenômeno que deve ser reaberto à comunicação, e este é o sentido mesmo da psicanálise" (p. 22, tradução minha). O inconsciente é muito mais desestruturado que uma linguagem, nele não há negação; seus conteúdos são parciais, eles atuam, atacam, excitam, são fonte de pulsão, mas... não comunicam nada. A psicanálise, portanto, faz um convite a que se abra a comunicação desses elementos e se tente uma nova tradução deles, que seja mais englobante e envolva

---

cisismo, quando recolocou o conflito psíquico entre libido do eu e libido de objeto. Ambas, pois, seriam formas ligadas de sexualidade. O sexual desligado e disruptivo que se extraviou, então, retorna nas teorizações freudianas como pulsão de morte, dispersa numa concepção biologizante da pulsão.

aspectos antes inaceitáveis para o Eu.[10] No entanto, toda tradução deixa restos e, assim, pode-se pensar em novos recalcamentos decorrentes do processo de análise.

Uma pergunta se impõe quando concebemos o resultado do recalque originário como significantes-coisa, buracos negros que não comunicam nada. Como existiria, então, o processo primário, em que a energia circula livremente, se os conteúdos do inconsciente têm antes essa aparência pesada e obscura em que nada se comunica com nada? A resposta de Laplanche (1993/1999, p. 100) para tal questão é o estabelecimento de níveis do inconsciente: no recalcado originário, imperaria a pura cultura de alteridade, completamente fragmentada, parcial e mortífera. Nesse nível, haveria somente a fixidez característica das representações-coisa. O processo primário, em que a energia circula livremente e já se pressupõe algum tipo de ligação que permita a comunicação entre as representações, só ocorre no recalcado secundário. Dessa forma, podemos inferir que, para Laplanche, a pulsão sexual de morte é realmente a pulsão mais fundamental, sendo que os objetos-fonte oriundos do recalcamento originário seriam sua fonte, enquanto as representações secundariamente recalcadas responderiam pela pulsão de vida. É importante fazer referência ao fato de que essa solução foi elaborada por Laplanche apenas nesse texto de 1993, sendo que, no livro *Novos fundamentos para a psicanálise* (escrito originalmente em 1987), ele apresenta uma concepção diferente do inconsciente. Como apontado por Ribeiro (2000, pp. 224-227), nesse livro, Laplanche concebe a ligação e a fragmentação como duas faces de um mesmo objeto-fonte. A divergência com relação ao "Court traité..." fica nítida:

---

10 Dessa forma, toda dissolução do Eu feita na análise comporta necessariamente uma reconstrução, bem como toda destradução implica uma nova tradução. O Eu visto como sintoma, como aponta Lacan, é uma ideia congruente com esse ponto de vista.

> *Há, portanto, no próprio processo primário, ou seja,*
> *nos processos inconscientes, uma grande diversidade*
> *de funcionamentos: um processo primário em estado*
> *quase puro, funcionamento da pulsão de morte [aqui*
> *Laplanche admite a existência de processo primário e*
> *ligação no inconsciente originário], e um processo pri-*
> *mário já de certa forma regulado, que é o funciona-*
> *mento da pulsão de vida . . . Mas, além disso, é preciso*
> *acrescentar também que é o* mesmo *objeto-fonte que é*
> *fonte simultaneamente de ambos, fonte tanto dos as-*
> *pectos mortíferos quanto dos aspectos sintetizantes da*
> *pulsão [nesse sentido, a questão de a pulsão mais fun-*
> *damental ser a de morte não fica tão clara em termos*
> *realistas, podendo ser pensada apenas em termos lógi-*
> *cos]. (Laplanche 1992a, pp. 156-157, grifo do original)*

É possível perceber a dissonância em relação a esses dois momentos do pensamento de Laplanche no próprio uso do termo: objetos-fonte (no plural, remetendo à analogia que fiz anteriormente com buracos negros no psiquismo e a cultura pura da alteridade) e objeto-fonte (no singular, remetendo a um aspecto total e ligado de um objeto que, ao mesmo tempo, é mortífero e sintetizante). O fato de que uma teorização seja posterior à outra não implica que a direção anterior deva ser abandonada, uma vez que foi o próprio Laplanche quem enfatizou que a teoria é passível também de ser atingida por efeitos inconscientes.[11] Dessa forma, a contradição

---

11 Nesse sentido, Laplanche procurou mostrar como, na obra de Freud, ocorreu um verdadeiro recalcamento das noções de sedução e de inoculação da sexualidade por um outro. Ele mostra também que essa direção freudiana que se extraviou reaparece sob a forma de um verdadeiro retorno do recalcado, como é o caso da interpretação que Laplanche (1992a) faz da pulsão de morte (vide a nota 9 deste capítulo): ". . . a história procede não por progressão con-

entre esses dois momentos do autor indica dois caminhos diferentes a percorrer, estando sua obra aberta para duas interpretações distintas (ou, para ser mais correto, várias interpretações). Ribeiro (2000), por exemplo, enxerga nessa convivência da ligação e do mortífero no inconsciente um caminho frutífero, e o desenvolve apontando como os processos identificatórios podem fazer parte do recalcado originário, como vimos a partir da exposição de sua tese de uma identificação feminina primária recalcada. Outros autores (como Carvalho, 2001) veem na concepção de objetos-fonte como significantes coisificados que perderam o poder de comunicação uma via mais fértil, mostrando como tais representações servem de ancoragem para uma fixação e a própria existência da memória e da linguagem. Procurando transitar por esses diferentes pontos de vista e deles nos diferenciar em alguns aspectos, no próximo tópico utilizarmos a concepção apresentada por Laplanche no seu "Court traité..." para relacionar o recalcamento com o gênero e o sexo. Um último ponto, no entanto, precisa ser mencionado antes de passarmos ao próximo tópico: trata-se da interdependência entre os recalques originário e secundário.

Da mesma forma que o recalque secundário precisa do originário para ocorrer, uma vez que, como observado por Freud (1915a/1996), é preciso conceber uma atração do material a ser recalcado por parte do inconsciente, também o recalque originário depende do recalque secundário para se consolidar:

---

tínua, não por acumulação e não rumo a um *happy end*, não num desenvolvimento sem falhas, mas por recalcamento, repetição, retorno do recalcado" (p. 3). Portanto, sentimo-nos assim autorizados a supor também no pensamento de Laplanche processos de recalcamento e retorno do recalcado, como se na própria elaboração da teoria fossem duplicados os processos constitutivos de seu objeto de estudo.

> . . . *o a posteriori, que opera entre os dois tempos do*
> *recalcamento originário [quais sejam: o tempo da im-*
> *plantação do enigma e o da primeira tradução], in-*
> *tervém também* em relação ao *próprio recalcamento*
> *originário tomado em seu conjunto. O que significa,*
> *concretamente, que o recalcamento originário neces-*
> *sita de uma chancela para ser mantido,* necessita do
> recalcamento secundário. *(Laplanche, 1992a, p. 145,*
> *grifos do original)*

Assim, o recalque originário precisa do secundário para fixar-
-se. É aí que se situam o Édipo, a castração e, como veremos a seguir, a definição de um sexo. Passaremos, portanto, à relação entre
recalque originário, gênero e sexo.

O recalque originário como sexuado (ou: o gênero como conceito fundamental da psicanálise)

Partiremos de uma citação de Laplanche (1992b) para chegar ao
nosso objetivo de demonstrar como podemos pensar o recalque
originário em termos de gênero:

> . . . *todos esses verbos com os quais funciona a teoria*
> *analítica para descrever os processos psíquicos têm em*
> *comum o fato de terem como sujeito o indivíduo em*
> *causa:* eu *projeto,* eu *denego,* eu *recalco,* eu *forcluo etc.*
> *O que foi, como no caso de Aristarco, escotomizado?*
> *Simplesmente esta descoberta que o processo vem ori-*
> *ginalmente do outro. (p. 357, tradução minha, grifos*
> *do original)*

Nesse sentido, relembremos que, nos primórdios da constituição psíquica, os seres humanos são completamente moldados pelos cuidados dos adultos e por sua sexualidade inconsciente. Nessa perspectiva, a passividade da criança diante do adulto é o fato fundamental sobre o qual se constituirá o psiquismo. "Talvez pudéssemos dizer que a existência da criança nos seus primórdios resume-se a isto: o absolutismo de excitações decorrente de uma radical abertura ao mundo" (Ribeiro, 2000, p. 221). As primeiras vivências da criança, então, são de pura excitação e, como vimos, Ribeiro aponta que, para a criança: "Penetrar e ser penetrado, ter e ser o objeto, coalescem, nesse primeiro tempo, numa experiência única, na qual passivo e ativo, masoquista e sádico não são pares de opostos, mas vivências homogêneas de um gozo sem oposição" (p. 257).

Podemos relacionar essas experiências com as primeiras mensagens recebidas pelo bebê, que, junto com elas, recebe também um aporte narcísico cuja incidência se faz sobre o corpo, no sentido de se relacionar aos toques que configuram as fronteiras epidérmicas, ao apaziguamento das tensões produzido pelos mais diversos cuidados e, sobretudo, ao estabelecimento de uma constância dos estímulos e de determinados ritmos que acabam por assegurar algum tipo de continuidade da própria existência. Tais aportes se apresentam ao bebê como elementos de uma primeira tradução, correlativa ao próprio surgimento do Eu, e a partir da qual se sedimentam como restos não traduzidos essas vivências originárias de um gozo passivo, intrusivo e fragmentário. O surgimento do Eu pode ser visto, então, como a outra face das vivências de excitação e intrusão, que passam a ser recalcadas ao mesmo tempo que adquirem, *a posteriori*, sua dimensão de passividade.[12]

---

12 No entanto, com essas vivências os seres humanos sempre sentirão um misto de horror e atração, dado que elas remetem a uma situação inominável e indescritível que, por isso mesmo, sempre será alvo de certo investimento. O gozo

Nesses primeiros momentos da vida, como vimos a partir de Laplanche, há, por parte dos adultos com os quais a criança convive, uma designação do gênero da criança, designação reiterada e contínua, veiculada consciente e inconscientemente tanto pela linguagem quanto pelos comportamentos. Laplanche (2003) associa a essa designação o conceito de "identificação por", em contraposição a uma "identificação a". Tal "mudança no vetor da identificação", que já havia sido proposta por Ribeiro (2000, p. 203, por exemplo), denota, para ambos os autores, uma passividade radical da criança diante da designação do gênero pelos adultos. Vimos que essa designação é vista por Laplanche como um dos meios pelos quais o enigma é passado para a criança. Junto com a designação há sempre "ruídos", elementos enigmáticos que a criança não tem como simbolizar. Tais ruídos são o resultado de fantasmas parentais[13] que vêm desestabilizar os processos de designação do gênero. Para tornar isso mais claro por meio de um exemplo, poderíamos pensar num pai que atribui a seu filho o gênero masculino e, ao deparar com o menino passando um batom, perde o controle e grita violentamente com ele que "isso não é coisa de homem". Nesse fragmento, fica claro que a interpelação do pai passará para o menino um excesso de significação, que fará com que as tentativas de tradução do menino sempre deixem algum resto. Tal resto ocorre porque, no caso, é o pai também que, pela designação de um gênero, lhe dá os meios (sempre incompletos) de traduzir essa mensagem. O menino poderia pensar: "homem não usa batom",

---

e a compulsão à repetição, dessa forma, se associam a esse sentimento dúbio que temos para com esses primeiros momentos indiferenciados. Entende-se porque, para Laplanche, não cabe fazer uma diferenciação entre real e sexual, dado que o gozo é sempre sexual por se relacionar com essa sexualidade marcada pela alteridade e pela fragmentação.

13 Ao dizermos parentais, não nos referimos apenas ao par parental, e sim ao que Laplanche denomina pequeno *socius* familiar, ou seja, pessoas que têm uma convivência íntima e frequente com a criança.

"batom é coisa de gay", entre outros, e tais formulações, ao se juntarem com a desmedida reação do pai, sempre carecerão de um sentido último que as tornem inteligíveis. Poderíamos supor que a reação do pai emana de suas fantasias homossexuais inconscientes que, em última instância, revelariam desejos de ser penetrado. Dado, pois, que isso é inconsciente para o próprio pai, obviamente aparecerá como excesso a ser traduzido para a criança. Ou seja, a designação do gênero, ao mesmo tempo, serve como aporte narcísico que permite à criança simbolizar/traduzir suas vivências primeiras de completa passividade (que, no entanto, já haviam sofrido uma primeira tradução concomitante ao surgimento do próprio Eu e, dessa forma, já constituíam o recalcado originário) e também traz ruídos enigmáticos, cujos restos não traduzidos serão atraídos por esse recalcado originário.

É num segundo tempo, a partir da descoberta da diferença anatômica dos sexos, que a criança se verá diante do imperativo social de se posicionar em relação aos sexos. Para Laplanche (2003), o sexo vem aí como elemento organizador e simbolizador do gênero (p. 87) e coincide com o recalcamento secundário.[14] A partir desse momento de assunção de uma identidade sexuada, tem-se uma estabilidade e a reiteração em relação ao sexo não mais precisa ser tão contínua: é criada uma certeza subjetiva do tipo "eu sou homem" ou "eu sou mulher". Uma vez estabelecida essa identidade, a reiteração poderá ocorrer em relação às práticas de um ou outro sexo numa determinada cultura, aos comportamentos e desejos, mas não ao fato de saber-se homem ou mulher. Em meio ao confronto com essa lógica excludente (a lógica do "um sexo ou outro"), uma feminilidade que chamaremos aqui de *radical* é atraída por essas vivências primordiais da criança e, portanto, torna-se o recalcado

---

14 Mais uma vez, é interessante notar que essa concepção subverte totalmente o sentido comumente dado ao par sexo-gênero: aquele como dado biológico, este como dado social; aquele precedendo a este.

por excelência. Ao dizermos "feminilidade radical", queremos fazer uma diferenciação entre uma feminilidade secundária como aparece nas identificações dos sujeitos do sexo feminino (que, certamente, por ser uma forma de assunção de identidade, trabalha a favor da estabilização e da coesão do Eu) e uma feminilidade ligada às origens fragmentadas e intrusivas do psiquismo, como proposto por Jacques André. O termo "radical", como exporemos mais detidamente no próximo tópico, procura mostrar que o que aparece de forma controlada nas identificações dos sujeitos femininos (como a orificialidade e a penetrabilidade) é elevado à máxima potência nessas vivências primárias (a penetrabilidade levada às últimas instâncias é correlativa de fragmentação, despedaçamento e desligamento pulsional), fazendo com que essa feminilidade primeira adquira uma grande proximidade com a pulsão de morte. No entanto, a feminilidade dos sujeitos do sexo feminino e a feminilidade que denominamos radical não são de todo distantes[15] – ao tratarmos dos diferentes destinos dessa passividade originária nos homens e nas mulheres esse ponto ficará mais claro.

A *posteriori*, tais vivências primordiais relacionam-se com essa feminilidade radical e mortífera, orificial e penetrável, em oposição a um gozo ativo e fálico. Afinal:

> ... *o gênero precede o sexo, mas sua origem, que se encontra na sedução originária e no mecanismo da identificação passiva [no caso, a tese defendida por mim aqui é que essa identificação passiva ou "identificação por" já é secundária em relação às vivências primeiras completamente parciais e fragmentadoras, como expli-*

---

15 Da mesma maneira que demonstramos, no Capítulo 2, a proximidade entre o conceito de feminilidade e o termo "mulher", mesmo que ambos não sejam sinônimos.

citarei à frente], assegura-lhe, desde o início, sua inclusão na categoria freudiana de "sexual-pré-sexual". O
sexo organiza o gênero, mas a supervaloração do fálico
e a negação do orificial que lhe correspondem o tornam
conflitual. Esse conflito recai sobre o sexual-pré-sexual para transformá-lo em sexual recalcado. (Ribeiro,
2007, p. 47, tradução minha)

É nesse sentido que concebemos a interdependência entre o
recalque originário e o secundário. O recalque secundário, que
coincide com o posicionamento em relação a um sexo, ressignifica
o recalque originário, que, para se fixar e consolidar, passa a ser
concebido em termos sexuados e relacionado a uma feminilidade
inaceitável. É importante frisar que tal feminilidade é inaceitável
tanto para homens quanto para mulheres, apesar de as vicissitudes
dessa relação serem diferentes em cada sexo, como logo veremos.

A lógica do falo aparece aí e torna-se lógica da falta por sua
contraposição a essas vivências de gozo sem oposição,[16] e a força
simbólica do falo enquanto Nome-do-Pai, como podemos encontrar no pensamento de Lacan, decorre de sua contraposição a esse
originário fragmentado, passivo e feminino. Podemos pensar ser
essa a interpretação correta sobre o que escreveu Freud em 1897?
A saber: "Pode-se suspeitar que o elemento essencialmente recalcado é sempre o que é feminino" (Freud, 1897/1996, p. 300). Anos

---

16 Desenvolveremos, mais à frente, o argumento, baseado na crítica de Derrida
(1980/2007) ao "falogocentrismo" em Lacan, segundo o qual é possível pensar
a importância do falo pautada em fatores não transcendentais/metafísicos, ou
seja, mostrar como a importância do Nome-do-Pai enquanto S^1 privilegiado
da cultura não decorre de um fator independente das vicissitudes históricas,
mas, antes, da sua potencial contraposição a essas vivências primeiras e frag-
mentadoras que se associam ao feminino. A lógica do falo, nesse raciocínio,
adquiriria, portanto, um caráter defensivo.

mais tarde, em "Uma criança é espancada" (1919/1996), Freud nega firmemente qualquer tentativa de sexualizar o recalcamento. No entanto, em um de seus últimos textos, "Análise terminável e interminável" (1937/1996), Freud volta a dizer que o desconforto com a atitude passiva de um homem ante outro nunca poderá ser superado pela análise. Tais controvérsias no pensamento freudiano são, pois, indícios de que, ao seguir um caminho que o levasse à primazia do feminino, ao desejo de castração nos homens, à descoberta precoce do orificial e, enfim, à dimensão sexual do recalcamento, ele se deteve e, no seio da própria teoria, ocorreu um movimento de recalcamento. Como nos lembra Ribeiro (2007): "Diante da diferença anatômica, as crianças não opõem simplesmente a presença à ausência ou o fálico ao castrado: elas opõem sobretudo o penetrante ao penetrado, o dominador ao dominado e o agressor ao agredido" (p. 33, tradução minha).

O "ser invadido originário" (André, 1996) adquire, assim, uma proximidade intensa com o ser penetrado, que encontra no feminino um eficaz meio de simbolização. E, pela passividade pulsional (elevada às últimas consequências) e pela fragmentação, tais representações aproximam-se da pulsão sexual de morte, tornando-se, dessa forma, os representantes privilegiados desse polo do conflito pulsional. Para André, o sexo feminino, então, representa a alteridade, sendo ele o "outro sexo" tanto para homens quanto para mulheres.

É importante, ainda, retomarmos outro ponto para que fique claro: a diferença sexual, deste ponto de vista, não traz *em si* papéis diferenciados, gêneros ou conotações sociais prontas. No entanto, o fato de ser uma diferença fundamental nos seres humanos, como vimos, faz com que ela seja um enigma privilegiado, que interpelará a todos de alguma forma. Vimos, num diálogo com André, que, a partir da apropriação cultural dessa diferença, as mulheres

182   O CONCEITO DE GÊNERO E SUAS ARTICULAÇÕES...

são representadas como orificiais e penetráveis, e os homens como fálicos e penetrantes. No entanto, vimos também, principalmente a partir dos comentários que culminaram na análise do quadro *O jardim das delícias terrenas*, de Bosch (Figura 2.1), que, apesar de ser o principal, a vagina não é o único lugar orificial que pode simbolizar a passividade e a intrusão. Entre várias outras formas de apropriação do corpo como penetrável, o ânus e a boca assumem com frequência esse papel. A esse respeito, um ótimo exemplo é o fenômeno pornográfico, no qual as práticas que envolvem os sexos anal e oral são as preferidas pelos homens consumidores desse tipo de produto. Haveria nessa preferência uma indicação da identificação dos homens com quem está sendo penetrada, dado que eles também têm ânus e boca? Pensamos que o desejo inconsciente de ser penetrado pode ser compreendido aí como traduzido/simbolizado e recalcado por essa forma tão difundida de fantasia sexual masculina. A passividade recalcada reaparece de forma suportável e egossintônica, convertendo o masoquismo originário em uma defesa sádica.[17] Nesse sentido, como buscaremos explicitar na segunda parte deste capítulo, muitas formas estereotípicas de identificações masculinas podem ser entendidas como uma defesa diante das exigências de passividade produzidas pelos objetos-fonte da pulsão.

Retornemos, então, ao "Court traité de l'inconscient" (Laplanche, 1993/1999) para formular de modo resumido como concebemos a associação entre recalque e gênero. Comentando um trecho desse texto, apresentaremos nossa hipótese:

> *Seria então o caso de distinguir, esquematicamente, dois níveis do inconsciente sistemático: aquele do recalcado originário [as primeiras vivências passivas,*

---

17 Agradeço a Fábio Belo pelas interlocuções que me levaram a desenvolver tal interpretação do fenômeno pornográfico.

intrusivas e fragmentadas do bebê], constituído de pro-tótipos inconscientes [os buracos negros no psiquismo, pura cultura de alteridade que, a posteriori, *se relaciona com uma feminilidade mortífera], caracterizados por sua fixidez e pelo efeito de atração que exercem não uns sobre os outros, mas sobre as representações que passam ao seu alcance, e aquele do recalcado secundário, ao qual o processo primário se aplica. (Laplanche, 1993/1999, p. 100, grifo do original)*

No caso do recalque secundário, sustentamos que ele, num primeiro momento – da designação do gênero pelos adultos –, se dá pela identificação feminina, que vem simbolizar num outro nível os objetos-fonte de uma passividade primária completamente desligada e fragmentada, e, num segundo momento, pelo posicionamento em relação a um dos sexos. Com a consolidação desse movimento, o recalque adquire relações estreitas e definitivas com as representações sexuadas do feminino-passivo-mortífero.

Os objetos-fonte desse primeiro nível mais elementar do inconsciente são as vivências dessa passividade fragmentada e parcial que, *a posteriori*, se relacionarão com a feminilidade – são fonte de pulsão de morte. Num segundo nível de recalcamento, podemos pensar a existência simultânea de processos de identificação passiva e ruídos das marcas de gênero (ou seja, restos não traduzidos oriundos dos fantasmas parentais): processos totalizantes, porém portadores também de elementos intraduzíveis – tais objetos são clivados, sendo fonte tanto das pulsões de vida quanto de morte.

O gênero e o sexo assumem, portanto, uma estreita relação com os processos defensivos que, por sua vez, compõem uma formação de compromisso que assegura a coesão do Eu e participa como um dos polos do conflito psíquico.

184   O CONCEITO DE GÊNERO E SUAS ARTICULAÇÕES...

Tanto a masculinidade quanto a feminilidade tornam-se defensivas em relação a uma "feminilidade radical" recalcada (que especificaremos a seguir). As mulheres,[18] no entanto, por se identificarem com o feminino, conseguem conviver melhor com os resquícios dessa passividade originária, o que lhes confere maior liberdade e menos fixidez nas identificações. Os homens, por sua vez, são propensos a terem identificações mais estereotipicamente fálicas, fato clínico e cultural muito facilmente observável... Veremos tais vicissitudes na segunda parte deste capítulo. Adiantamos, no entanto, que os homens, para erguer uma identidade masculina, precisam fazer uma contraposição muito nítida às vivências de feminilidade primária e, assim, acabam perdendo muito da liberdade e da flexibilidade de transitar entre diferentes identificações e modos de ser. No caso das mulheres, por mais que entre o "ser invadido originário" e o "ser penetrado feminino" algum grau de elaboração já se encontre presente, ambas as representações se aproximam e, assim, as mulheres podem conviver melhor com os resquícios desses elementos nucleares do inconsciente. Tanto para homens quanto para mulheres, a norma fálica aparece como ferramenta imprescindível para a assunção da identidade sexuada, mas tal norma será tanto mais necessária quanto mais necessária for a contraposição à feminilidade originária.

Obviamente, podem existir mulheres cujas identidades são extremamente rígidas e quase totalmente pautadas pela norma fálica,[19] bem como homens que conseguem erigir sua masculinidade deixando aberturas para o feminino e, assim, tornam-se mais permeáveis e livres. Seria possível argumentar que, já que assim é,

---

18 Lembremos que "mulheres", aqui, refere-se a um ponto de chegada na identificação sexuada, e não a um a priori baseado na diferença anatômica. A mesma observação vale para "homens".

19 A associação capitalista dinheiro = potência muitas vezes se encarrega de dar o tom a essa constituição.

seria preferível falar em "sujeitos masculinos" e "sujeitos femininos", sem fazer menção ao sexo. No entanto, a tese defendida aqui é que a definição de um sexo é parte fundamental na assunção de uma identidade e na formação e na manutenção do conflito psíquico e, por isso, não pensamos que podemos subsumir um conceito de sexo no qual sejam contempladas a autodenominação e a identidade dos sujeitos em um conceito de "sexo psíquico inconsciente". O sexo deve ser entendido como atributo do Eu, partícipe do polo recalcante do conflito psíquico, e não do lado do recalcado. O feminino, assim, aparece para homens e mulheres como possibilidade de mais flexibilidade nas identificações, o que desenvolverei na terceira parte do capítulo, ao pensar nos efeitos positivos da abertura das subjetividades para o "devir-mulher".

O polo recalcado é a feminilidade radical

> Sob uma de suas faces, a mais sombria, a mais dark, a feminilidade . . . é uma outra palavra para o inconsciente. Uma outra palavra para o império do desligamento, do sexual desligado e de sua desmesura.
>
> André (2002, tradução minha)

Procurarei desenvolver aqui essa face da feminilidade da qual nos fala Jacques André, que denominarei com a expressão *feminilidade radical*. O ser invadido originário, como vimos, adquire uma proximidade intensa com o ser penetrado, que encontra no feminino um eficaz meio de simbolização. Com a expressão *feminilidade radical*, queremos fazer uma diferenciação entre uma feminilidade secundária tal como aparece nas identificações dos sujeitos do sexo feminino (que, certamente, por ser uma forma de assunção de identidade, trabalha a favor da estabilização e da coesão do Eu) e uma feminilidade ligada às origens fragmentadas e invasivas do psiquismo. O termo "radical" procura mostrar que o que aparece de forma controlada nas identificações dos sujeitos femininos (como a orificialidade e a penetrabilidade) é elevado à máxima potência nessas vivências primárias.

A penetrabilidade levada às últimas consequências é correlativa de fragmentação, despedaçamento e desligamento pulsional. Vimos, com Laplanche, como os elementos nucleares do inconsciente remetem a uma pura cultura da alteridade, não admitindo nenhuma forma de ligação ou totalização. A quantidade de ligação necessária à própria formação de um Eu só pode ser concebida a partir de um segundo nível do inconsciente. Dessa forma, podemos compreender como o desligamento presente nesse inconsciente originário (que reflete os momentos de extrema passividade e penetrabilidade da criança diante do adulto) é absolutamente inaceitável e mortífero para o Eu, pois se trata de uma ameaça de extingui-lo, de fazê-lo voltar à dispersão de onde surgiu, de desfazer os limites que garantem sua própria existência. Este é o "paradoxo das origens" (Ribeiro, 2000, pp. 223-224): o Eu se forma a partir de uma radical ausência de ligação, de sentido, de representação. Por isso, nessas vivências arcaicas e originárias, a penetrabilidade é elevada ao infinito. Desse tempo, em última instância, nada podemos dizer. Não há, para ele, nenhuma representação, pois, antes, ele aponta para o *limite* da própria representação e para a intolerável/inconcebível ideia de uma *infinitude sem fronteiras*.

Concomitante à criação de uma primeira possibilidade de autorrepresentação, a feminilidade aparece como representação privilegiada desses momentos de extrema passividade e desligamento. Como vimos há pouco, é no recalque secundário e na necessidade de posicionamento perante a partilha sexual que tal movimento se consolida: a feminilidade se liga ao mortífero, sendo a primeira simbolização desse *indizível* das origens. Essa feminilidade, que dessa forma se liga à pulsão sexual de morte,[20] é uma feminilidade cujas orificialidade e penetrabilidade são elevadas à máxima potência, tanto quanto é possível se aproximar de e conceber a condição de radical passividade das origens. A essa feminilidade associamos o adjetivo *radical*. Nas mulheres (não é demais insistir que "mulheres" aqui é entendido como um ponto de chegada na trajetória identificatória), a feminilidade que se dá como identificação ao sexo feminino é uma *feminilidade secundária*, com um grau de elaboração/ligação mais elevado, por mais que seja também concebida em termos de orificialidade e penetrabilidade. A feminilidade secundária já é, de certa forma, uma simbolização egossintônica da feminilidade radical. Ao mesmo tempo, sendo derivada desta, a feminilidade secundária mantém com ela certa proximidade. Procurarei esboçar, a título de ilustração, uma representação gráfica dessa relação, conforme a Figura 3.5.

Nela, vemos como a penetrabilidade elevada ao infinito é inconcebível de ser representada. Sua simbolização mais próxima é a feminilidade radical, que, por isso, aproxima-se da pulsão sexual de morte e do desligamento. A feminilidade secundária já aparece como um distanciamento e uma simbolização da feminilidade radical. Veremos a seguir que, quanto maior é a necessidade de distanciamento ou negação da feminilidade radical, maior é a incidência da lógica fálica. No entanto, nos detenhamos antes disso em algumas consequências dessa ligação entre a feminilidade e o mortífero.

---

20 Junto com Laplanche (1992h), dizemos "pulsão sexual de morte" por concebermos que o mortífero se dá por meio do confronto do pequeno ser humano com a alteridade: a pulsão de morte é sexual nesse sentido de estar relacionada à inoculação da sexualidade pelo outro e à intolerável passividade gerada por esse encontro.

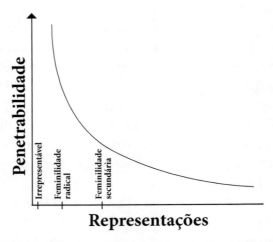

Figura 3.5 – Representações femininas da penetrabilidade.

Vimos, no início do Capítulo 2, as indagações de Ribeiro sobre que tipo de relação poderia existir entre a feminilidade, a passividade e o masoquismo. Nesse mesmo texto, Ribeiro relembra um depoimento colhido por Robert Stoller (1991) quando pesquisava a comunidade sadomasoquista de Los Angeles:

> *Eu li que uma mulher havia pregado a ponta do pênis de um homem numa tábua. "Nenhum problema", disse a mim mesmo. Fechei-me em meu apartamento e fiz a mesma coisa. Só que errei a mão. Bati sobre o prego uma vez e ele entrou, mas eu queria realmente sentir que ele estava pregado na tábua. Eu quis então bater novamente sobre o prego, mas errei o golpe e acertei em cheio e com toda força a ponta do meu pênis. A dor foi terrível e ele se transformou numa bola inchada e roxa. Arranquei o prego da tábua, mas ele continuou enfiado no meu pênis. Eu percebi que aquilo iria sangrar muito.*

Entrei na banheira cheia de água e então retirei o prego.
O sangue se espalhou por todo lado... (Stoller, 1991, pp.
239-240, citado e traduzido por Ribeiro, 2010a, pp. 1-2)

A partir desse depoimento, Ribeiro (2010a) pergunta: "intro-
duzir um prego na própria glande e transformar assim um órgão
penetrante em órgão penetrado e inundado de sangue tem alguma
coisa a ver com o feminino?" (p. 7). Com tal indagação, Ribeiro
finaliza seu texto, deixando ao leitor a pergunta a ser respondida.
Seria essa mais uma das consequências da associação entre a feminilidade e o recalcado?[21]

Pois bem, após examinarmos a ligação entre a feminilidade
chamada por mim de radical e a pulsão sexual de morte, somos
levados a responder "sim" à pergunta de Ribeiro: podemos pensar que, no caso relatado por Stoller, furar o próprio pênis é um
ato que busca atender às exigências passivas dos objetos-fonte da
pulsão simbolizadas pela face mortífera da feminilidade. Ao anali-
sarmos, mais à frente, as identificações estereotípicas masculinas,
comentaremos outro exemplo[22] em que a feminilidade se relaciona
com o mortífero, mas desta vez apontando também a outra face
dessa feminilidade, expressa na possibilidade de uma maior permeabilidade nas identificações.

Outro aspecto importante que decorre da relação entre a feminilidade e a pulsão de morte se encontra no que Lacan denominou
de *empuxo à mulher* ao formalizar a "orientação feminina de gozo"
frequente nos casos de psicose (cf. Lacan, 1972/2003). Tais vivências de feminização seriam experimentadas pelo psicótico como

---

21 Nesse sentido, não deixa de ser intrigante que André (2000), na introdução do
livro *L'énigme du masochisme*, também relembre o mesmo depoimento colhido por Stoller sem, no entanto, relacioná-lo à feminilidade.

22 Trata-se do filme *Anticristo* (2009), de Lars von Trier.

190   O CONCEITO DE GÊNERO E SUAS ARTICULAÇÕES...

invasões no corpo e na mente, efeito da irrupção de uma feminilidade que nunca foi integrada no psiquismo.[23] As frequentes alucinações auditivas que desestabilizam os sujeitos ao "rebaixá-los" à posição feminina e passiva confirmam esse caráter de trauma e alteridade vinculado ao feminino. De certo, as explicações de Lacan para esse fenômeno situam-se em um âmbito diferente da proposta teórica aqui apresentada.

Tal relação entre a feminilidade e a psicose presente no empuxo à mulher nos instiga a pensar como uma teoria psicanalítica dos gêneros poderia se conjugar com a psicopatologia. Afinal, se dissemos que a lógica fálica (ou o significante Nome-do-Pai, como desenvolveremos a seguir) é tanto mais necessária quanto maior é a necessidade de se distanciar da feminilidade originária, teremos como consequência um modelo psicopatológico de *continuidade* entre as estruturas clínicas. Como aponta Ribeiro (2001), isso implicaria pensar nas gradações que a lógica fálica ou o Nome-do-Pai pode assumir (da mesma forma que a linha contínua da penetrabilidade no gráfico da Figura 3.5), em vez de a pensarmos simplesmente em termos binaristas de presença ou ausência. No caso da psicose, Ribeiro (2001, p. 123) sugere, baseado em um trecho em que Lacan descreve o tipo de pais de psicóticos,[24] que tais pais, na tentativa de impor a lógica fálica abrupta e monstruosamente

---

23 Em sua análise do caso Schreber, Lacan (1955-1956/1985) nos dirá que "o presidente Schreber jamais integrou de forma alguma . . . nenhuma espécie de forma feminina" (p. 102).

24 "Todos nós conhecemos aqueles filhos delinquentes ou psicóticos que proliferam à sombra de uma personalidade paterna de caráter excepcional, de um desses monstros sociais que a gente chama de *monstros sagrados*. São personagens frequentemente muito marcadas por um estilo de irradiação e de sucesso, mas de maneira unilateral, no registro de uma ambição ou de um autoritarismo desenfreados, às vezes de um talento, de um gênio. Não é obrigatório que haja gênio, mérito, mediocridade ou maldade, basta que haja o unilateral e o monstruoso" (Lacan, 1955-1956/1985, p. 232).

aos filhos, acabam por não conseguir inscrevê-la, impedindo que haja qualquer tipo de integração/simbolização dessa feminilidade originária no psiquismo e fazendo com que seus efeitos mortíferos e desagregadores se manifestem na forma de delírios e outras manifestações psicóticas.

Tal abordagem da psicopatologia psicanalítica, ainda incipiente, me incitou a fundamentá-la em minha tese de doutorado (Lattanzio, 2018) a partir de uma espécie de conciliação entre as teorizações lacanianas sobre a metáfora paterna e um paradigma continuísta das estruturas clínicas baseado no conceito de gênero. Seria tal concepção mais apta a acompanhar as mudanças nas formas de subjetivação através da história, sem diagnosticá-las a partir de visões de mundo transcendentes e datadas? Responderemos parcialmente a essa pergunta no Capítulo 4, a partir da análise da transexualidade. Por ora, vejamos o outro lado do conflito psíquico, aprofundando nossa compreensão sobre a lógica fálica enquanto lógica defensiva e recalcante.

O polo recalcante/defensivo é a lógica fálica (ou: refundação de um marco teórico sobre uma base não transcendental)

Perde-se de vista, com esse modo de debate [no qual, a partir de uma ideologização, se quer simplesmente eliminar tudo o que se relaciona ao falocentrismo], o fato de que a invalidação de um enunciado científico não pode realizar-se, em primeira instância, a partir da desqualificação do enunciante mediante um juízo ad hominem, *e sim por meio da desconstrução que libera as doses de verdade que esse enunciado encerra de sua captura pela trama conceitual e ideológica que o aprisiona. E que as formas como a ideologia outorga estatuto de verdade a certos enunciados – ideologia que está*

> *determinada, indubitavelmente, pelos modos de exercício de poder –, assim como falsamente opera como convalidação destes, não podem se tornar razão de sua destituição.*
>
> Silvia Bleichmar (2009, tradução minha)

Vimos como é necessário, para o Eu se formar, distanciar-se da passividade que marca as origens do psiquismo: o caráter de ligação necessário ao estabelecimento dos limites do Eu é incompatível com a fragmentação e o desligamento de vivências arcaicas do sujeito que encontram na feminilidade a primeira simbolização. A consolidação do Eu, dessa forma, necessita de um agente de contrainvestimento que possa garantir-lhe um mínimo de coesão em contraposição ao estado anterior de penetrabilidade e vulnerabilidade. É justamente aí que entra em cena a lógica fálica: enquanto oposição à feminilidade radical, tal lógica é capaz de fazer uma contraposição nítida e eficaz à passividade das origens. Ao mesmo tempo, a lógica fálica fixará (do modo como vimos que o recalque secundário fixa o recalque originário) os termos sexuados aos quais o conflito psíquico ficará para sempre relacionado. Ou seja: é a partir da incidência da lógica fálica que a feminilidade se fixa como alteridade por excelência, para homens ou para mulheres. Tal compreensão do caráter de necessidade que a lógica fálica adquire diante da feminilidade originária se diferencia do caráter transcendental do falo no pensamento de Lacan. Vejamos, inicialmente, como algumas consequências do pensamento de Lacan sobre a lógica fálica e a metáfora paterna assemelham-se às que postulamos aqui para, em seguida, retomar a crítica de Derrida ao falogocentrismo em Lacan e tentar situar novos fundamentos para a importância do Nome-do-Pai.

De acordo com nosso desenvolvimento teórico, a feminilidade representa a alteridade. Para André (1996), como vimos, o sexo feminino representa o "outro sexo" tanto para homens quanto para mulheres. É evidente que essa conclusão se aproxima de algumas formulações de Lacan, para quem a feminilidade também representa o outro sexo: "chamemos heterossexual . . . aquele que ama as mulheres, qualquer que seja seu próprio sexo" (Lacan, 1972/2003, p. 467). No pensamento de Lacan, isso decorre, em última instância, do fato de o sexo feminino não ter uma representação universal, sendo antes aproximado do real e do não simbolizável (cf. Lacan, 1975/2008). No pensamento de André, no entanto, o fato de a feminilidade se articular com a alteridade ocorre não por uma falta de representação, mas, ao contrário, é justamente o fato de a feminilidade ter uma representação orificial e penetrável que faz com que ela se torne o recalcado para ambos os sexos.

Na teoria lacaniana, a inscrição do Nome-do-Pai (ou metáfora paterna) é uma operação psíquica fundamental para a ascensão ao Simbólico: "a inscrição do Nome-do-Pai no Outro da linguagem tem por efeito a produção da significação fálica, permitindo ao sujeito inscrever-se na partilha dos sexos" (Quinet, 2005, pp. 18-19). Mais ainda, em "A significação do falo", Lacan (1958b/2008) mostra que, como fundador do Simbólico, o falo adquire um *status* de "significante privilegiado" (p. 269), "destinado a designar no seu conjunto os efeitos de significado" (p. 267). Ribeiro (1997a) assinala que esse privilégio concedido ao falo contraria "o ponto de vista linguístico estrutural adotado pelo próprio Lacan, segundo o qual o significante é definido exclusivamente pela diferença que estabelece com todos os demais significantes" (p. 128). Tal privilégio consiste, como vimos em "A significação do falo", no fato de que o falo é o significante que produz os efeitos de significação de si mesmo e de toda a cadeia significante. "Significante dos significantes", "significante sem par", "significante da pura diferença", todas essas são maneiras de Lacan referir-se ao falo (cf. Lacan, 1958a/1998). Derrida (1980/2007), na crítica que faz a Lacan a partir da análise do seminário sobre a carta roubada, nos mostra que a posição que o falo ocupa na teoria lacaniana "é a definição estrita da *posição transcendental*: privilégio de um termo no interior de uma série de termos que ele torna possíveis e que ele supõe" (p. 524, grifo do original). O falo, assim, é o significante que determina todos os outros sem ter nada que o determine, nada que explique sua posição de exceção à cadeia significante.[25] Já vimos, no Capítulo 2, como qualquer justificativa baseada na "protuberância" do falo no "real da copulação" é falaciosa, dado que a percepção aí invocada já se configura como resultado de um *a priori*, de uma transcendência. Derrida cria o termo *falogocentrismo* para denunciar a posição transcendente que o falo adquire, fundando, mais do que a partilha sexual, o próprio Simbólico e o próprio *logos*. O último parágrafo de "A significação do falo", nos diz Derrida, evoca essa junção ao mesmo tempo que, por duas vezes, alega sua profundidade:

> *Correlativamente, entrevê-se a razão desse traço nunca elucidado onde uma vez mais se mede a profundidade da intuição de Freud: a saber, porque ele afirma que há apenas uma* libido, *seu texto mostrando que ele a concebe como sendo de natureza masculina. A função do significante fálico converge aqui para sua relação mais profunda: aquela pela qual os Antigos aí encarnavam o* Nous *e o* Logos. *(Lacan, 1958b/2008, p. 273, grifos do original)*

---

25 Ribeiro nos lembra que Catherine Baliteau, atentando para a mesma questão, "conclui sua crítica feminista do conceito de falo em Lacan afirmando que a psicanálise lacaniana é o último avatar da metafísica ocidental, em que o simbólico substitui a coisa-em-si e o falo vem no lugar do *primum movens*" (Ribeiro, 1997a, p. 129). A crítica de Baliteau à qual Ribeiro se refere é "La fin d'une parade misogyne: la psychanalyse lacanienne" (Baliteau, 1975).

Acompanhemos o comentário de Derrida (1980/2007):

> *A profundidade é a altura. Isso desemboca no alto, precisamente na boca em que "se encarna" o* Nous, *o* Logos, *e que diz profundamente: só existe uma libido, logo, não há diferença, e menos ainda uma posição na libido do feminino e do masculino, aliás, ela é masculina por natureza. Com efeito. A "razão do traço nunca elucidado" não se pode jamais senão "entrever": é que não existe uma razão para esse traço, ele é a razão. Para ela, por ela, sob ela. Na lógica dita "do caldeirão" (traiçoeira, tirada da razão), a razão sempre terá razão. Por ela mesma. Ela se dá a ouvir. "A coisa fala dela mesma". Ela (se) ouve dizer o que ela não pode entender. (p. 528, grifos do original)*

O Simbólico lacaniano, assim, se compromete na medida em que não percebe a própria imanência e a necessidade da alteridade para existir. O falo, enquanto marca do Simbólico lacaniano, se explica a si mesmo, se propõe como autofundante, apaga a alteridade que lhe constitui. Já vimos, no Capítulo 2, todos os problemas que decorrem dessa postura, entre eles o enrijecimento da psicanálise, cuja necessidade de acompanhar a história e as mudanças das subjetividades se vê comprometida.

De outro lado, vimos que não podemos abandonar a importância da lógica fálica na teoria enquanto lógica que permite a consolidação de uma identidade sexuada. Se a assunção de um sexo é um processo central para a constituição da tópica psíquica, a lógica fálica adquire também centralidade em nossa teoria. André (1996) chega a observar que, de fato, "a primazia do falo preside a organização das formas sociais, estrutura, além disso, nossa relação com o poder, e submete a si o curso de muitas vidas, de homens ou de mulheres" (p. 60). A diferença é que, na teoria que propomos a partir de Jacques André e de Paulo de Carvalho Ribeiro, a lógica fálica não explica a si mesma, não adquire um caráter transcendental nem se pretende autofundante. Ela surge, antes, como consequência do confronto com a alteridade.

Nossa hipótese sobre essa questão é a de que a lógica fálica só adquire tamanha força simbólica em virtude de seu poder de se contrapor a esse originário fragmentado e passivo. Como símbolo da coesão, do penetrante, das fronteiras muito bem delimitadas e seguras, a lógica fálica aparece como defesa possível e necessária ante a orificialidade e a penetrabilidade da situação originária. Ao contrapor-se a esse originário, a lógica fálica reitera a oposição fálico-orificial ao mesmo tempo que a transforma, defensivamente, na oposição fálico-castrado, fixando a feminilidade como o recalcado por excelência. Assim, ao mesmo tempo que a lógica fálica recalca a feminilidade originária, ela a fixa definitivamente como o recalcado, estabelecendo os meios pelos quais o conflito psíquico existirá a partir de então. Sua sobrevivência, desde então, dependerá da negação desse originário passivo tingido pela feminilidade. Quanto maior for a necessidade de negar essa feminilidade originária,[26] maior será a necessidade de incidência da lógica fálica.

É dessa forma que concebemos a preservação do marco teórico da lógica fálica e do Nome-do-Pai, desde que lhe seja retirado o caráter de transcendência e imutabilidade, restituindo-lhe um caráter defensivo e falacioso, inseparável da primazia da alteridade e da feminilidade. É assim, afinal, que entendemos o conflito psíquico em sua relação com o gênero.

---

26 É importante entender que o termo "originária" não significa essencial, mas é o resultado de uma manobra defensiva da lógica fálica.

As falácias do falo

Sendo compreendida como defensiva, a lógica fálica tem por função apagar a diversidade e instaurar a diferença, recalcando aquilo que a contraria. Nesse sentido, a despeito de entendermos sua função recalcante, não podemos cair no engodo do valor narcísico atribuído ao falo, entendendo-o antes como uma falácia defensiva. Apagar a alteridade, propor-se como fundador de si mesmo, propor-se como a representação única da diferença sexual, negar a feminilidade, apagar os rastros daquilo que não remete a si mesmo... Os modos de funcionamento do falo e de sua lógica, sendo defensivos, precisam ser entendidos como tais pelos teóricos da psicanálise, sob o risco de desconhecer aquilo de mais originário em seu caráter mortífero e de fonte de pulsão. Nesse sentido, é fundamental explicitarmos tal questão, fazendo um resgate de alguns pontos da história das teorizações psicanalíticas sobre o falo, como trabalhado nos capítulos anteriores.

Freud, ao postular a primazia do falo,[27] não percebeu o caráter defensivo deste apagamento da diferença e do feminino, elevando ao posto de teoria psicanalítica uma teoria sexual infantil. A descrição fenomenológica de alguns afetos e narrativas, como é o caso da inveja do pênis nas meninas e da crença dos meninos de que as meninas são castradas e inferiores, por mais que revele uma realidade existente, deve remeter também ao caráter defensivo das formulações, em vez de elevá-las ao patamar de verdades. O componente defensivo de tais teorias infantis fica bastante claro ao lermos, por exemplo, as descrições do próprio Freud (1925/1996) do sentimento dos meninos com relação às mulheres: "horror da

---

27 "[A organização genital infantil] consiste no fato de, para ambos os sexos, entrar em consideração apenas um órgão genital, ou seja, o masculino. O que está presente, portanto, não é uma primazia dos órgãos genitais, mas uma primazia do *falo*" (Freud, 1923a/1996, p. 158, grifo do original).

198   O CONCEITO DE GÊNERO E SUAS ARTICULAÇÕES...

criatura mutilada ou desprezo triunfante por ela" (p. 281). Ora, tais afetos tão exacerbados não decorreriam da necessidade de negar e recalcar algo anterior e mais atacante no sentido pulsional? Não estaríamos diante de um movimento típico da lógica fálica, tal qual descrita anteriormente por nós? Saltemos alguns anos e retomemos as críticas que fizemos à posição transcendental do falo em Lacan.

Lacan, ao elevar o falo a uma posição transcendental, o propõe como autofundante, explicativo de si mesmo, como vimos a partir da crítica de Derrida e das próprias descrições de Lacan. Além disso, o fato de o falo ser o significante da diferença sexual implicaria o famoso aforismo "A mulher não existe" (cf. Lacan, 1975/2008), pois os homens teriam um significante universal que os identifica – o falo –, enquanto "A mulher" se aproximaria de uma fatia não simbolizável do real, sobre a qual nada se pode dizer. Ora, se seguirmos os rastros de André e de Ribeiro e pensarmos no potencial simbólico do *dentro* e do orificial, vemos que a representação da mulher e da feminilidade não apenas existe, mas é contra ela que se erige a necessidade defensiva da lógica fálica. Como aponta Monique David-Ménard (1998):

> *Ao contrário, quando Lacan diz "A mulher não existe", ele não exprime somente que ela não se define como universal no que tem de feminino, mas também que sua posição sexuada não é um ato que se escreveria como o que faz exceção a uma regra. . . . Será certamente preciso avessar as coisas, dizendo que é porque os homens têm necessidade de colocar o feminino no lugar do enigma que são levados a dizer, em espelho com relação a eles mesmos, que as mulheres se acham numa posição de excesso com relação ao simbólico, incapazes de dizer de que é feito seu gozo. Este último só parece*

aos homens tão misterioso porque não tem como ala-
vanca o único gozo representável para eles, do qual seu
sexo é o emblema. (pp. 106-107)

Quando Lacan (1957-1958/1999) comenta a instauração da castração na saída do Édipo, ele explica: "em outras palavras, no momento da saída normatizadora do Édipo, a criança reconhece não ter – não ter realmente aquilo que tem, no caso do menino, e aquilo que não tem, no caso da menina" (p. 179). Ao contrário de Lacan, vemos essa interpretação da saída do Édipo justamente como uma falácia do falo, uma vez que o menino, na verdade, deve passar a reconhecer que não tem o que ele *realmente não tem*: a vagina, órgão penetrável da diferença sexual.

Sobre essas representações do feminino que colocam em xeque a lógica fálica, basta lembrarmos de todas as estátuas da antiguidade nas quais a mulher aparece como símbolo da fertilidade, algumas vezes com o ventre (aludindo ao interior do corpo e à reprodução da espécie), os seios e/ou a vagina representados. Veja-se, nesse sentido, a icônica Vênus de Willendorf, um dos achados arqueológicos mais importantes da história da humanidade, datada de 29.500 anos atrás (Figura 3.6).

Do ponto de vista clínico e fenomenológico, uma série de fatores nos faz duvidar de que uma maior presença da lógica fálica necessariamente acarretaria fronteiras do Eu mais coesas e identidades menos propensas a descompensações em geral. Pensemos, por exemplo, nos homens, cujas identidades em geral, como veremos a seguir, por necessitarem de uma contraposição maior à passividade originária, fazem maior recurso à lógica fálica que as das mulheres. Ao contrário do que seria de se esperar caso se considerasse o falo como fator de coesão, os homens estão mais sujeitos a diversos efeitos desagregadores das exigências passivas e mortíferas da pulsão.

Figura 3.6 – Vênus de Willendorf, exposta no Museu de História Natural de Viena (foto do autor).

Podemos encontrar indícios nesse sentido desde as estatísticas de prevalência de saúde mental e psicoses em geral (cf. Associação Americana de Psiquiatria, 2014), passando pela maior incidência de perversão nos homens, o maior temor que estes (quando enquadrados na heteronormatividade) têm da homossexualidade, chegando até a concretude das manifestações alucinatórias nos casos de psicose. Relembremos a citação de Stoller (1968) trabalhada por nós no primeiro capítulo:

> *Tudo isso pode talvez iluminar as diferenças entre homens e mulheres nas perversões – a ausência de fetichismo* cross-dressing *[vestir as roupas do sexo oposto] e exibicionismo genital como fonte de excitação genital nas mulheres; as diferenças no modo como os homos-*

sexuais homens assistem a suas aberrações em com-
paração com as mulheres e o modo como a sociedade
teme a homossexualidade masculina e não a feminina;
o medo da afeminação em tantos homens e a relativa
ausência de um medo correspondente de ser masculina
na maioria das mulheres; e a frequência muito menor
de acusações alucinatórias de homossexualidade nas
psicóticas mulheres em relação aos homens... Mas esses
resultados são por demais fortes para serem pautados
com segurança no meu pouco material. (pp. 264-265,
tradução minha)

Pensemos também nos casos, tão comuns nos consultórios, de neuroses obsessivas nas quais homens heterossexuais temem uma homossexualidade que os ameaça de forma incoercível e profundamente perturbadora. Ou nas provas de masculinidade, espalhadas por diversas culturas e povos, exigidas para que os homens se sintam como tais (cf. Gilmore, 1994). Ou mesmo nas estatísticas de transexualidade (tema no qual nos aprofundaremos no próximo capítulo), nas quais há uma prevalência média de cinco casos homem→mulher para cada caso mulher→homem (cf. Lattanzio & Ribeiro, 2017). Mesmo não considerando a transexualidade como uma psicose ou transtorno mental, é inegável a incompatibilidade dessa prevalência com o suposto valor narcísico do falo. Pensemos também nos arranjos muitas vezes estereotipados e frágeis, comuns nos agrupamentos masculinos (gangues e torcidas organizadas de futebol, por exemplo), que buscam conciliar demonstrações de poder e força com a colocação do corpo em risco, negando e atendendo, num mesmo movimento, as exigências passivas da pulsão (cf. Ribeiro & Carvalho, 2001; Lattanzio & Barbosa, 2013).

Fica claro, a partir desses exemplos, que o valor narcísico atribuído ao falo é uma falácia, uma estratégia defensiva da própria lógica que lhe é subjacente, no intuito de apagar a alteridade que a ameaça, bem como de negar o desejo de castração/penetração. Ribeiro (2017), em texto recente, se pergunta se uma das consequências de considerar a posição penetrante fálica como recalcante seria imaginar que certo espaço psíquico dos que a ela fazem maior recurso estaria "ao abrigo dos desejos e fantasias ligados à posição penetrada" (p. 120). Ele admite que essa seria uma consequência que passou desapercebida de sua própria teoria e da de André, ao associarem a feminilidade ao recalcado e a lógica fálica ao recalcante, e que precisa ser colocada em xeque.

Podemos pensar que essa ilusão das barreiras totalmente coesas e fechadas se situa claramente no plano de uma fantasia defensiva, e inverter o raciocínio. Sendo a lógica fálica uma defesa contra a passividade originária (que, ressignificada *après-coup*, vira feminilidade originária), o recurso maciço a ela como fiadora da identidade coloca os sujeitos em uma posição paradoxal, quase impossível de ser sustentada: ter de negar enfaticamente aquilo que lhes constitui. Isso nos leva a pensar que a melhor defesa não é aquela que simplesmente nega e ao mesmo tempo desconhece o que está sendo negado, correndo assim o risco de que esse elemento desconhecido, porém constitutivo do sujeito, supere a defesa de maneira disruptiva e altamente desorganizadora. A melhor defesa seria, então, aquela que consegue uma forma de lidar com esse elemento ameaçador e constitutivo, que é capaz de circunscrevê-lo num espaço seguro e, ao mesmo tempo, possibilitar-lhe escapes, ou seja, formas toleráveis de manifestação.

Assim, um grande desafio se impõe aos significantes e aos modelos de tradução que ocupam a função de defesa – como é o caso da lógica fálica –, pois eles necessitam cumprir uma dupla função:

ser um contrainvestimento que possibilite a ligação necessária para a existência do Eu e da tópica, recalcando o excesso inabitável de alteridade e fragmentação relacionado ao originário, e, ao mesmo tempo, deixar algum espaço para que as moções pulsionais passivas (muitas vezes associadas à feminilidade) possam emergir. Um absolutismo de qualquer um desses dois lados da função defensiva (excessiva rigidez da lógica fálica ou invasão excessiva das moções pulsionais passivas) levaria ao rompimento das fronteiras do Eu e, podemos pensar, poderia desencadear uma psicose.[28]

Construções identificatórias da masculinidade e da feminilidade

Identidade de gênero e primazia da alteridade

A construção da identidade, como vimos, é um processo centrípeto: ocorre de fora para dentro; são os adultos com os quais a criança convive que designam a ela um gênero, que a identificam. A criança, então, tenta domar essa "estrangereidade-interna" que lhe foi inoculada a partir dos significantes e das simbolizações que estão disponíveis em seu mundo; simbolizações que, longe de serem inatas, são também adquiridas por meio da intersubjetividade, do convívio com o outro. Esse tratamento simbolizante das mensagens associadas à designação do gênero, essa conformação num todo coerente, é o que chamamos de assunção de um sexo. O sexo é o modo pelo qual a criança consegue traduzir o excesso e a multiplicidade das identificações que lhe foram designadas

---

28 Em minha tese de doutorado (Lattanzio, 2018), exploro as consequências psicopatológicas desse raciocínio, postulando a continuidade entre neuroses e psicoses na psicopatologia psicanalítica.

passivamente. A assunção de um sexo, assim, vem instaurar a falta, a lógica do "terceiro excluído",[29] dado que ela marca a necessidade de posicionamento e de coerência diante daquilo que antes era múltiplo. O que era antes sem oposição torna-se, nesse momento, "um ou outro".[30] A lógica fálica, como lógica organizadora e princípio de coesão e limites, é fundamental nesse processo.

O sexo, assim, é uma simbolização que concerne ao Eu, e sua função é organizar e tratar, mesmo que parcialmente, o "excesso de alteridade" que se vincula aos processos de designação de gênero. A partir de nossa interpretação do "Court traité de l'inconscient" (1993/1999), de Laplanche, concebemos a assunção de um sexo como fator principal do recalcamento secundário, responsável pela consolidação de uma espécie de segundo nível do inconsciente. Nesse sentido, o nível originário e mais arcaico do inconsciente seria formado por representações-coisa, buracos negros no psiquismo entendidos como uma pura cultura de alteridade (e que, *a posteriori*, vinculam-se à feminilidade radical). O inconsciente originário, assim, não admite qualquer ligação ou totalização, e os

---

29 A lei do terceiro excluído é um dos princípios fundamentais da lógica, significando o princípio da não contradição. Pode ser assim expresso: ou A é X ou A é Y, não há uma terceira opção que possa fazer com que A seja X e Y ao mesmo tempo.

30 Podemos considerar que muitas das teorias sexuais infantis surgem nesse momento para negar a diferença sexual e a consequente incompletude que dela resulta. Os meninos, por exemplo, para não terem de se curvar à lógica do "um ou outro", podem imaginar um pênis nas mulheres, ou se imaginarem passíveis de castração como forma de assegurar a "indiferenciação" dos sexos. As meninas, por sua vez, podem se imaginar com um pequeno pênis que se soma à vagina. Ambas seriam formas fantásticas de negar a diferença e tentar adiar ao máximo o posicionamento perante a partilha sexual. No entanto, tal imposição de posicionamento é mais difícil para os meninos porque, para eles, há a drástica consequência psíquica de, ao ascender ao sexo masculino, ter de abrir mão da identificação feminina primária.

objetos-fonte da pulsão que o formam são fonte de pulsão de morte. No nível secundário do inconsciente, a ligação se encontra já presente e, em nossa formulação, nele coexistem a pulsão de vida e a pulsão de morte, entendidas como as duas faces de um objeto-fonte clivado que contempla, de um lado, as exigências pulsionais de um resto intraduzível das mensagens ligadas à designação do gênero e, de outro, a tradução possível dessas mensagens em uma identidade sexuada. Nesse nível secundário do inconsciente, enfim, vê-se a maneira pela qual a pulsão de morte (desagregação por excelência) pode se conjugar com a síntese. Desse fato extrairemos as consequências para explicar o *tema de identidade* em sua irremediável dimensão de alteridade.

Pois bem, o sexo, sendo entendido como uma dupla face consciente daquilo que no inconsciente exige uma resposta simbolizadora, esclarece que, mesmo sendo um atributo do Eu, a identidade sexuada não tem como se desvincular dos processos inconscientes que lhe fundamentam. Tal identidade, então, estará para sempre fadada a reiterar-se como forma de responder às exigências de sua dupla face inconsciente. Assim, a identidade de gênero (aqui entendida como o conjunto das designações de gênero e sua tradução sexuada), longe de ser uma escolha ou uma opção, é antes algo que se impõe ao sujeito. Se o segundo nível do inconsciente admite ligação e totalização, a identidade de gênero apresenta-se assim como a resposta compulsória do sujeito diante da dupla face de um objeto-fonte ao mesmo tempo sintetizador e mortífero. Uma identidade, então, que, mesmo atendendo às exigências narcísicas de totalização egóica, também se apresenta como uma espécie de compulsão à repetição. Nesse sentido, cabe fazer um breve parêntese e apresentar o conceito de *tema de identidade*, como proposto por Heinz Lichtenstein em um artigo publicado em 1961.

De acordo com Lichtenstein (1961), a mãe gera no filho, por processos de *imprinting*, um tema de identidade (*identity theme*). Depois de implantado (*imprinted*), tal tema seria "irreversível, mas capaz de variações" (p. 208, tradução minha): todas as identificações que uma pessoa vier a estabelecer ao longo da vida seriam variações que responderiam às exigências impostas pelo tema de identidade. A manutenção desse tema, assim, teria prioridade psíquica sobre as outras "necessidades" egoicas e pulsionais, fato expresso pela epígrafe que Lichtenstein escolhe para o artigo: "*antes muerto que mudado*".[31] O mais interessante nesse conceito, em nossa visão, é que a necessidade contínua de manutenção e confirmação do tema de identidade se apresenta para Lichtenstein como uma compulsão à repetição, como um fenômeno cuja explicação remete ao além do princípio do prazer. O "princípio de identidade", assim, seria definido, ao mesmo tempo, por se conformar ao princípio do prazer (na medida em que uma identificação trabalha a favor da coesão do Eu) e por contradizê-lo, dado o caráter compulsivo e não necessariamente compatível com a autoconservação e o prazer da reafirmação do tema de identidade.

Pois bem, essas duas características contrárias que coexistem no tema de identidade podem ser entendidas, de acordo com nossas formulações, como as consequências dessa dupla face narcísico-mortífera do objeto-fonte que resulta do recalque secundário. A identidade de gênero, assim, apresenta-se, de um lado, como uma compulsão à repetição, compulsão que ultrapassa a inteligibilidade do sujeito e aponta aquilo de estranho e alteritário que o habita. De outro lado, a identidade de gênero, ao dar coerência ao Eu, atende às suas exigências narcísicas. Vemos, dessa forma, que a contradição teórica entre a identificação (com seu caráter

---

31 Trata-se de um verso de autoria desconhecida, provavelmente relacionado à poesia espanhola.

de coesão) e a pulsão de morte (com seu caráter desagregador) é apenas aparente, pois a identidade de gênero se mostra aliada à pulsão de morte na medida em que pressupõe uma incontornável dimensão de alteridade como sua fonte e seu motor. A identidade de gênero mimetiza, assim, o próprio objeto-fonte em seu caráter narcísico e mortífero: uma primazia da alteridade que se traduz na identidade.

As variações que Lichtenstein admite serem possíveis no tema de identidade podem ser aqui relacionadas às *identificações de gênero secundárias* de que nos fala Silvia Bleichmar (2009), assim explicitadas por ela (tomando como referência o sexo masculino):

> . . . *no menino, não se trata mais de "ser homem" – inscrito narcisicamente no Eu [para nós, como vimos, esse narcisismo se conjuga com a primazia da alteridade] –, senão de que classe de homem se deverá ser, o que se articula nas proibições e nos mandatos que constituem a consciência moral e os ideais. (Bleichmar, 2009, p. 30, tradução minha)*

Essas identificações secundárias de gênero podem dizer respeito, por exemplo, à "escolha" de objeto, aos modos de gozo, ao que é aceitável ou não em uma relação (por exemplo, alguns homens podem achar aceitável serem penetrados, outros não), entre outros. Tais variações, contudo, mesmo que possam se consolidar mais tardiamente na história do indivíduo, não se constroem independentemente do tema de identidade. É sempre a partir de suas exigências, a partir da compatibilidade com essas exigências, que as identificações secundárias se edificam.

Paradoxo da posição masculina: é mais difícil ser homem?

> *Os homens, até mais que as mulheres, estão*
> *acorrentados a papéis de gênero.*

Gloria Anzaldúa (1987, tradução minha)

No primeiro capítulo, vimos como Greenson e Stoller descreveram a maior dificuldade na aquisição da identidade masculina, pois para que ela se consolide deve ser superada a identificação precoce à mãe. Relembremos a opinião de Greenson (1967/1998):

> *Refiro-me ao fato de que o menino, para chegar a um sentimento saudável de virilidade, deve substituir o objeto primário de identificação, a mãe, e se identificar com o pai. Acredito que as dificuldades inerentes a esta etapa adicional de desenvolvimento, da qual as meninas estão livres, são responsáveis por certos problemas de identidade de gênero no homem, na sua noção de pertencer ao sexo masculino. A menina também precisa se des-identificar da mãe para desenvolver uma identidade feminina própria, mas sua identificação com a mãe a ajuda a estabelecer sua feminilidade. Minha opinião é de que os homens sejam muito mais inseguros sobre sua masculinidade do que as mulheres sobre sua feminilidade. Acredito que a certeza das mulheres sobre sua identidade de gênero e a insegurança dos homens estejam enraizadas na identificação infantil com a mãe. (p. 263, grifo do original)*

Também na concepção de Stoller (1993), a identificação precoce à mãe "coloca a menina firmemente no caminho para a feminilidade na idade adulta" (p. 35). Já o menino, para que conquiste a masculinidade, precisa levar a cabo uma tarefa mais árdua e ansiogênica: des-identificar-se da mãe e erigir uma identidade masculina. A menina também deve, obviamente, des-identificar-se da mãe, mas as mudanças a serem feitas no que tange à identidade de gênero não seriam tão drásticas para ela. Tal caminho mais tortuoso que se desenha para o menino instaura o risco permanente de que, em sua identidade de gênero, haja um apelo de retorno ao feminino. Assim, a masculinidade nos homens, para Stoller, é edificada sobre um conflito. Longe de ser um caminho natural (como pensavam Freud e grande parte dos psicanalistas), a masculinidade é uma difícil conquista identificatória para o menino. De acordo com Stoller (1968), tal constatação explicaria, entre outras coisas, a maior incidência de perversão nos homens; seu maior medo de feminização, quando comparado ao medo de masculinização das mulheres; o temor dos homens de ocupar uma posição passiva – tudo isso devido aos possíveis problemas e percalços nessa difícil conquista da masculinidade. A maior dificuldade de assunção e manutenção da posição masculina é também observada por Ribeiro (2000) e associada à existência de uma identificação feminina primária tanto dos meninos quanto das meninas. Na sua análise do caso Hans, como vimos, Ribeiro mostra a necessidade da intervenção do pai de Hans para indicar-lhe o caminho da masculinidade e interditar, assim, a identificação feminina da criança.

A hipótese de Silvia Bleichmar (2009) para tal conflito identificatório indica uma direção de pensamento que se aproxima em alguns pontos desses autores. Para ela, a masculinidade também não é um ponto de partida no psiquismo, mas antes uma conquista paradoxal para os homens. A partir de um diálogo com Laplanche, Lacan e os teóricos das relações objetais, Bleichmar postula que toda identificação remete a uma introjeção, "e esta a um modo de incorporação simbólica, com certeza, mas em última instância

210   O CONCEITO DE GÊNERO E SUAS ARTICULAÇÕES...

fantasmática, do objeto do qual o outro é portador" (p. 35, tradução minha). A hipótese principal da autora consiste no fato de que, para constituir a masculinidade, o menino precisa incorporar passivamente o pênis do pai. Paradoxalmente, é preciso uma identificação fantasmática (relacionada à recepção imaginária de atributos paternos) com o pai que se dá de forma passiva e feminina para incorporar os atributos masculinos. A masculinidade, assim, só se constitui a partir de um caminho que necessariamente passa pela feminilidade – esse é o ponto de convergência de Bleichmar com as propostas dos autores anteriormente citados.[32]

Para corroborar sua hipótese e ao mesmo tempo dar-lhe certa universalidade, Bleichmar recorre a vários relatos históricos e antropológicos, entre os quais se encontra a descrição de um rito de passagem à virilidade dos sambia, povo de Papua Nova Guiné descrito pelo antropólogo Gilbert Herdt. Passemos, então, diretamente ao texto de Herdt (s.d.) e a alguns comentários acrescentados pelo antropólogo David Gilmore (1994).

Quando um menino sambia nasce, ele passa os dois primeiros anos de vida na companhia exclusiva de sua mãe. A partir daí, a presença do pai aparece progressivamente. Ao atingir a idade de sete anos, o menino é retirado da mãe e levado a habitar em uma casa de homens, e a partir de então é feita uma série de rituais com o objetivo de retirar a impregnação de feminilidade passada ao menino por meio do aleitamento e do contato materno e, ao mesmo tempo, proporcionar a ele a possibilidade de adquirir a masculinidade. Entre esses rituais incluem-se algumas sangrias,

---

32 A principal divergência, a nosso ver, é que Bleichmar não admite que uma identificação possa fazer parte do inconsciente. Tal postulação se torna incompatível principalmente com a tese de Ribeiro (2000) de uma identificação feminina primária recalcada. Para nossa opinião com relação a essa questão, remetemos às seções "O polo recalcado é a feminilidade radical", "As falácias do falo" e "Identidade de gênero e primazia da alteridade".

com o objetivo de limpá-lo do sangue materno. Ao contrário do desenvolvimento da feminilidade, que é um processo biológico e linear que resulta da "constante associação da menina com a mãe" (Gilmore, 1994, p. 152, tradução minha), a possessão dos genitais masculinos, para os sambia, não dá nenhuma garantia de que o menino produza futuramente o esperma, visto por eles como o símbolo da masculinidade. A produção da masculinidade, então, "deve ser artificialmente induzida por meio de um ritual secreto" (Herdt, s.d., tradução minha): trata-se da "inseminação" oral, na qual o menino recebe o sêmen de homens adultos, com a crença de que somente assim a "semente" da virilidade se implantará nos meninos. A felação repetida e a ingestão do sêmen dos homens adultos cria nos meninos "um lago de virilidade" (Bleichmar, 2009, p. 56, tradução minha) que será capaz então de induzir neles a masculinidade,[33] pressupondo-se que somente assim poderão tornar-se homens e se casar. Na sociedade dos homens adultos, as mulheres são consideradas inferiores e a homossexualidade é inaceitável. No entanto, como lembra Paulo Ceccarelli (1998), para os homens sambia:

> *"Adquirir" a masculinidade implica o risco de perdê--la. Para que isto não aconteça, inúmeros rituais e tabus – por exemplo, não tocar as excreções da mulher, respeitar os espaços exclusivamente femininos, etc. – são observados. Os contatos com as mulheres são a tal*

---

33 Sentimo-nos na obrigação de lembrar que, como aponta Silvia Bleichmar (2009), "toda manipulação do corpo, ainda a empregada com fins rituais, impõe a produção de fantasias e a geração de zonas de gozo que escapam à função proposta. E isso como efeito, nesta operatória, da presença do outro humano provido de inconsciente, quer dizer, de circulações eróticas que escapam à sua própria consciência, o que dá lugar a intercâmbios que excedem o motivo manifesto da ação realizada" (p. 58, tradução minha).

212   O CONCEITO DE GÊNERO E SUAS ARTICULAÇÕES...

ponto temidos (justamente pelo medo de perder a mas-
culinidade) que a simples possibilidade deles provoca
verdadeiras crises de pânico.

Silvia Tubert (1999), por sua vez, descreve, em seu livro *A morte e o imaginário na adolescência,* vários ritos de "menstruação masculina" ao redor do mundo.[34] Os meninos do Vale do Asaro moram com suas mães até os dez ou quinze anos, tendo pouco contato com os pais. Nessa época, ocorre o ritual iniciático da masculinidade, no qual os meninos são levados nus ao leito de um rio. Durante o rito, "as mães dos iniciados, como nos outros ritos que examinamos, estão de luto, seus corpos cobertos de argila, como reconhecimento da separação de seus filhos, que passam formalmente para a parte masculina da sociedade" (p. 66). O rito consiste em homens adultos introduzirem duas folhas afiadas nas narinas dos meninos até que estas sangrem e, assim, os purifiquem da feminilidade previamente incorporada. Depois, os homens introduzem em seu próprio esôfago e no dos meninos uma vara, com o objetivo de lhes induzir vômitos que, segundo a crença, "liberam o menino do sangue do ventre materno, que ele engoliu quando estava dentro do útero, e do perigoso sangue menstrual que pode ter ingerido sem perceber com a comida que sua mãe lhe preparava" (p. 67). Após o rito, os jovens permanecem por alguns anos na cabana dos homens da aldeia, podendo ter apenas um contato mínimo com as mulheres. A partir daí, os meninos tornados homens (heterossexuais e casados) passam a ter uma relação de horror ao sangue menstrual de uma mulher, que pode até mesmo matar um homem e representa a constante ameaça de feminização.

---

34 Ela cita como exemplos os aborígenes australianos, os indígenas de Papua Nova Guiné, os índios *mojave,* povos do Vale de Asaro e habitantes da ilha de Wogeo.

Vemos, pois, como esses dados corroboram as teses de Greenson e Stoller sobre a difícil conquista da masculinidade. Nessas sociedades, podemos pensar que tais vicissitudes decorrem da identificação primária à mãe, como fica nítido a partir da descrição das crenças que subjazem aos rituais. Tal identificação à mãe apareceria como uma decorrência do registro da necessidade: os cuidados precoces, a amamentação, a convivência frequente com a mãe nos primeiros anos de vida do menino fariam com que ele desenvolvesse essa identificação precoce à mãe. Em nossa sociedade globalizada, pensamos que isso, em grande parte, seja também verdadeiro, uma vez que as mulheres continuam sendo, no início do terceiro milênio, "o primeiro e primordial objeto" (Ribeiro, 2000, p. 284) na vida da grande maioria dos bebês. Isso faz com que a masculinidade, para se erigir, precise sempre de uma interdição normativa que barre a identificação feminina.

Mais que isso, a partir da teoria de Jacques André e da constatação da centralidade da diferença sexual nos processos de subjetivação em nossa sociedade, vimos como a passividade originária da criança diante do adulto é simbolizada *a posteriori* pela feminilidade. Isso faz com que todos tenham como simbolização do originário essa face da feminilidade que aqui chamamos de radical. Tanto homens quanto mulheres precisam, para estabelecer os limites e a coesão do Eu, recalcar e se distanciar dessa feminilidade radical que é sinônima da dispersão pulsional. Como agente recalcante, a lógica fálica adquire sua importância pela capacidade de se contrapor a essa feminilidade radical e inaceitável ao Eu. As mulheres, por se identificarem com o feminino, conseguem manter uma relação de maior proximidade com a feminilidade radical. Nas mulheres, instaura-se uma feminilidade que aqui denominamos secundária, uma vez que ela, ao contrário da feminilidade radical, trabalha a favor da coesão do Eu, conferindo-lhe limites e um senso de identidade. A feminilidade secundária, no entanto, se erige deixando espaços e mantendo certa proximidade com a feminilidade radical. Nos homens, a contraposição a essa feminilidade radical precisa ser muito maior, uma vez que as representações de masculinidade pautam-se quase que exclusivamente na lógica fálica, e para esta as ideias de passividade, penetração e desligamento são intoleráveis. A incidência da lógica fálica, assim, é muito maior nas identificações masculinas, e a estruturação psíquico-identificatória dos homens se dá numa constante necessidade de negação dessa feminilidade originária. Por isso, no registro da identidade de gênero, a masculinidade se torna um destino muito mais difícil e frágil que a feminilidade.

Ao perguntarmos de forma provocativa, no título desta seção, se é mais difícil ser homem, nos referíamos a isso. Logicamente, sabemos que vivemos numa sociedade machista e falocêntrica que (ainda) confere unilateralmente mais vantagens sociais aos homens que às mulheres e que, no âmbito da vida social, ser mulher é muito mais difícil, bem como desvalorizado pela cultura hierárquica. Nossa reflexão, aqui, situa-se antes no plano identificatório, no qual os homens precisam dispender muito mais energia na manutenção de sua masculinidade que as mulheres na manutenção de sua feminilidade. O temor de feminização presente nos homens, o temor da homossexualidade, o temor de ser visto como passivo ou como afeminado o comprovam.

Como vimos anteriormente, o binarismo do sistema sexo-gênero outorga ao masculino categorias relacionadas à atividade. Os sujeitos, então, cuja identidade é encaminhada para se conformar nos moldes da masculinidade precisam se contrapor nitidamente à passividade para que seus corpos e sua identidade sejam inteligíveis à norma, uma vez que o binarismo se define pela rigidez de seus termos. Tal contraposição, marca magna da masculinidade, carrega consigo, enfim, um *paradoxo*: de um lado, ao relacionar a identidade masculina a atividade, dá-se aos homens um *lugar de poder diferenciado* na hierarquia do binarismo, gerando uma grande desigualdade com as mulheres. Esse privilégio masculino se relaciona estritamente com o emprego da violência para a dominação e o controle, sendo alvo de estudo por muitas(os) teóricas(os) ligadas(os) à teoria feminista (por exexmplo, Saffioti, 2001; Welzer-Lang, 2001).

O outro lado da moeda é que tal contraposição gera nos homens demasiada *rigidez*, inseparável da necessidade sempre presente de negar a passividade que os constitui. Tal passividade é eterna ameaça de dissolução da identidade masculina, e será sempre necessário aos homens, dentro da lógica normativa binária, se contrapor a tudo aquilo que lhes remeta ao passivo. Assim, categorias como feminilidade e homossexualidade, por exemplo, são tidas como ameaças para a identidade masculina e precisam ser rechaçadas a qualquer preço. A identidade masculina, dessa forma, se mostra extremamente defensiva e fechada, na medida em que o outro representa sempre uma ameaça de penetrar essa identidade e fazê-la ruir. A alteridade, assim, ameaça não apenas os privilégios dos homens, mas a sobrevivência da própria identidade masculina. Tal rigidez defensiva da masculinidade também se relaciona estritamente com o emprego da violência, na medida em que esta se apresenta como uma forma estereotípica de se defender da ameaça da alteridade, mesmo que isso signifique usar o próprio corpo como escudo para se defender do outro e, assim, expor-se a riscos. Nesse sentido, na lógica masculina, muitas vezes é mais importante salvaguardar a identidade que proteger o corpo.

É certo que a identidade de gênero se constrói de maneira extremamente particular em cada um, e, por isso, nossas observações situam-se como "regra geral", e não como "regra única". Cada dia mais, especialmente com as mudanças nas formas de

216   O CONCEITO DE GÊNERO E SUAS ARTICULAÇÕES...

sociabilidade que se deram por meio dos deslocamentos culturais provocados pelo feminismo, pelas políticas de visibilidade da homossexualidade e pelas novas configurações familiares (cf. Arán, 2006a), homens conseguem subjetivar-se com uma abertura maior à feminilidade. Nesse sentido, se poderia perguntar, por exemplo, se os homossexuais, sendo também obviamente homens, não mantêm uma relação diferente com a feminilidade originária. É certo que alguns sim, mas, ao mesmo tempo, eles também precisam manter sua masculinidade ao custo da negação da feminilidade originária, cujas representações variam entre grupos e também entre pessoas de um mesmo grupo, de acordo com seus ideais e suas proibições, baseados naquilo que, a partir de Lichtenstein, chamamos de tema de identidade. Mais à frente veremos como podemos pensar nas mudanças das formas de subjetivação a partir do conceito de devir-mulher.

Quer se trate de recalcar uma identificação primária à mãe, quer se trate de recalcar uma feminilidade originária, as construções identificatórias da masculinidade terão sempre de viver sob a égide da negação da feminilidade e sob a constante ameaça de retorno a ela. Os dados antropológicos que descrevemos anteriormente mostram como, tanto nos sambia quanto nos habitantes do Vale de Asaro, o medo de se "contaminar" pela feminilidade ocupa posição central nas identificações dos homens. Ressalvadas as diferenças, assim também acontece em nossa sociedade: a ideia de passividade é intolerável para a maioria dos homens que, como veremos a seguir, buscam formas estereotipadas de negar a feminilidade originária que neles habita. A necessidade de negação da feminilidade, no entanto, é tão grande justamente por representar, em outro nível, um desejo de retorno ao originário, retorno à posição inicial de não diferenciação dos sexos, de não incidência da falta, posição completamente passiva que encontra na feminilidade uma simbolização *a posteriori*. Tal misto de medo e desejo de retorno à feminilidade radical, no entanto, pode ser mais bem caracterizado pelo conceito de *gozo*, desde que este seja entendido como *sexual*, pois o gozo, ao expressar a incidência da pulsão de morte sobre o desejo, o faz na medida em que a origem da morte enquanto pulsão reside na inoculação da sexualidade pelo outro e nas completas passividade e penetrabilidade daí decorrentes. O gozo, aqui, deve ser entendido como um prazer excessivo que, em última instância, levaria à dissolução do Eu e à sua consequente morte.[35] Tal fato, enfim, é perfeitamente captado pelo mito da sereia, figura feminina cujo canto atrai os homens na mesma medida em que representa para eles a possibilidade de morte.

A estereotipia das identificações masculinas

Nos homens, como vimos, a necessidade de negar a feminilidade originária é maior que nas mulheres. As mulheres erigem sua feminilidade (secundária) mantendo muito mais pontos de contato com a feminilidade radical que os homens. A lógica fálica, assim, é uma ferramenta mais necessária à identidade masculina. Isso faz com que os homens, muitas vezes, na necessidade fálica de negar qualquer resquício de feminilidade, recorram a formas estereotipadas de identificação. Essas formas, como veremos, têm em comum o fato de serem extremamente defensivas, rígidas e impermeáveis.

---

35 Assim, a partir das indicações de Bleichmar (2009), podemos compreender melhor um fato frequente na experiência clínica: trata-se das recorrentes fantasias homossexuais (ou mesmo passagens ao ato homossexuais) de diversos homens heterossexuais, que acarretam grande dose de angústia para os que as vivenciam. Tais fantasias, aqui, podem ser entendidas como expressão desse gozo, e não como indicação de uma espécie de "homossexualidade latente", como algumas interpretações selvagens costumam supor.

218   O CONCEITO DE GÊNERO E SUAS ARTICULAÇÕES...

A violência e a agressividade, por exemplo, são respostas cuja incidência nos homens é muito maior que nas mulheres.[36] Tais comportamentos nos levam a pensar que, na necessidade de negar a feminilidade que os constitui, os homens façam recurso a respostas estereotipicamente fálicas. Com relação a essa dupla face fálica e defensiva do masculino, Monique Schneider (2000) nos lembra que o masculino é representado culturalmente não apenas pela figura penetrante da espada, mas também por uma atitude defensiva simbolizada pelo escudo protetor. A impenetrabilidade e a impermeabilidade, a nosso ver, são as maiores marcas de uma subjetividade dominante masculina. Para Márcia Arán (2006a), "o escudo representaria assim o emblema desta cultura [masculina], e a defesa contra a natureza e a alteridade, uma forma específica de subjetivação que se impôs no que outrora chamamos de civilização ocidental" (p. 215). Os modos defensivos e estereotípicos que a masculinidade adquire são os mais variados, e tentaremos explorar aqui algumas dessas vicissitudes.

_____

36 Cf., por exemplo, as estatísticas que apontam uma prevalência de cinco para um nos crimes violentos em relação à partição homens/mulheres, em Archer e Loyd (2002). Nesse mesmo texto, Archer e Loyd relatam estudos experimentais recentes em que não foi encontrada nenhuma explicação hormonal ou neuropsicológica para tal diferença. A conclusão de um desses estudos nos parece interessante: "Esse cuidadoso estudo longitudinal de garotos adolescentes indica que o aumento pronunciado dos níveis de testosterona na puberdade não é acompanhado por crescimento na agressão, como ocorre em alguns outros mamíferos" (p. 121, tradução minha). Podemos concluir, assim, que a violência na espécie humana é eminentemente pulsional e simbólica. Laplanche (1995/1999), nesse sentido, contesta a famosa frase de Hobbes "o homem é o lobo do homem", dizendo que tal enunciado é bastante injusto para com o lobo, cuja violência se liga ao instinto. Na espécie humana, para Laplanche, a sexualidade perverte o instinto, e o encontro de um bebê em pleno estado de desamparo com um adulto clivado gera o que de propriamente sexual e pulsional há em nós.

Reitero, decerto, que não são todos os homens que se encaixam plenamente nesse modelo teórico, que aqui podemos descrever sob a alcunha da *masculinidade hegemônica* (conceito que tomo emprestado de Connell, da década de 1980, mas utilizo num sentido próprio). Não viso com essa nomenclatura à delimitação de uma forma identitária única, mas antes a seu entendimento como padrão identitário-cultural, uma espécie de tipo ideal, ao qual os homens, em maior ou menor grau, se conformam. As identidades masculinas contemporâneas, assim, não se relacionam à masculinidade hegemônica em termos absolutos, mas estabelecem com ela pontos de contato maiores ou menores, sob a forma de um *continuum*. Nesse sentido, podemos pensar que, logicamente, a experiência identitária de um homem homossexual, por exemplo, é diferente da de um homem heterossexual. Outras variáveis como raça, classe social, possibilidades de integração dos afetos, entre outras, também determinam diferentes formas de posicionamento subjetivo diante dos moldes hegemônicos da masculinidade. Contudo, tais conflitos e paradoxos apresentados anteriormente, em maior ou menor grau, marcam *todas* as identidades masculinas, uma vez que as identidades sempre dependem de substratos culturais para se edificarem.

Pois bem, uma das formas clínicas comuns das masculinidades contemporâneas é que os homens, em construção defensiva, projetam estereotipicamente tal passividade nas mulheres, negando-lhes o reconhecimento enquanto seres desejantes. A passividade defletida às mulheres, nessa operação, é uma passividade já tratada, passividade correlativa do silêncio e da ausência de desejo. Tal movimento causa nos homens um legítimo desconhecimento do desejo feminino. Não obstante, já adianto que o lado mortífero e ameaçador dessa passividade originária também ecoa nestas relações, muitas vezes retornando como ameaça aos homens, como algo da ordem do insuportável que os atormenta, como um eco da

220   O CONCEITO DE GÊNERO E SUAS ARTICULAÇÕES...

projeção feita inicialmente. A partir do atendimento em grupo, à frente do Instituto Albam, de mais de 4 mil casos de homens autores de violência,[37] uma casuística se construiu de um perfil bem específico de casos que aparecem com relativa frequência: trata-se de homens que, após longos períodos de relacionamento estável com as companheiras, são traídos ou abandonados por estas e, em função disso, cometem algum tipo de violência (física, psicológica, patrimonial etc.). O elemento de especial curiosidade que torna esses casos interessantes para nossa discussão é que, quase em sua totalidade, esses homens chegam ao grupo com um discurso muito semelhante: dizem que o relacionamento era ótimo, que eles eram bons maridos, bons pais de família, trabalhadores e que, por mais que se esforcem, **não** conseguem entender o que pode ter acontecido para terem sido traídos ou abandonados. Considero bastante curiosa a incapacidade desses homens de se colocar no lugar das companheiras para ao menos vislumbrar o que estaria ruim para elas na relação, ou mesmo entender o simples fato de que elas podem ter desejado outro homem, outra vida... Esses homens realmente não conseguem perceber que há desejo nas mulheres, e grande parte de suas trajetórias nos grupos consiste em fazer esse movimento, essa suposição de desejo. Tarefa nada simples se nos lembrarmos do caráter defensivo das identidades masculinas: para supor o desejo nas mulheres, esses homens precisam tornar seus escudos identitários mais permeáveis, criar brechas nessas defesas, para assim possibilitar um movimento intersubjetivo em direção à alteridade – conseguir colocar-se no lugar do outro, ou melhor, da outra. Afinal, se o escudo identitário impede que a alteridade os afete, também impede que eles possam ir em direção à alteridade.

---

37 Nas funções de coordenador geral e supervisor metodológico do Instituto e também na coordenação de grupos com homens. Para uma análise desse trabalho, remeto ao capítulo escrito por mim e Rebeca Rohlfs Barbosa (Lattanzio & Barbosa, 2013).

Assim, uma verdadeira responsabilização, uma mudança subjetiva, precisa passar por tal movimento intersubjetivo, possível somente na relação com a alteridade.

A ameaça diante da aparição do desejo feminino pode também ser percebida em uma vinheta rápida, de um certo homem que chega ao grupo completamente transtornado, pois acabara de ser alvo de uma "cantada" dada por uma mulher, dentro no ônibus. Foi tamanha a perplexidade do sujeito que ficamos o grupo inteiro falando sobre isso e pudemos trabalhar tal resistência defensiva no grupo como um todo, uma vez que era comum aos outros integrantes. Ou ainda na de outro homem, que relatou estar dirigindo com sua esposa no banco de passageiros, ouvindo rádio no carro. Ao tocar determinada música romântica, a esposa fechou ligeiramente os olhos num ensaio de suspiro, ao que o homem reagiu desferindo um soco no som do carro e estragando o equipamento.

Além da negação do desejo feminino na identidade masculina, há frequentemente uma curiosa projeção fantasiosa de certo desejo estereotípico nas relações imaginadas de traição, frutos do ciúme: vê-se aqui uma forma de encenar psiquicamente o originário tão negado na identidade masculina, colocando-se de forma masoquista perante as fantasias. Logicamente, tais projeções, tão comuns no ciúme masculino, são um arranjo muito precário para a vazão desses imperativos de gozo passivo, dado que são completamente estranhas ao Eu e não se conciliam com as autorrepresentações recalcantes que mantêm a coesão necessária dessa instância psíquica. Sendo precárias, apresentam sempre o risco iminente de ruírem e serem transformadas em violência.

Continuemos explorando algumas formas clínicas comuns das identificações estereotípicas masculinas. No filme *Beleza americana* (1999, dirigido por Sam Mendes), o personagem Frank Fitts (interpretado por Chris Cooper), coronel reformado da marinha americana, é paradigmático desse tipo de masculinidade. Para ele, é intolerável qualquer ideia que se aproxime da passividade ou da feminilidade, e até os seus movimentos corporais são contidos, rígidos e tensos, como se estivesse sempre a se defender de algo. A educação que ele dispensa a seu filho é extremamente rígida, e, em determinada ocasião, ao fantasiar que o filho estava tendo uma relação homossexual, o coronel Fitts o espanca e diz que não o criou para ser um "chupador de paus", expulsando-o de casa e dizendo que preferia o filho morto a vê-lo como uma "bicha". Essa fala, comum em meios homofóbicos, mostra como a necessidade de manter afastadas a passividade e a feminilidade (associadas por esses homens à homossexualidade) é uma exigência imperativa no psiquismo dos homens cuja masculinidade se mantém a partir de um equilíbrio frágil que se sustenta na negação do feminino que neles habita. Afinal, eles expressam que a ferida narcísica da perda de um filho é menor que a provocada pelo contato com a feminilidade recalcada. Talvez, podemos pensar, essa negação esteja presente em toda homofobia. Uma das cenas finais do filme é uma passagem ao ato homossexual do coronel Fitts, na qual ele tenta sem sucesso beijar o personagem interpretado por Kevin Spacey. Aqui, essa passagem ao ato pode ser compreendida como expressão do gozo que descrevemos anteriormente, gozo que denota a fragilidade sobre a qual se funda a masculinidade e o sempre presente desejo de retorno ao originário representado pela feminilidade.

Aliás, a marinha americana (da qual o fictício coronel Fitts faz parte e cujos integrantes são conhecidos por *Marines*) é famosa por seus rituais de iniciação que, à moda de vários outros grupos de homens, impõem violentamente uma falicidade extrema que se assenta sobre a negação de qualquer forma por eles associada à feminilidade. Como bem lembrado por Ceccarelli (1998):

Em nossos dias, os "rituais" reservados pelo exército aos recrutas nada deixam a desejar aos antigos rituais iniciáticos [como os que descrevemos dos sambia ou dos habitantes do Vale do Asaro] quanto à dureza e a crueldade da disciplina imposta. Isto é particularmente verdadeiro nos Marines americanos, entre os quais, para se ter acesso ao grupo dos homens, dos "verdadeiros", é necessário despojar-se de toda contaminação feminina. A "filosofia" dos Marines é suficientemente clara: "Para se criar um grupo de homens, mate a mulher que está neles".

É interessante notar como o corpo, nesse e em outros contextos, aparece como palco no qual se atualiza esse paradoxo gerado pela matriz binária de gênero: a defesa contra a alteridade muitas vezes se traduz na impenetrabilidade do corpo. Tal formulação nos ajuda a compreender, por exemplo, a dificuldade significativa que os homens têm de procurar serviços de saúde, pois assim estariam enxergando-se como vulneráveis. O depoimento de um usuário de um ambulatório paulistano de reprodução assistida dado a Rosely Costa (2003) em sua pesquisa sobre saúde e gênero é paradigmático desse ponto:

Não costumo fazer exame porque sinto meu corpo bom, ótimo. Nunca senti uma dor. Senti uma dor uma vez na barriga, aqui. Senti essa dor, estava me doendo, e eu disse: vou procurar um médico. Quando eu fui procurar o médico eu já sabia o que tinha. Quando eu fui procurar já fui internado para operar. . . . Porque o homem, ele já conhece mais o corpo dele. A mulher, ela conhece também, mas na base da medicina. Mais por dentro, não.

> *O homem, não tem nada pra ele conhecer por dentro do homem. As partes da mulher já é mais... sei lá como fala. A mulher já é totalmente diferente, tem que procurar o médico mais vezes, uma dorzinha em qualquer lugar tem que correr no médico. (pp. 84-85)*

As frequentes brigas e "duelos" entre gangues de jovens também podem ser entendidas como uma consequência da defesa e da fragilidade das identificações masculinas. Em tais enfrentamentos, o corpo, ao mesmo tempo que expressa a falicidade e a estereotipia ao atacar, agredir e dominar, também se mostra alvo da agressão alheia. O gozo desses jovens ao participar de uma briga é evidente. Ribeiro e Carvalho (2001) sugerem que essa forma de violência masculina em grupos de adolescentes "cumpre o papel principal na difícil tarefa de satisfazer e negar, num mesmo movimento, o excesso inerente às exigências pulsionais de natureza masoquista e/ou feminina" (p. 65). Ou seja: alguns fenômenos de violência masculina podem ser entendidos como uma formação de compromisso que, ao mesmo tempo, satisfaz e nega as exigências impostas pela feminilidade originária recalcada. Tais fenômenos encontram-se particularmente presentes nas torcidas organizadas dos times de futebol, marcadas também pela homofobia e pelo constante envolvimento em brigas. Nesse sentido, tive a oportunidade também de receber, no âmbito do Instituto Albam, algumas dezenas de homens que, após participarem de uma grande briga entre torcidas organizadas em Minas Gerais, foram encaminhados judicialmente ao grupo. Relato algumas breves impressões.

Os homens encaminhados não ficaram todos em um mesmo grupo, tendo sido diluídos em quatro grupos diferentes, dos quais participavam também homens que exerceram violência contra mulheres e outros tipos de violência. Inicialmente, percebi que a violência presente nas torcidas se relacionava nitidamente às formas estereotípicas de ser homem às quais aludi, tendo como avatares algumas injunções clássicas ao machismo: "não levar desaforo para a casa", "ter sempre que ganhar e mostrar seu poder", "se impor sobre os pares", entre outras. Ainda, pude perceber a torcida como palco onde se atualizam preconceitos diversos e relações de desigualdade, como é o caso da homofobia e do preconceito contra as mulheres, como a grande maioria dos xingamentos das torcidas confirma. Prova disso é a suposta ofensa que os torcedores de um dos grandes times de Minas Gerais desferem aos torcedores do clube rival: os chamam de "marias". No imaginário desses homens, ser "maria", ou seja, ser mulher, é logicamente muito pior que ser "joão", ser homem, e chamar o adversário de mulher é sinônimo de humilhação. Em outros torcedores, a homofobia foi presença marcante, sendo o principal alvo de intervenção e reflexão. Para um dos integrantes, cuja homofobia era exacerbada, era impossível sequer cogitar que um membro de sua torcida pudesse ser homossexual, rechaçando para o time rival qualquer característica ligada ao universo gay. A exemplo da descrição feita anteriormente sobre o personagem do filme *Beleza americana*, os movimentos corporais desse integrante eram extremamente contidos e rígidos, e ele raramente se permitia rir. Ou seja, não há como desvincular a lógica da violência na torcida da lógica do machismo, conjugada, é claro, por aspectos da violência urbana e perpassada por diversas outras subalternidades (a maioria dos torcedores vinha de situações de vulnerabilidade social/econômica e eram negros, por exemplo).

A violência masculina, assim, revela-se como resultado dessa dupla via que mimetiza tal paradoxo das masculinidades: de um lado, violentar para dominar; de outro, violentar para se defender da alteridade. A cultura do machismo, onipresente em nossa sociedade, tem em seus avatares, como vimos nos membros de torcidas organizadas, exemplos de usos da violência para a resolução de conflitos e outras posturas que exemplificam bem o domínio sobre o outro aliado à defesa contra a afetação que o outro pode causar em si: "não levar desaforo para casa", "se impor sobre o outro", "não chorar", "não poder demonstrar afeto para outro homem", "não falar de sentimentos", "somente contar vantagens" – poderíamos continuar a lista infinitamente.

É nesse sentido que Gloria Anzaldúa (1987) adverte que "os homens, até mais que as mulheres, estão acorrentados a papéis de gênero" (p. 84, tradução minha).[38] E é nesse sentido que, após esse percurso teórico sobre a constituição da masculinidade, nos autorizamos a dizer, enfim, de forma generalista e provocadora, que *toda violência masculina se relaciona com o gênero*.

Uma situação bastante particular que nos foi relatada na clínica se torna interessante na medida em que conjuga esse tipo de formação de compromisso com as metáforas de impenetrabilidade e impermeabilidade do corpo que usamos para descrever as identificações masculinas estereotípicas. Trata-se de um homem que, junto com sua esposa, frequentava festas nas quais a prática sexual do *swing*, ou troca de casais, era frequente. O prazer fundamental

---

38 Importante alertar, no que concerne ao meu entendimento dessa citação, que ela não deve ser compreendida como vitimizante em relação aos homens no que se refere à violência de gênero, uma vez que, mesmo estando mais presos a determinados papéis de gênero, os homens continuam a ocupar lugar de dominação no binarismo de gênero. Esse entendimento aqui construído deve ser utilizado, no caso de intervenções ligadas à violência de gênero, para ajudar a encontrar brechas que viabilizem uma intervenção, que só é possível quando nosso olhar abandona o maniqueísmo e enxerga a complexidade do cenário. Ademais, perceber tais pontos de prisão subjetiva é fundamental para que as intervenções ofereçam vias de liberdade subjetiva possível aos homens, dado que ninguém muda unicamente por altruísmo. Não obstante, as intervenções precisam também ter um lado combativo e que aponte os lugares de dominação habitados por esses homens. Considero que esta via dupla nas intervenções, reflexo do paradoxo da identidade masculina, é fundamental para que sejam bem-sucedidas. Para tal debate, ver Lattanzio & Barbosa (2013).

desse homem nesse tipo de prática consistia em ver sua mulher sendo penetrada por outro homem. No momento em que isso ocorria, ele assumia um papel de dominador e gritava "palavras de ordem" para o outro homem, incentivando-o a penetrá-la com força e brutalidade. Ora, que maneira particular de também satisfazer e negar, num mesmo movimento, as exigências pulsionais passivas e femininas. A negação dessas moções se dá no momento em que, na cena, esse homem assume o papel de dominador e de controlador do outro homem, e a sua satisfação ocorre pelo fato de sua esposa (que nos outros âmbitos da vida social é tida por ele como "propriedade sua") ser penetrada por outro homem. A penetração de sua esposa, assim, pode ser aqui entendida como uma forma defensiva de ele se colocar como passivo ante outro homem. O corpo, aqui, como em tantos outros contextos, aparece como palco no qual se atualizam as representações identificatórias, traduzindo a impermeabilidade da identidade na impenetrabilidade do corpo. Nesse sentido, a análise do filme *Anticristo* (2009), de Lars von Trier, nos ajudará na continuação da reflexão.

Anticristo, acima de tudo, é um filme forte, resultado de um roteiro enigmático mesclado a uma atmosfera pesada com doses de terror. O filme pode ser pensado a partir de diversos planos de significação que interagem entre si, exigindo do espectador a tarefa de se posicionar diante de seus enigmas. Sobre isso, é bom lembrar que, sobretudo, *Anticristo* é enigmático para o seu próprio diretor e roteirista, Lars von Trier, como pode ser comprovado pela seguinte afirmação feita por ocasião de uma entrevista:

> *O trabalho no roteiro não seguiu o meu* modus ope-
> randi *habitual. Cenas foram acrescentadas sem razão.*
> *Imagens foram compostas sem lógica ou função dra-*
> *mática. No geral, elas vieram de sonhos que eu tinha*

no período, ou sonhos que eu tive anteriormente. (citado por Stycer, 2009)

O filme tem apenas dois protagonistas, sem nome próprio, referidos por Ele e Ela (interpretados com brilhantismo por Willem Dafoe e Charlotte Gainsbourg). No "prólogo" (como é nomeado o início do filme), assistimos a uma das mais belas sequências em câmera lenta do cinema, na qual, enquanto Ele e Ela têm uma relação sexual, o menino de tenra idade, filho do casal, abre uma das janelas da casa e cai de uma altura fatal. Todo o filme, então, se desenrola a partir dos sentimentos desencadeados por esse fato. O personagem de Willem Dafoe é um terapeuta cognitivo-comportamental orgulhoso, seguro de si, viril, que em nenhum momento vacila em suas técnicas e em sua absoluta certeza sobre a eficácia de sua ciência – para ele parece não haver dúvidas ou alguma brecha pela qual Ela possa afetá-lo de forma alguma. Após a morte do filho, Ela cai num luto profundo, mesclado de culpa, precisando ser internada em um hospital durante algum tempo. Ele, então, mostrando não ter sido afetado pela morte do filho, tentará afirmar seus dons terapêuticos se propondo livrá-la da depressão. Para isso, Ele a tira do hospital e a leva em uma viagem a uma casa de campo onde os dois ficam isolados.

Nesse período de "tratamento", Ele não consegue escutar a dor de sua esposa, propondo apenas exercícios psíquicos preestabelecidos, fazendo com que ela se sinta incomodada e profundamente irritada. Ela, inicialmente, se mostra obstinada na tentativa de afetá-lo de alguma forma, qualquer que seja, mas, posteriormente, entra no jogo clínico do marido, agindo, algumas vezes, de forma cínica e, em outras ocasiões, de maneira submissa. Ele, na crença da eficácia completa de seus métodos, sequer percebe o que está acontecendo, mantendo-se irredutível em uma posição fálica e impermeável. Em determinado momento, quando Ele acredita que

Ela está curada, uma reviravolta ocorre e o "caos" passa a "reinar". Várias imagens que ligam o feminino ao mortífero são evocadas a partir de então: a ligação entre a mulher, a natureza e o mal faz pressentir a "tragédia" que ocorreria. A mulher, revoltada com a certeza e a impermeabilidade subjetiva do marido, o ataca, atingindo violentamente seu pênis com um grande pedaço de madeira, o que o deixa momentaneamente desacordado. Ela, então, o masturba e a ejaculação provocada faz jorrar sangue, transformando o pênis em um órgão ferido. Não contente, Ela utiliza uma broca enorme e pesada para perfurar a perna dele e posteriormente a fixa na perna perfurada, fazendo-o sentir em sua própria carne a penetração, a submissão e a dor contra as quais sua rigidez psíquica havia lutado tão obstinadamente. Essa experiência de quase morte faz com que Ele, pela primeira vez no filme, esboce alguma capacidade de afetar-se com o outro e reaja, asfixiando sua mulher até a morte. Ferido na carne e na alma, Ele se recompõe e caminha pelo bosque como se voltasse à vida e à normalidade. Curiosamente, sua feição nesse momento é de serenidade, como se lhe causasse certo alívio o fato de, talvez pela primeira vez, poder sentir-se vulnerável e permeável. Na caminhada de volta para casa (apresentada como o "epílogo" do filme), uma montanha repleta de corpos de mulheres mortas se transforma, e o que era mortífero ganha vida e paz. Uma multidão de mulheres, todas com o rosto esfumaçado, caminha serena junto com Ele. Paradoxalmente, é somente após passar por essa experiência-limite que a liberdade subjetiva se apresenta como possibilidade, enunciando uma permeabilidade identificatória que Ele nunca antes havia experimentado.

Pois bem, utilizaremos, a partir de agora, uma lente interpretativa através da qual veremos o filme como uma representação da subjetividade masculina, materializada pelo personagem, enxergando a mulher como metáfora da feminilidade mortífera que nele habita. Se, como é inevitável, nossa interpretação focalizará alguns fenômenos em detrimento de outros (por exemplo, uma importante discussão sobre feminicídio), por outro lado ela nos proporcionará a chave para a compreensão da enigmática e surpreendente cena final. Passemos a ela.

Entendemos que o personagem masculino representa uma subjetividade em que vigora tudo aquilo que existe de mais tipicamente fálico: a incapacidade de se afetar pelo outro, a exacerbada segurança de si, o sentimento de completo domínio sobre tudo ao seu redor, a virilidade, enfim, tudo aquilo que tentaremos aqui agrupar sob a designação de impermeabilidade. Uma impermeabilidade que, a partir de nossa proposta teórica, se dá como negação da feminilidade constitutiva da subjetividade. A lógica fálica, afinal, é tanto mais necessária quanto maiores são os imperativos de se afastar da feminilidade denominada por nós de radical: uma feminilidade que se liga à pulsão de morte; feminilidade que, em última instância, ameaça o Eu de dissolução. O caso do personagem masculino de *Anticristo* é também paradigmático de uma masculinidade que se constrói sob a égide da negação da feminilidade: não há, em seu psiquismo, nenhum espaço, nenhuma brecha para algum tipo de negociação com a alteridade, a não ser a negação. Não há diálogo com a personagem mulher do filme, há apenas monólogos cruzados, Ele não se deixa afetar pela feminilidade, defendendo-se dela de corpo e alma, poderíamos dizer. A mulher, vista no filme como ligada à morte e ao mal, o é na medida em que simboliza a morte desse homem cuja subjetividade mais parece uma mônada indivisível e impenetrável.

Ora, é preciso que a personagem da mulher, no filme, penetre o corpo desse homem, penetre sua carne com uma broca, para que se possa vislumbrar uma outra forma de subjetivação. A abertura à feminilidade, simbolizada por esse ato, se apresenta em toda a sua contradição: é inegavelmente mortífera, pois traz consigo o perigo de desabamento de toda a fortaleza identificatória que se edificou, mas, ao mesmo tempo, é inegavelmente libertadora, pois aponta para uma possibilidade identificatória mais permeável, mais maleável, que não se funda completamente na defesa e na negação da norma fálica. Nesse sentido, vimos que a lógica fálica não precisa ser pensada em termos de "presente ou ausente", mas, antes, em suas inúmeras gradações. No caso do personagem, a abertura à feminilidade aponta para um tipo de masculinidade cuja incidência da norma fálica não mais precisa ser máxima. Enfim, o filme pode ser interpretado como uma odisseia na qual, ao contrário de Ulisses, o personagem masculino se deixa seduzir pela sereia; uma odisseia de abertura à feminilidade que nele habita e que, junto com sua face mortífera, traz sua face libertadora, que aponta para uma nova forma de subjetivação menos pautada pela lógica fálica. A cena final, dessa forma, pode ser compreendida como uma espécie de reconciliação do personagem masculino com a feminilidade que nele habita: o que era mortífero ganha vida e pode finalmente ganhar espaço no Eu. A positivação da feminilidade à qual nos referimos anteriormente encontra aqui sua potência, uma vez que é na feminilidade que vemos a possibilidade de novas formas de subjetivação capazes de assegurar um maior grau de flexibilidade e liberdade.

Do ponto de vista clínico, feito esse pequeno panorama das identidades masculinas, fica clara a dificuldade de se conseguir intervenções, em diferentes contextos, que façam vacilar essas defesas e possibilitem uma permeabilidade maior nas identidades. Logicamente, esse construto ao qual, apoiados em Connell (2005), aludimos aqui – a masculinidade hegemônica – é uma espécie de tipo ideal, um padrão oriundo do binarismo do sistema sexo-gênero que marca os homens em diferentes graus. A masculinidade hegemônica evoca a impermeabilidade e a defesa em graus máximos, e não se mostra plenamente num único homem, pois existem posições diferenciadas, perpassadas por diversas categorias transversais: alternações de posições de poder, inter-relações com sexualidade, classe social, raça, etnia, aspectos culturais, diferentes profissões (engenheiro, psicólogo, enfermeiro, médico...); há os homens trans, os homens homossexuais, os negros, os pobres, os homens que dão maior espaço aos afetos... Cada homem é marcado de forma diferencial pela masculinidade hegemônica, contudo todos os homens o são, em maior ou menor grau, pois nosso aparato cultural exige que um corpo seja marcado pelas categorias binárias para ser entendido enquanto humano (a essa discussão voltaremos no último capítulo).

Pois bem, voltemos à discussão sobre as intervenções possíveis visando a uma maior permeabilidade identitária. Tal permeabilidade, em última instância, é a possibilidade de que os homens ganhem maior liberdade subjetiva. Partimos, aqui, do axioma geral das identidades postulado por nós: se é mais livre quanto mais se consegue dar espaço para a integração da passividade originária. Assim, em nossa experiência, as intervenções clínicas com homens marcados em maior grau por esse modelo hegemônico de masculinidade precisam se dar nas brechas desse escudo defensivo – um ataque maciço à identidade pode ter efeito contrário e gerar maior defesa. Uma metáfora pode nos ajudar a entender tal ponto: imaginemos que, para atacar um escudo, utilizemos outro escudo ou qualquer artefato que se apresente de forma maciça e una. Tal tentativa se mostrará duplamente ineficaz: de um lado, gerará maior estado de guarda e defesa naquele no qual se pretende intervir; de outro, é provável até que as duas superfícies planas, ao tentarem se chocar, gerem uma compressão de ar entre elas que, em última instância, sequer permitirá que se toquem, tornando a tentativa completamente vã. A única forma de se trabalhar com defesa tão armada, portanto, é através das brechas, das linhas de fuga.

Darei em seguida um exemplo, entre outros possíveis, de um tema frequentemente viável, em contextos clínicos, de possibilitar tal trabalho: a paternidade. Tenho percebido, em alguns casos, que a paternidade ocupa lugar de brecha na identidade, onde as defesas da masculinidade se permitem vacilar ligeiramente. Exemplificarei com duas vinhetas clínicas, oriundas de contextos distintos (trabalho clínico individual e trabalho em grupo reflexivo). Para seguir tal linha demonstrativa, contudo, pensemos antes sobre alguns significados e afetos ligados à paternidade para, em seguida, desenvolver o ponto de vista clínico.

Potencial clínico da paternidade para o trabalho com as construções defensivas das identidades masculinas[39]

Enquanto acontecimento experimentado, a paternidade desperta nos homens uma série de diferentes afetos que, a despeito de sua diversidade, tentarei agrupar em duas dimensões distintas. De um lado, vemos afetos que colocam em xeque os modos hegemônicos de identificação masculina, como carinho, amor, medo, insegurança diante do amor da mulher, entre outros. O próprio contato com um bebê, ser passivo ante o adulto e dependente de seus cuidados, redesperta a passividade recalcada do pai. O contato corporal que ocorre com o bebê em maior ou menor grau, a afetação da pele, o toque, o lugar do cuidado, todos são afetos e vivências que, em sua diversidade, têm em comum a potencialidade de causar descentramentos nas defesas masculinas. Note-se que enfatizo a dimensão de potencialidade, de virtualidade, uma vez que também é relativamente comum que, diante da mobilização de afetos provocada

---

39 O texto desta seção é uma adaptação de um capítulo publicado anteriormente por mim (Lattanzio, 2016). Agradeço à KBR e a Fábio Belo pela cessão dos direitos autorais.

pela paternidade, os homens lancem mão de estratégias defensivas, o que nos leva à segunda dimensão desses afetos.

Desse outro lado, vemos afetos que reiteram os modos hegemônicos de identificação masculina, na medida em que mobilizam defesas ante os afetos do primeiro grupo: chamamento para um lugar único de prover segurança, lugar de provedor desligado da dimensão afetiva, lugar de unicamente demarcar limites, de apenas dizer "não" verticalmente, de exercer a autoridade unilateralmente, de manter distância corporal do filho e não se engajar nos cuidados cotidianos para com ele. Veremos, nas duas vinhetas clínicas que apresentarei, como esses dois grupos de afetos são mobilizados com a paternidade, e como um manejo clínico da questão nos permite utilizar isso para trabalhar espaços de abertura nas construções identificatórias masculinas.

A paternidade também vem passando por importantes deslocamentos na cultura nas últimas décadas. O ideal de paternidade, por exemplo, vem passando por mudanças significativas: paulatinamente, tem-se valorizado mais o lugar de afeto relacionado à paternidade, bem como a participação nos cuidados cotidianos com o filho e uma maior proximidade corporal. Discursos que pronunciam tais deslocamentos aparecem em inúmeros contextos: nos diversos contextos clínicos, mas também nas conversas cotidianas, na mídia, nas novelas etc. Um pai que abraça um filho e diz que o ama, por exemplo, é um personagem verossímil para os dias atuais; há poucas décadas, tal figura não faria parte do imaginário popular. Nesse sentido, cabe também aludir às diferenças geracionais na concepção de paternidade: é recorrente escutar, em contextos nos quais os sujeitos têm maior liberdade para se expressar, que querem ser pais diferentes do que foram seus próprios pais. Tais deslocamentos, deve-se ressaltar, são resultado de diversos tensionamentos sócio-históricos, inclusive dos movimentos feministas, que colocaram em xeque a naturalização do sistema sexo-gênero e lutaram por maior equidade nas relações de gênero.

No entanto, tais deslocamentos são sempre acompanhados de significações mais tradicionais sobre a paternidade, deixando os homens em um verdadeiro campo de forças. Mesmo quando verbalizam que querem ser pais diferentes do que seus pais foram para eles, por exemplo, isso vem acompanhado de forte identificação com o modelo de criação de seus pais, por mais paradoxal que possa parecer tal formulação. Frases do tipo "se ele não me batesse eu não seria o homem que sou hoje" são muito comuns nesse sentido. É recorrente, assim, que os homens acirrem suas defesas como forma de não precisar se haver com esses conflitos identitários, como veremos nas vinhetas clínicas mais à frente.

Uma possibilidade que se apresenta ao analista é justamente conseguir fazer um manejo dessas diferentes significações, utilizando-as em intervenções que puxem os homens para um afrouxamento das defesas e, consequentemente, ofereçam linhas de fuga para a estereotipia das identificações.

A paternidade, nesse âmbito, possibilita que sejam feitas intervenções que atuem nas brechas dos escudos identitários, criando legítimas linhas de fuga que ofereçam às masculinidades maiores permeabilidade e flexibilidade. As mudanças subjetivas possibilitadas por tal campo de intervenções não se restringem à relação pai-filho, contagiando outras áreas da identidade. Dessa forma, a paternidade pode ser entendida como portadora de um devir-passivo ou devir-permeável: quando colocada a trabalho, tem potencial de fazer com que os homens consigam estabelecer maiores pontos de contato com a passividade originária e, assim, ganhar maior liberdade subjetiva.

236   O CONCEITO DE GÊNERO E SUAS ARTICULAÇÕES...

Passemos às vinhetas clínicas.[40]

Caso 1: Charles

Analisemos inicialmente o caso de Charles, de 38 anos, atendido por mim e por Rebeca Rohlfs Barbosa em um grupo de homens autores de violência contra mulheres. Não se trata de um grupo psicoterápico, mas, antes, de um grupo reflexivo.[41] Não obstante, as discussões e intervenções ocorridas no espaço grupal têm, por certo, consideráveis efeitos terapêuticos.

Charles chegou ao grupo muito resistente e agressivo, uma vez que para lá havia sido encaminhado por determinação judicial, contra a sua vontade. Mais uma vez, a já citada epígrafe usada por Heinz Lichtenstein (1961) mostra o tom com que, na maioria das vezes, os homens chegam aos grupos: "antes muerto que mudado".

Havia sido determinada a Charles, pela Lei Maria da Penha, medida protetiva de afastamento de sua ex-companheira, de quem já estava divorciado havia alguns anos, por causa de uma ameaça que lhe havia feito. Após a medida protetiva ter sido deferida, Charles havia vários meses não encontrava seu filho de 9 anos. Tal afastamento, contudo, não era uma consequência direta da aplicação da lei, mas, antes, uma opção do próprio Charles, que havia optado por se afastar do filho depois que este se recusou a depor em juízo e dizer que sua mãe havia mentido sobre a ameaça que originou o processo, uma vez que o filho estava presente no momento da discussão. Charles interpretou a negativa do filho como

---

40 Os nomes e os detalhes que servem para identificação dos casos foram alterados, sem que isso interfira nos contextos clínicos apresentados.

41 Não considero necessário, para os objetivos aqui visados, especificar a metodologia de trabalho com os grupos no Instituto Albam. Para quem se interessar, sugiro a leitura de capítulo que escrevi sobre o tema em conjunto com Rebeca Barbosa (Lattanzio & Barbosa, 2013).

uma traição, como se o filho tivesse escolhido a mãe em detrimento dele. Chegou ao grupo com esse discurso: se o filho escolhera a mãe, então não precisava mais do pai. Segundo Charles, seu filho havia "feito sua opção". Limitava-se a pagar a pensão para o filho.

Para além dessa questão paterno-filial, podemos identificar em Charles diversos elementos que remetem ao estilo de masculinidade que descrevi anteriormente: grande dificuldade de escutar, postura corporal rígida, incapacidade de se colocar no lugar do outro. Sobre a ameaça que gerou o processo, Charles disse que não se responsabilizava por ela, achando um "exagero" ter sido feita uma denúncia por um tipo de violência que não a física. Para ele, como para muitos homens que chegam ao grupo, fazer o movimento de sair de si e se colocar no lugar do outro é extremamente difícil e, dessa forma, ele não entendia o quão amedrontada a ex-esposa poderia ficar a partir de uma ameaça verbal. É interessante notar como tais identidades defensivas, comuns nas masculinidades, dificultam o processo de se colocar no lugar do outro, uma vez que para isso é necessário ultrapassar as barreiras rígidas que resguardam o Eu da ameaça da alteridade.

Pois bem, o trabalho feito com Charles se deu em duas direções: de um lado, procuramos dar espaço para seu sofrimento psíquico aparecer, inclusive o sofrimento ligado à adoção de posturas rígidas relacionadas ao fechamento identitário. De outro, para ir criando espaços de abertura, buscamos utilizar os afetos ligados à paternidade, uma vez que percebemos que, mesmo com a rigidez mostrada ao falar do filho, sempre se mobilizava bastante ao fazê-lo. Enfatizávamos sempre, por exemplo, que, embora o filho fosse uma criança, estava cobrando dele uma postura adulta e rígida. O filho amava a mãe tanto quanto o pai, e colocá-lo na posição de ter de escolher um ou outro era insuportável para ele. Em nossas intervenções, havia uma ênfase constante no estado de desamparo do filho diante das exigências de Charles, estado este que, em última instância, remeteu Charles às lembranças afetivas do convívio com seu filho em sua primeira infância.

À medida que tais pontos foram sendo trabalhados, Charles foi se tornando capaz de efetivar importantes mudanças subjetivas: criou maior empatia pelo estado de desamparo do filho diante dele; responsabilizou-se pela ameaça feita à ex-companheira e conseguiu colocar-se no lugar dela e imaginar a sensação de se sentir ameaçada. Até sua postura corporal foi se modificando no espaço do grupo: ficou menos tenso, se permitindo rir; relatou estar conseguindo escutar mais em diversos âmbitos de sua vida, como no trabalho e na relação com a atual namorada. Ainda mostrou outros pequenos, mas importantes, indícios de mudança subjetiva, como no dia em que relatou ter saído de um conflito de trânsito de forma dialogal, dizendo que isso foi completamente diferente para ele: antes, teria provavelmente resolvido o conflito partindo para a agressão física.

No fim de sua participação no grupo, após ter frequentado dezesseis encontros semanais, com duas horas de duração cada, Charles ainda não havia reencontrado o filho. Estava, contudo, decidido a fazê-lo e, em médio prazo, retomar o convívio cotidiano com ele. Note-se que, por meio de intervenções que tocaram principalmente os afetos ligados à paternidade, foi possível alcançar aspectos de seu campo identitário que dificilmente se mostrariam diretamente acessíveis. Tal manejo, enfim, possibilitou ao sujeito maior permeabilidade ao lidar com o mundo e maior liberdade subjetiva.

Caso 2: Jorge

Jorge, de 32 anos, passou por dois ciclos em sua análise. Em um primeiro momento, chegou ao consultório após uma tentativa de suicídio. Deixarei inicialmente de lado os detalhes ligados diretamente a esse significativo fato para apontar alguns aspectos de sua identidade cuja análise nos será fundamental. Jorge tinha muitos ciúmes de sua namorada, episódios que vinham sempre acompanhados das mais diversas fantasias sobre ela o estar traindo: imaginava, em detalhes, todas as cenas possíveis que envolvessem sua namorada e outro homem, mesmo que algumas tivessem acontecido antes do início do relacionamento deles. Tais fantasias despertavam nele grande agressividade, que, quando somada ao consumo de álcool, frequentemente desencadeava episódios de violência verbal e até mesmo física, endereçados a diferentes pessoas (sua tentativa de suicídio encaixa-se em um desses episódios). Nesse primeiro momento da análise, foi possível investigar um pouco tais afetos e dar espaço para o grande sofrimento psíquico aparecer. Jorge pôde se questionar sobre as respostas possíveis diante das mobilizações causadas por tais afetos, começando a perceber que não necessariamente precisaria lançar mão de respostas defensivas e violentas. O risco de nova tentativa de suicídio foi afastado, mas a análise foi interrompida após cinco meses porque Jorge teve de se mudar para outra cidade por causa do seu trabalho.

Dois anos depois, Jorge retornou para a análise. Estava casado, com outra mulher. Ainda era um homem bastante ciumento, mas a intensidade das fantasias de traição estava ligeiramente menor. Procurou a análise novamente porque tivera um filho há pouco mais de dois meses, e tal acontecimento havia desencadeado uma série de conflitos com sua esposa. Após o nascimento do filho, que havia sido planejado, Jorge empreendeu um nítido movimento de fuga: não participava dos cuidados cotidianos do filho, nunca havia trocado uma fralda sequer, saía sempre com seus amigos (em frequência muito maior do que fazia antes do nascimento do filho), deixava a esposa sozinha com o bebê. Houve um episódio em que passou todo um fim de semana fora de casa sem dar notícias para a esposa, entre outros acontecimentos semelhantes.

A partir desse panorama, as intervenções iniciais foram feitas focando principalmente o contato corporal com seu filho, a afetação causada pelo toque, o fato de ter alguém completamente dependente e indefeso em seus braços. Para Jorge, era muito difícil aproximar-se corporalmente do filho. Podemos pensar, aqui, que a passividade recalcada, redespertada pelo contato com a fragilidade do filho, era-lhe insuportável. Certa vez surgiu uma oportunidade de que viesse com o filho para a análise (a esposa ficou aguardando na sala de espera), e foi interessante notar a rigidez corporal e o desconforto com que segurava o bebê. Foram feitas algumas intervenções, buscando que Jorge se permitisse ficar menos "armado" ao carregar o bebê, proporcionando uma continência que pudesse escoar para si a tensão de seu filho. Tal trabalho foi feito por cerca de sete meses (mesclado com outras questões e pontos de trabalho), sendo que os focos principais da análise foram a paternidade e os cuidados com o filho.

Depois de transcorridos esses meses, Jorge já estava consideravelmente confortável na relação com o filho. Pudemos trabalhar também, a partir da brecha aberta pela questão da paternidade, diversos outros aspectos de sua identidade: ele estava mais presente na vida do filho e no cotidiano de sua família; a problemática do ciúme pôde ser aprofundada, aparecendo a insegurança sobre a masculinidade subjacente a ela, bem como o aspecto masoquista presente nas recorrentes fantasias de traição. Atualmente, Jorge continua em análise, e tem se permitido afrouxar as defesas e tocar em aspectos que remetem à passividade e à presença da alteridade em si, antes insuportáveis para ele.

Enfim, também no caso de Jorge os afetos despertados pela paternidade serviram como brecha, como possibilidade para ultrapassar as defesas identitárias e, assim, trabalhar aspectos diversos de suas construções defensivas, de seus modos de amar e de se relacionar. Com isso, quero apontar que, se o analista tem uma escuta sensível a essa mobilização de afetos causada pela paternidade, abre-se uma via privilegiada para empreender um trabalho que vise criar espaços de permeabilidade nas identidades masculinas, que assim podem ganhar mais liberdade subjetiva. Não se advoga aqui por qualquer essência do que signifique ser pai, tampouco se espera que os fenômenos aqui descritos se apliquem a todos os homens. Afirmo, apenas, que uma escuta sensível às problemáticas aqui desenvolvidas pode ser extremamente útil no manejo clínico das construções defensivas das identidades masculinas. Outros temas também carregam tal potencialidade – podemos pensar, por exemplo, nos ciúmes, que devem ser manejados com bastante cautela, em alguns sentimentos de desconforto ante hierarquias profissionais que remetem a posições passivas, na raiva, no ódio etc.

No trabalho com os homens, diante da compreensão do aspecto frequentemente defensivo e fechado das masculinidades, é importante que se procurem brechas nas identidades que permitam que as intervenções realizadas possam de fato afetar os receptores e fazê-los caminhar no sentido do deslocamento proposto. Caminhamos, assim, rumo à conceituação do devir-mulher. Exploremos, antes, algumas vicissitudes das construções identificatórias femininas.

A dupla face das identificações femininas

A norma fálica incide diferencialmente na formação das subjetividades de homens e mulheres: se naqueles a necessidade de negação da feminilidade radical faz com que a lógica fálica tenha uma força de grande magnitude, nestas os pontos de contato com a feminilidade radical são muito maiores, fazendo com que a lógica fálica, ainda que presente e necessária, não adquira a mesma magnitude nos processos de construção subjetiva. No caso dos homens, vimos como a masculinidade se sustenta em mecanismos eminentemente defensivos, o que revela sua fragilidade e sua constante ameaça de se ver desfeita pelo efeito de uma feminilidade que se apresenta como um corpo-estranho-interno ou, como diria Butler, como um abjeto que, por isso mesmo, constitui exteriormente a possibilidade de sua existência. A identidade de gênero feminina, por não depender tão massivamente da negação da feminilidade radical, torna-se, como regra geral, mais consistente que a masculina. E, por isso, torna-se também mais livre. As mulheres não apresentam o temor, presente na maioria dos que se inscrevem do lado da masculinidade, de serem taxadas de homossexuais ou de participarem passivamente de uma relação. As mulheres são frequentemente mais permeáveis, se deixam afetar mais pela alteridade. Como vimos a partir de André, é sob esse prisma que podemos pensar na relação da feminilidade com a passividade e o masoquismo. É justamente aí que reside a maior liberdade contida na feminilidade, pois *se é mais livre quanto mais se permite conviver com os resquícios da passividade originária.*

Não deixa de ser interessante notar, mais uma vez, como as formulações a que chegamos se aproximam de alguns enunciados de Lacan, mesmo que a sustentação teórica subjacente e também as consequências das teorias sejam completamente diversas. Referimo-nos aqui à formulação lacaniana de que a mulher é não-toda na função fálica (Lacan, 1975/2008, pp. 78-83). Em Lacan, como vimos, as formulações sobre a mulher decorrem de uma negatividade da feminilidade, vista como dimensão não inteiramente recoberta pelo Simbólico. O nosso ponto de vista, ao contrário, defende que a feminilidade não apenas pode ser simbolizada, como também o próprio Simbólico lacaniano se funda sobre o imperativo de negar e recalcar o que de ameaçador há nessa feminilidade.

O gozo sexual feminino, assim, se funda em uma passividade positiva que pode ser traduzida na capacidade de *se deixar atravessar pelo outro*. Ora, se o masculino se sustenta fundamentalmente na representação fálica, decerto seu gozo sexual também se dará fundamentalmente sobre essa representação. O "gozo do corpo" que Lacan associa à mulher pode ser entendido por nossa proposta teórica como relacionado a essa capacidade de deixar-se atravessar por uma forma de gozo que não precisa se fixar a apenas uma representação. As diferenças entre homens e mulheres nos modos de gozo se manifestam claramente na concretude das relações sexuais, em que se tem uma prevalência do gozo fálico do lado masculino, ao passo que nas mulheres com mais frequência o gozo atravessa o corpo sem tantas fronteiras delimitadas.[42]

No entanto, as construções identificatórias femininas, por deixarem maior abertura à feminilidade radical, também estão sujeitas aos efeitos mortíferos dessa relação, em um sentido diferente. Essa forma de gozo, que se relaciona à passividade e ao masoquismo, muitas vezes pode se tornar incompatível com o narcisismo e com a coesão relacionados à instância egoica. Esse fato, por exemplo, pode aparecer como uma permanente insatisfação, marca registrada da histérica. Ou na necessidade, que tem considerável incidência na clínica, de eleger outra mulher (alçada ao posto de ideal, seja pela "feminilidade", pela competência, pelas qualidades nas

---

42 Costumo brincar ao dar supervisão que devemos conseguir ativar o devir-lésbico dos homens para que se permitam desfrutar os prazeres sexuais com menos fronteiras. Nesse sentido, chegaram ao meu conhecimento alguns trabalhos atualmente feitos com homens na terceira idade que apresentam disfunção erétil: em vez de se concentrarem unicamente em recuperar a potência fálica, são trabalhadas novas formas de gozar com o corpo. Pareceu-me bastante interessante essa ideia.

244　O CONCEITO DE GÊNERO E SUAS ARTICULAÇÕES...

relações intersubjetivas...) para servir como suporte identificatório e dar consistência à pergunta "o que é uma mulher?". A passividade pulsional, assim, pode tornar-se incompatível com os imperativos narcísicos do Eu. Afinal, como aponta Ribeiro (2010a), muitas vezes "dependemos de uma sexualidade domesticada para nos defendermos do poder mortífero do outro dentro de nós" (p. 250), e a abertura feminina ao outro pode ultrapassar o âmbito das ligações necessárias à manutenção de uma sexualidade "habitável".

Em alguns casos típicos de psicose em mulheres, por exemplo – ao contrário do que ocorre em boa parte das psicoses observadas em homens, nas quais as acusações alucinatórias são frequentemente relacionadas à homossexualidade e ao empuxo a uma posição tida como feminina –, as alucinações auditivas apontam prioritariamente para o excesso e o desregramento de uma sexualidade governada pela posição penetrada: "puta", "vadia", "piranha". As vozes, nessas formas de psicose feminina, denotam esse gozo alteritário e passivo, no qual o "deixar-se atravessar pelo outro" torna-se excessivo e ultrapassa as capacidades de ligação do Eu.

A devastação na relação mãe e filha,[43] como apontado por Lacan (1972/2003), também é um dos efeitos dessa maior proximidade das construções identificatórias femininas com os momentos originários de passividade radical. Os resquícios dessa relação podem muitas vezes aparecer sob o signo clínico do ódio e do desejo de aniquilação nas relações entre mulheres. Mais uma vez, é importante destacar que, se em Lacan tal observação se embasa na divisão entre Real e Simbólico nas mulheres, aqui embasamos tal fato clínico na proximidade simbólica entre o feminino e os momentos originários do psiquismo.

---

43 Um excelente trabalho sobre a devastação pode ser encontrado em Zalcberg (2003).

Enfim, essas são algumas vicissitudes das construções identificatórias femininas. A seguir, veremos como o "deixar-se atravessar pelo outro", enquanto marca da feminilidade, pode ser pensado como o tipo de experiência que traz consigo a possibilidade de pensarmos novas formas de subjetivação menos pautadas pela norma fálica. É a partir dessa compreensão da feminilidade como metáfora de abertura que proporemos o conceito de devir-mulher.

Devir-mulher e novas formas de subjetivação

A morte do homem e as novas formas de subjetivação

Michel Foucault (1966/2007), ao final de As palavras e as coisas, teorizou a forma-homem e sua instabilidade. A ontologia de Foucault que serve de base às considerações sobre a forma-homem não se baseia em respostas transcendentes sobre o que é o ser, e sim na possibilidade de considerar que o ser se define pelas relações diferenciais entre forças que são reconhecidas como próprias e "forças de fora". A composição de forças que define o ser, assim, não necessariamente resultará numa forma-homem: para que tal forma se desenhe é preciso que as forças do ser entrem em relação com forças de fora muito específicas. O homem, tal como é hoje, não existiu sempre nem existirá para sempre, pois sua natureza não se funda em um fato essencial e imutável, e sim nessa variável relação de forças. É nesse sentido que Foucault concebe a morte do homem, e é esse sentido que aqui nos interessa para propor novas formas de subjetivação. Afinal, a morte do homem é um acontecimento que, antes de tudo, aponta novas possibilidades de existência. Após Nietzsche decretar a morte de Deus, entendida como a morte da metafísica, automaticamente se coloca a morte do homem, ou seja,

246   O CONCEITO DE GÊNERO E SUAS ARTICULAÇÕES...

a morte de um tipo de subjetividade dominante, como podemos pensar a partir das colocações de José Lucariny (1998):

> *Ora, matar Deus, como o homem o fez, é negar a dimensão última da própria racionalidade, da Palavra, daquilo que, em última instância, a fundamenta. O que o homem fez foi ficar só com sua palavra. Mas é isso que parece não se sustentar. Metafísica e racionalidade, uma implica a outra; o fim de uma parece implicar o desmoronamento da outra, a existência de uma parece exigir a outra. Eis, assim, o porquê da suspeita de Nietzsche de que por detrás da morte de Deus está a morte do homem: morte do homem racional, morte deste homem, tal qual o é o homem ocidental moderno, o último homem. . . . O Foucault, leitor de Nietzsche, parece a cada momento querer demonstrar o que Nietzsche apenas esboçara: que o homem, com sua razão, vai desaparecer; que a razão parece não se sustentar; que aí configura-se uma falência; que isso que fundamenta o homem não é algo tão sólido quanto se pensava outrora. . . . Foucault se situa na era do último homem de Nietzsche. (p. 139)*

A apropriação que aqui fazemos de Foucault e Nietzsche procura caracterizar essa forma dominante de subjetividade como aquela pautada essencialmente pela norma fálica e pela defesa; aquela cuja sobrevivência se dá sob a égide da negação da feminilidade originária, criando identidades impermeáveis e sectárias. Toda identidade de gênero, em nossa cultura, precisa ter seu fundamento na norma fálica, mesmo que haja certa diferença entre as construções identificatórias de homens e de mulheres. Tratamos, anteriormente, dessas diferentes vicissitudes que, como vimos, não se caracterizam como regra única, sendo antes entendidas como regra geral. Nesse sentido, as várias mudanças sociais ocorridas no campo das sexualidades a partir do último século geraram alguns deslocamentos identificatórios por meio dos quais se começa a vislumbrar outras formas de subjetivação. Aqui nos referimos a acontecimentos como o movimento feminista nos últimos sessenta anos, as políticas de visibilidade da homossexualidade, as novas configurações familiares que contrariam o ideal burguês de família e a entrada progressiva das mulheres no mercado de trabalho. Tais deslocamentos permitiram uma maior transição entre posições antes vistas como naturais a cada sexo (cf. Arán, 2003a). Como consequência, abre-se a possibilidade de cada vez mais haver mulheres cujas identidades são pautadas eminentemente na norma fálica; homens mais abertos à feminilidade originária e à alteridade; mulheres que assumem performativamente um certo falicismo quando lhes convém; são inúmeros os deslocamentos. Em meio a esses deslocamentos, abre-se a potencialidade de novas formas de subjetivação que se pautam por uma maior abertura à feminilidade e à alteridade. Com isso não queremos dizer que todos os deslocamentos sociais sejam positivos ou resultantes de uma maior abertura à alteridade. Compartilhamos, nesse âmbito, das colocações de Arán:

> *Destaco a idéia de potencialidade, pois não necessariamente essa forma de subjetivação se realiza de maneira positiva na abrangência das subjetividades atuais; pelo contrário, parece mais uma exceção do que a regra.*[44] *Porém nos propomos aqui justamente anunciar essa*

---

44 Nesse sentido, veja-se, por exemplo, o assustador crescimento de movimentos de extrema direita (principalmente por parte de jovens) em países como o Brasil, a França e a Itália.

singularidade. O que nos move não é apenas o exercício do pensamento, mas sobretudo a constatação empírica dessa possibilidade. (2003a, p. 418)

Nesse espaço de potencialidade, com quais "forças de fora" os sujeitos estariam se defrontando? Aliás, como entender essas forças em sua relação com a produção de subjetividades dominantes e em sua relação com essas novas formas de subjetivação?

Num paralelo entre Laplanche e Butler, vimos como as forças de fora não podem ser distinguidas das forças de dentro, na medida em que admitimos a existência de um corpo estranho interno que se dá como resultado da inoculação do sexual pelo outro. A feminilidade originária, *a posteriori*, vem representar aquilo que veio de fora e se consolidou como o interior recalcado em nós. Assim, podemos pensar que a abjeção da qual nos fala Butler nos delimita também internamente por meio do recalque e da negação da feminilidade – tais processos são centrais na assunção de uma identidade de gênero. A abjeção que está na origem do humanamente inteligível também é a abjeção ligada ao recalque da feminilidade. Se o ser humano é entendido, como supõe Laplanche, em sua posição original de radical abertura ao mundo, o processo de fechamento responsável pelo surgimento de um Eu é também o processo que captura a alteridade inaugural em uma lógica binária que participa da aproximação entre o recalcado e a feminilidade. É essa feminilidade que será negada pela lógica fálica, que dessa forma se funda sobre o repúdio à alteridade.

Lógica do uno, do inteiro, do autofundante. A lógica fálica é aquela que, travestida de liberalismo, empreende um controle sobre os corpos, individualizando-os, tornando-os disciplinados, indivisíveis e impenetráveis (cf. Foucault, 1977a). A lógica fálica é aquela do ditado "o seu direito termina onde começa o do outro":

sob uma aparência liberal esconde-se o fato de que cada sujeito precisa da alteridade e do outro para se fundar e para existir. É aquela lógica que diz aos sujeitos: "você está aqui, o outro ali, e cada um tem suas fronteiras perfeitamente limitadas, identificáveis e impermeáveis – a alteridade lhe é estranha". A lógica fálica, dessa forma, é extremamente sintônica ao Eu, pois coincide com seu ideal de autonomia.

As subjetividades, assim, se fundam não apenas no confronto com as forças de fora, mas sobretudo no confronto com essas forças externo-internas. É justamente no contexto da relação do ser com as forças que Foucault (1998) introduz o conceito de *formas de subjetivação*, entendidas como modos de existência do ser humano através da história, como modos de viver e de se representar. De acordo com Arán (2006a), trabalhar com a noção de formas de subjetivação é especialmente interessante para se pensar as novas possibilidades de identidade que se apresentam:

> *Desta maneira, o conceito de formas de subjetivação na cultura contemporânea nos permite pensar não apenas rupturas e continuidades com uma época anterior, como também uma forma sempre provisória de estar no mundo, rompendo assim com a noção metafísica da identidade fixa. (p. 13)*

Vimos, então, que grande parte das forças que participam da construção das subjetividades (de homens e mulheres) estão assentadas na lógica fálica. Vimos também como as relações que homens e mulheres estabelecem com essa lógica fálica e com o que denominamos feminilidade radical são diferentes: as mulheres, por manterem mais pontos de contato com essa feminilidade das origens, dispõem de uma maior permeabilidade identificatória.

Assim podemos interpretar (contra Lacan) a tese lacaniana de que a mulher é "não-toda na função fálica". É essa potencialidade ligada ao feminino que proporemos aqui como capaz de gerar novas formas de subjetivação menos pautadas na norma fálica. No entanto, a feminilidade aparece como possibilidade de novas identificações tanto para mulheres quanto para homens, e, por isso, se torna mais interessante pensar no devir-mulher, entendido como uma potencialidade para o "deixar-se atravessar pelo outro" presente virtualmente tanto em mulheres quanto em homens.

Afinal, toda forma (entendida aqui como um tipo de subjetividade dominante) é precária e sempre passível de ser alterada no confronto com o que Foucault chamou de forças de fora e que nós aqui denominamos forças externo-internas. Na linha de raciocínio que procuraremos defender, espera-se que, a partir do confronto das forças que participam da construção das subjetividades com os elementos de passividade e orificialidade, significações que antes estavam no domínio da abjeção ganhem a possibilidade de se manifestar e contribuir para o surgimento de novas subjetividades mais flexíveis. Seria essa uma resposta possível para o problema da morte do homem?

> *Mas o que quer dizer Foucault quando diz, a respeito da morte do homem, que não há por que chorar? Com efeito, essa forma tem sido boa? Será que ela soube enriquecer ou mesmo preservar as forças do homem, a força de viver, a força de falar, a força de trabalhar? Será que ela poupou aos homens existentes a morte violenta? A questão sempre retomada é, então, esta: se as forças no homem só compõem uma forma entrando em relação com as forças do lado de fora, com quais novas forças elas correm o risco de entrar em relação ago-*

ra, e que nova forma poderia advir que não seja mais nem Deus nem o Homem? Esta é a colocação correta do problema que Nietzsche chamava "o super-homem". (Deleuze, 1988, pp. 139-140)

Essa libertação do homem vislumbrada por Nietzsche seria correlativa de produção de subjetividades menos pautadas pela norma fálica e mais abertas ao devir-mulher?

A passividade e a orificialidade como metáforas de abertura na construção de novas subjetividades

A identidade de gênero, como procuramos mostrar ao longo deste livro, ocupa lugar central nos processos de subjetivação e de identificação. Como aponta Silvia Bleichmar (2009), em nossa cultura não é possível conceber uma identidade ontológica que não se articule com uma identidade de gênero. De outro lado, essa mesma identidade ontológica (para continuar usando a expressão de Bleichmar), fundada no narcisismo, confunde-se com o corpo. Em *O ego e o id*, Freud (1923b/1996) define o Eu como uma instância corporal e também como a projeção de uma superfície. Ou seja, o Eu, centro de nossa identidade ontológica, se confunde com o corpo. A definição das fronteiras desse corpo, das fronteiras desse Eu, se dá conjuntamente com a assunção de uma identidade sexuada. A lógica fálica, como símbolo das fronteiras e da unificação, opera aí para garantir a integridade do Eu e do corpo. De acordo com Joel Birman (1999a):

> *A resultante dessa operação é a construção do eu e do corpo unificado que são as duas faces da mesma realidade, pois para o sujeito a experiência de ter e ser eu*

implica para ele habitar um corpo unificado. A condição
de unificado remete à noção de ser um, uno, eu, matéria,
corpo que se inscreva no espaço e no mundo. (p. 35)

O corpo inteiro e unificado, com limites bem estabelecidos e uma superfície contínua, é o resultado do processo identificatório que se pauta pela norma fálica. Nesse fechamento identificatório é necessário negar a alteridade que constitui os sujeitos. A partir dessa relação triunívoca entre identidade ontológica, corpo e identidade de gênero, a passividade e a orificialidade aparecem como significações que remetem à alteridade e à abertura.

A passividade, como a definimos no Capítulo 2, em sua relação com o masoquismo, pode ser entendida como o desejo de se deixar invadir, penetrar, de ter suas fronteiras partidas. As representações de integridade narcísica, assim, se veem comprometidas, e o corpo uno e inteiro se vê penetrado, configurando-se a rigor como corpo orificial. É a lógica fálica que sai ferida desse confronto; justamente aquela que para se afirmar precisa negar a orificialidade e transformá-la em castração e ferida. A feminilidade, positivada justamente onde antes era tida como negativa e como castrada, começa a desenhar-se como metáfora e representação de novas formas de subjetivação marcadas pela permeabilidade e pela abertura à alteridade. A esse respeito, Arán (2006a) comenta que "a experiência alteritária por excelência seria essa de 'deixar-se atravessar pelo outro', experiência constitutiva de uma forma de subjetivação" (p. 152).

Assim, a passividade e a orificialidade, como símbolos do feminino, aparecem como contraponto à fixidez da lógica fálica, simbolizando uma abertura à diferença que se instituirá como a marca de novas subjetividades. É aqui, enfim, que nossa tarefa de positivação do feminino encontrará sua maior potencialidade.

A feminilidade como virtualidade emancipadora

A feminilidade, como potência presente tanto em mulheres quanto em homens, aponta para uma maior permeabilidade identificatória nas formas de subjetivação, que, por isso, se tornarão mais livres. Joel Birman (1999b) observa que, na atualidade, há ao menos dois destinos possíveis para as subjetivações em sua relação com a alteridade:

> *No primeiro o outro é sempre encarado como ameaça mortal para a existência autocentrada do sujeito, pois permanentemente reconhecido como um inimigo e um rival, na medida em que balança o sujeito em suas certezas e o faz vacilar em seu eixo e sistema de referência. Pela segunda possibilidade, o outro é encarado como uma abertura para o possível, pois coloca o sujeito diante de sua diferença radical face a qualquer outro, impondo-lhe assim o reconhecimento desta experiência da alteridade e da intersubjetividade. (p. 297)*

Essa segunda possibilidade de subjetivação que se abre na atualidade relaciona-se à abertura a uma feminilidade que todos têm dentro de si como possibilidade, por mais que a grande maioria das formas de subjetivação atuais (e principalmente as masculinas) mantenha tal feminilidade o mais distante possível de suas fronteiras egoicas e fálicas. Por isso o uso do termo virtualidade: trata-se de uma feminilidade presente como potência e como devir em todos. A abertura a essa feminilidade, como bem aponta Monique David-Ménard (1998), tem como consequência um abalo da própria lógica fálica: "o não-toda na função fálica se constitui mais como uma outra posição sexuada do que como um além, e

254   O CONCEITO DE GÊNERO E SUAS ARTICULAÇÕES...

esta outra posição sexuada não deixa intacta a própria função fálica" (p. 113).

Com relação a essa abertura à feminilidade e à diferença presente no que aqui chamamos de novas formas de subjetivação, Arán (2003b) comenta que:

> Assim, não estaríamos mais no rígido território do princípio de identidade, que faz da defesa e da renúncia as únicas possibilidades de laço social. O que se destaca é um mergulho na experiência e uma abertura para a diferença. Nesses termos, a alteridade seria fundamentalmente o exercício dessa abertura, dessa possibilidade de conviver com o que há de estranho e insuficiente em si e no outro, o que sempre representa um abalo no que se pretendia eu. (p. 258)

A centralidade da diferença sexual na cultura e no Simbólico, inseparável da imposição hierárquica de um termo sobre outro (da lógica fálica sobre a feminilidade), é posta assim em xeque. A feminilidade, como virtualidade emancipadora, desenha no horizonte a morte da forma-homem, fálica e impermeável, e a aparição de uma nova forma, permeável e livre, que tem como condição de possibilidade a abertura para o devir-mulher.

Devir-mulher: a abertura para a alteridade

A situação de desamparo originária, de passividade originária, chamada por Laplanche de situação antropológica fundamental, foi por nós associada à feminilidade. Por isso a feminilidade porta um devir que pode levar as subjetivações a conviver melhor com esse desamparo, a abrir-se a ele e à sua fundamental alteridade. A feminilidade, assim, se mostra como "a revelação do que existe de erógeno no desamparo, a sua face positiva e criativa, isto é, o que este possibilita ao sujeito nos termos de sua possibilidade de se reinventar permanentemente" (Birman, 1999a, p. 52). Possibilidade que aparece como potência em todos os sujeitos, pois todos, para subjetivar-se, recalcaram em algum grau a feminilidade originária que neles habita. Essa possibilidade se apresenta, para as novas formas de subjetivação, como um devir-mulher, pois não se trata de se transformar em mulher e tampouco de uma potencialidade restrita às mulheres, e sim de uma virtualidade. O conceito de *devir*, advindo da filosofia de Deleuze, vem acentuar o fato de que, em dimensão virtual, todos os seres humanos têm em sua subjetividade a significação feminina, por mais recalcada e indisponível que ela esteja. Para se entender tal conceito, devemos lembrar que Deleuze recorre ao filósofo Bergson, que postula que a Realidade é também composta pela dimensão do Virtual. O Virtual não existe (não é real), mas tampouco é Possível ou Impossível. O Virtual é simplesmente impensável, não antecipável, e só pode ser conhecido quando Atualizado, quando devém Atual. Para Deleuze, *o Virtual é o mais importante da realidade*, pois é ele que gera o novo, a diferença, o singular, as "linhas de fuga", o devir (cf. Baremblitt, 1998). Nesse sentido, vale lembrar o sentimento de potência de Nietzsche: o desejo do novo, do ativo, da irrupção, da produção. A abertura para esse devir-mulher, portanto, gera novas identificações mais abertas. Podemos, então, pensar em novas formas de produção de subjetividades pautadas por esse devir-mulher, o que seria positivo tanto para homens quanto para mulheres.

A expressão devir-mulher chegou a ser utilizada por Deleuze e Guattari (1980/1997) no capítulo "Devir-intenso, devir-animal, devir-imperceptível", parte da obra *Mil platôs: capitalismo e*

256   O CONCEITO DE GÊNERO E SUAS ARTICULAÇÕES...

esquizofrenia, e sua definição tem alguns pontos de contato com as nossas ideias:

> *Há um devir-mulher, um devir-criança, que não se parecem com a mulher ou com a criança como entidades molares bem distintas (ainda que a mulher ou a criança possam ter posições privilegiadas possíveis, mas somente possíveis, em função de tais devires). O que chamamos de entidade molar aqui, por exemplo, é a mulher enquanto tomada numa máquina dual que a opõe ao homem, enquanto determinada por sua forma, provida de órgãos e de funções, e marcada como sujeito. Ora, devir-mulher não é imitar essa entidade, nem mesmo transformar-se nela. ... Nem imitar, nem tomar a forma feminina, mas emitir partículas que entrem na relação de movimento e repouso, ou na zona de vizinhança de uma microfeminilidade, isto é, produzir em nós mesmos uma mulher molecular, criar a mulher molecular.*[45]

Não se trata, assim, de contrapor uma forma-mulher à forma-homem, mas, antes, de pensar que as novas formas de subjetivação têm como condição de existência a abertura para o devir-mulher. Guattari, referindo-se à mesma problemática, aponta a impossibilidade de pensarmos no devir-mulher (ou devir feminino, como ele o chama) em termos de simetria com a masculinidade:

---

45 Deleuze e Guattari usam aqui as expressões molar e molecular em alusão à química: molar refere-se ao aglomerado de matéria, inteiro, uno e individual, enquanto molecular refere-se às partes, à microfísica, à multiplicidade, ao devir.

> *Eu o qualifico de devir feminino por se tratar de uma economia do desejo que tende a colocar em questão um certo tipo de finalidade da produção das relações sociais, um certo tipo de demarcação, que faz com que se possa falar de um mundo dominado pela subjetividade masculina [por meio da lógica fálica, acrescentaríamos], no qual as relações são justamente marcadas pela proibição desse devir. Em outras palavras, não há simetria entre uma sociedade masculina, masculinizada, e um devir feminino. (Guattari & Rolnik, 1993, p. 73)*

O devir-mulher, a nosso ver, torna-se condição dessas novas formas de subjetivação por trazer em si a falência da lógica fálica, por apontar a defesa, a fragilidade e o engessamento dessa lógica. Trata-se, como expusemos no Capítulo 2, de fazer ruir um binarismo habitando-o de dentro: o que era forçosamente encaixado na castração e na ferida aparece como permeabilidade, e assim faz ser penetrada a superfície contínua de um primado. A feminilidade, então, carrega uma posição privilegiada na quebra dessa hierarquia, justamente por fazer parte dela, por ser o recalcado em nós e o elemento negado na própria dinâmica cultural. A abertura ao devir-mulher, dessa forma, não é uma finalidade, mas antes o ponto de partida para a criação de novas formas de subjetivação. Nesse sentido, Deleuze e Guattari (1980/1997) declaram que "é preciso dizer também que todos os devires começam e passam pelo devir-mulher". Interpretamos aqui essa afirmação no sentido de que, para que as subjetividades tornem-se mais permeáveis e abertas à alteridade, para que se deixem atravessar pelo outro, é preciso que passem pelo devir-mulher. Somente então as subjetividades poderão também abrir-se para os outros devires, entendidos aqui como símbolos da alteridade em toda a sua multiplicidade. Abrir-se ao devir-homossexual, ao devir-negro, ao devir-oriente, ao devir-transexual, ao devir-esquizofrênico, ao devir-inconsciente. Abrir-se às positividades do confronto com a alteridade.

O devir-mulher alude à potencialidade do descentramento, à desterritorialização, à substituição de um regime vertical de produção de subjetividades por um regime horizontal. A própria prática clínica psicanalítica é também portadora desse devir, pois também visa ao descentramento subjetivo. O devir-mulher implica não se sentir como centro do universo nem centro de si mesmo, mas abrir-se à alteridade em sua dupla forma: dentro de si e fora de si. Deixar-se atravessar. Essa abertura à alteridade, como marca das novas formas de subjetivação, dá a estas uma leveza que se opõe ao peso e à solenidade da lógica fálica. Voltando a Nietzsche, propomos entender dessa forma as várias alegorias presentes em sua obra sobre a dança: é essa leveza que virá fundar as novas formas de subjetivação. Não o Deus maiúsculo do Falo, solene e uno, mas o deus minúsculo que dança, que ri, que é múltiplo e que, por isso mesmo, já não seria mais deus. Assim também é o seu Zaratustra: "Zaratustra, o dançarino, Zaratustra, o leve" (Nietzsche, 2000, "Do homem superior", aforismo XVIII). Novas formas de subjetivação que se abrem para o caos dentro de si e, assim, podem dar à luz uma estrela dançante.[46]

Mais uma vez, volta a metáfora da arte em sua relação com a feminilidade. Afinal, entendemos que a dança aqui, como o literário (de que tratamos ao fim do Capítulo 2), pode ser estendida a toda forma de arte. A arte traz consigo uma abertura para a diferença. Nesse sentido, Laplanche (1999), ao comentar o texto de Freud sobre Leonardo da Vinci (Freud, 1910/1996), mostra como a arte implica necessariamente uma abertura para a alteridade e o que ela tem de enigmático. O fenômeno da inspiração, para

---

46 "É preciso ainda ter o caos dentro de si, para poder dar à luz uma estrela dançante" (Nietzsche, 2000, "O prólogo de Zaratustra", aforismo V).

Laplanche, mostra como ocorre uma abertura do artista ao enigma da alteridade, como o artista deixa-se seduzir e invadir pela alteridade para criar (de certo, tal relação com a arte porta também um devir-mortífero, justamente por trabalhar prioritariamente com o desligamento pulsional).

O devir-mulher, dessa forma, se conjuga com a arte. As novas formas de subjetivação podem ser pensadas como um contínuo abrir-se para a alteridade que inspira, que nos move a nos recriar e reinventar. Poderíamos nos apropriar do que Foucault (1998) chamou de estética da existência, se entendida nesse sentido de abertura ao outro, de deixar-se seduzir para se (re)inventar. Nesse sentido, no prefácio à edição americana de *O anti-Édipo*, Foucault (1977b) sugere que um princípio essencial para se criar um modo de vida não fascista, ou seja, o que aqui chamamos de um modo de vida não pautado rigidamente pela lógica fálica e pela reatividade (no sentido de uma busca constante por negar a potência do outro), seria:

> *Libere-se das velhas categorias do Negativo (a lei, o limite, a castração, a falta, a lacuna), que o pensamento ocidental, por um longo tempo, sacralizou como forma do poder e modo de acesso à realidade. Prefira o que é positivo e múltiplo; a diferença à uniformidade; o fluxo às unidades; os agenciamentos móveis aos sistemas. Considere que o que é produtivo não é sedentário, mas nômade.*

É assim que entendemos a abertura ao devir-mulher: não é uma finalidade, mas um ponto de partida para a abertura à alteridade e à diferença, aos devires múltiplos. O devir-mulher, assim, não é eterno nem finalístico, sendo antes visto como o dispositivo a partir do qual novas formas de subjetivação, livres e permeáveis, podem surgir. Nessas formas, qual será o destino dado à diferença sexual? O que acontecerá com a norma fálica? Será extinguida? Do nosso ponto de vista, pensamos que não se trata de extinguir uma referência a uma lógica da unidade e dos limites, pois as subjetividades, por mais abertas à alteridade que possam se tornar, continuarão necessitando de um Eu, continuarão se fundando sobre a dissimetria da posição originária de sedução e, inevitavelmente, continuarão formando dentro de si o corpo-estranho-interno resultante dessa desmesura adulto-criança. Nesse sentido, cabe aqui lembrar a advertência feita por André (1994) na introdução de seu livro sobre a sexualidade feminina: não há tratamento social para o conflito psíquico. Mesmo a permeabilidade dessas novas identificações não fará com que a dissimetria originária da situação antropológica fundamental não gere seus efeitos nas formas de subjetivação. O inconsciente, enquanto efeito desse confronto inaugural com a alteridade, continuará existindo, ao menos enquanto os bebês da espécie humana continuarem nascendo no estado de desamparo. E, nesse sentido, alguma forma de defesa diante desse estado pré-subjetivo sempre será necessária, seja esta a lógica fálica ou qualquer outra lógica que consiga contrapor-se à radicalidade da passividade originária. Ou seja: a própria existência do Eu e do sujeito depende de um certo limite, de um certo fechamento em relação à completa abertura pré-subjetiva, de uma certa territorialização. Para abrir-se a algo, é necessário primeiro existir; para deixar-se atravessar pelo outro, é necessário formar um Eu. Nessas novas formas de subjetivação, possibilitadas pela abertura ao devir-mulher, aponta-se não para a inexistência de limites e territórios, mas para a possibilidade de tornar esses limites mais fluidos, de tornar esses territórios nômades, de tornar a existência mais aberta à alteridade.

4. A psicanálise e o desafio das subjetividades que contrariam a norma fálica: o exemplo das transexualidades[1]

Nos três primeiros capítulos, desenvolvemos um conjunto teórico no qual o gênero apareceu como conceito fundamental da teoria psicanalítica: desde a sua centralidade na metapsicologia e no conflito psíquico até sua potencialidade na relação com as novas formas de subjetivação. A partir da crítica às teorias psicanalíticas que postulam a feminilidade como negativa, procuramos mostrar como toda uma normatividade se constrói, começando pelo Simbólico, que, em sua transcendência, torna-se incapaz de acompanhar as formas de subjetividade que contrariam seus princípios. Pois bem, neste último capítulo, tentaremos mostrar como uma teoria que não se pauta no essencialismo e na transcendência pode tentar enfrentar os desafios que se impõem à psicanálise atualmente. Antes de adentrarmos propriamente no tema das transexualidades, vejamos alguns outros efeitos da confrontação de teorias

---

1 Uma versão modificada deste capítulo foi publicada por nós na *Revista Psicologia USP* (Lattanzio & Ribeiro, 2017), à qual agradecemos pela cessão dos direitos autorais.

que colocam como metafísicas as diferentes formas de sexualidade e amor presentes no mundo contemporâneo.

A questão da homoparentalidade e do casamento homossexual, por exemplo, se impõe como um desafio para os psicanalistas da atualidade, especialmente para aqueles cujas teorias, na medida em que se apoiam em elementos transcendentais, tornam-se impossibilitadas de acompanhar as mudanças sociais. Diante desse engessamento, pode-se assumir uma posição política em favor dessas "minorias" e empreender uma crítica às bases de sua própria teoria – como é o caso de David-Ménard (1997), por exemplo – ou deixar transparecer no próprio discurso todo o moralismo transcendental sobre o qual se funda. De acordo com Márcia Arán (2009), nesse segundo grupo:

> *Dois argumentos têm sido frequentemente evocados. O primeiro diz respeito à necessidade da preservação da instituição "família" – heterossexual e reprodutora – como célula base da sociedade, resistindo ao reconhecimento de outras formas de vida familiar, parentesco e modos de vida que emergem no tecido social. O segundo argumento estabelece a necessidade de preservar "o simbólico", leia-se a "articulação da diferença sexual com a diferença de gerações", como condição da cultura e da emergência da subjetividade, sem que se concebam outras possibilidades para processos de simbolização. Essas duas premissas utilizam a torto e a direito algumas referências da teoria psicanalítica. (pp. 663-664)*

Um exemplo desse tipo de discurso pode ser encontrado na fala do psicanalista Pierre Legendre (2001):

> *O pequeno pacto de solidariedade [Pacs – Pacto Civil de Solidariedade – que desde 1999, na França, pode ser efetuado por homossexuais] revela que esse Estado abdicou de suas funções de garantia da razão... Instituir a homossexualidade com o* status *familiar é colocar o princípio democrático a serviço da fantasia. Isso seria fatal, na medida em que o direito, fundado no princípio genealógico, abre espaço para uma lógica hedonista, herdeira do nazismo. (p. 5, tradução minha)*

Da mesma forma, Charles Melman (2003) critica a adoção de uma criança por um casal de mulheres:

> *Evidentemente, por uma razão de estrutura, isto é, o fato de que uma tal criança vai ser – em razão da homossexualidade dos pais – completamente desligada de toda e qualquer gênese fálica que lhe dissesse respeito . . . será colocada na posição pura de um objeto a. Essa criança está ali com o casal para que os pais adotivos possam gozar com ela, e esse gozo dos pais é a única causa da presença dessa criança no mundo. (pp. 65-66)*

Em tais falas transparece a dificuldade que surge do confronto de uma teoria que se pretende eterna e imutável com as diversas formas como as subjetividades se apresentam na atualidade. De forma semelhante (ou talvez ainda pior, por ser alvo de maior concordância dentro do meio psicanalítico) à questão do casamento homossexual ou da homoparentalidade, também a transexualidade vem sendo alvo do que denominaremos, a partir de Ribeiro (2003), um verdadeiro moralismo fálico por parte de vários teóricos. A partir de agora, neste capítulo, tentaremos nos aproximar do fenômeno transexual e mostrar como esse enrijecimento teórico impede uma aproximação legítima do que está em jogo nessa intrigante forma de identificação que subverte a norma social dominante na medida em que esta exige uma continuidade entre a diferença anatômica, o sexo, o gênero e as práticas sexuais.

A transexualidade, nesse sentido, é um fenômeno que vem suscitando calorosos debates na atualidade, principalmente no que diz respeito à sua definição como patologia ou não. Buscaremos, aqui, nos situar diante dessa problemática. Adiantamos que nossa opção teórica se reflete no próprio uso do termo: transexualidades em vez de transexualismo. Apontamos, assim, para uma não patologização dessa condição, e tentaremos, nas próximas páginas, sustentar tal posição. Para tal, será necessário nos aproximarmos desse fenômeno de um ponto de vista histórico, bem como reunir alguns dados clínicos e estatísticos sobre ele.

Breve história das transexualidades

Em 1771, na corte de Luiz XV, torna-se famosa a história de Monsieur d'Eon, diplomata e espião francês que, após seus 49 anos de idade, passa a se vestir de mulher, alegando que assim nascera. De acordo com suas explicações, seu pai o criara como homem pois só assim pôde ter acesso à herança de seus sogros. Após um exílio em Londres, durante o qual Luiz XV viera a falecer, a agora Mademoiselle Chevalier d'Eon requereu o direito de retornar à França, bem como seu reconhecimento como mulher. Mademoiselle d'Eon se recusou a passar por perícia médica, alegando serem esses procedimentos muito constrangedores e invasivos, independentemente de seu resultado. A corte de Luiz XVI, então, decidiu reconhecer o sexo de d'Eon, tendo contribuído para tal decisão de incomum aceitação o fato de que ela tinha guardados consigo, do seu período como espião, documentos confidenciais de Luiz XV que poderiam comprometer a França internacionalmente. Apenas na ocasião de seu falecimento, aos 81 anos, os médicos que examinaram seu corpo descobriram que Chevalier d'Eon era anatomicamente do sexo masculino (cf. Kates, 1996). Há também relatos de que na Seita dos Skoptzy, na Rússia do século XVIII, já existiam práticas de emasculação, em geral ligadas a algum rito de castração (Teixeira, 2003). Numa época ainda mais remota, sabe-se que ritos de autocastração "dominaram os povos da Ásia Menor disseminados pelos cultos metroacas e frígios, descritos no mito de Cibele e Átis" (Teixeira, 2003, p. 17). Já na cidade de Varanasi, no norte da Índia, rituais de castração e de uso de roupas femininas pelos homens são aceitos e inclusive têm uma função cultural: as chamadas *hijras* são, ao mesmo tempo, parte de uma casta e de um culto, tendo deuses próprios que lhes conferem legitimidade social (Saadeh, 2004). A transformação de sexo, enfim, também habita as narrativas míticas, como é o caso do mito grego de Tirésias, profeta de Tebas que foi transformado em mulher e depois voltou a ser homem.

Como se pode perceber, a transexualidade não é exclusividade do século XX, mas podemos pensar que foi a partir desse período que tal fenômeno se delimitou tal como o conhecemos hoje, tornando-se também relativamente disseminado na cultura. A invenção do termo "transexual" se deu junto com a delimitação de tal fenômeno na atualidade, cuja fundamentação baseia-se em dois pontos:

> *O primeiro diz respeito ao avanço da biomedicina na segunda metade do século passado – principalmente no que se refere ao avanço das técnicas cirúrgicas e ao progresso da terapia hormonal – que faz do desejo de "adequação" sexual uma possibilidade concreta. O segundo*

concerne à forte influência da sexologia na construção
da noção de "identidade de gênero" como sendo uma
"construção sociocultural", independente do sexo natu-
ral ou biológico. (Arán, 2006b, p. 50, grifo do original)

Vejamos então, brevemente, como isso surgiu no século passado.

Em 1910, o sexólogo Magnus Hirschfeld utilizou o termo "transexualpsíquico" para se referir a travestis fetichistas. No entanto, o termo transexual apareceu pela primeira vez apenas em 1949, num artigo de D. Clauwell, a partir do qual se começa a tratar a categoria de transexual como específica, difernciando-a de travestis e homossexuais. Em 1953, o endocrinologista alemão radicado nos Estados Unidos Harry Benjamin inaugura o uso do conceito de transexualismo na medicina, preconizando o tratamento hormonal como meio de atenuar os limites técnicos das cirurgias. Estas, por sua vez, foram inauguradas em 1920, na Alemanha e na Dinamarca, a partir de práticas de adequação de hermafroditas. A primeira operação de que se tem documentação foi feita pelo médico Feliz Abraham, em 1921. Em 1923, o pintor Einar Wegener foi operado e teve sua genitália transformada em feminina, na Dinamarca. No entanto, o paciente faleceu por complicações pouco tempo depois. Apenas em 1952, em Copenhague, uma cirurgia foi devidamente documentada e obteve publicidade e sucesso médico, o que fez com que fosse consensualmente considerada o caso *princeps* da transexualidade moderna. Trata-se de George Jorgensen, que, após a cirurgia, tornou-se Christine Jorgensen. Seu médico, o cirurgião Christian Hamburguer, relata que, à época, recebeu 465 cartas de pessoas ao redor do mundo que desejavam se submeter a procedimento semelhante. Foi nessa época, portanto, que Harry Benjamin se destacou e oficializou, por assim dizer, o conceito de transexualismo, como vimos anteriormente. Dois anos depois, em 1955, John Money (cf. Money, Hampson & Hampson, 1955), professor do Johns Hopkins Hospital, introduziu pela primeira vez no corpo conceitual científico o conceito de gênero, o qual apontava a construção sociocultural da identidade sexual e representava uma nova fase para os estudos sobre a transexualidade. Após essas experiências pioneiras, vários teóricos se engajaram na tarefa de estudar a transexualidade, como Ralph Greenson, Robert Stoller e inúmeros outros (Arán, 2006b, pp. 52-53; Bento, 2006, pp. 39-43; Frignet, 2002, pp. 24-27; Teixeira, 2003, pp. 17-18).

Ao surgir a possibilidade de intervenção cirúrgica e hormonal nos pacientes transexuais, surgiram também, na psicanálise e em outras áreas do conhecimento, diferentes agrupamentos com ideias divergentes sobre o fenômeno. Entre alguns psicanalistas, podemos localizar um legítimo interesse em compreender o funcionamento psíquico dessas pessoas, não só para fundamentar ou não a indicação do procedimento invasivo e irreversível que é a cirurgia de transgenitalização, como também para embasar o manejo de tais casos na própria clínica. Nesse grupo podemos incluir psicanalistas consagrados como Stoller (1968, 1975) e Greenson (1966, 1968), bem como autores brasileiros como Arán (2006b, 2009) e Ribeiro (2003). Num outro grupo, também interessado no fenômeno transexual contemporâneo e do qual fazem parte psicanalistas da vertente lacaniana, como Henry Frignet (2002), Marcel Czermak (1982), Catherine Millot (1992), Marina Caldas Teixeira (2003) e o próprio Jacques Lacan (1971-1972/2012, 1976/1996), a reação foi bastante diferente: tenta-se traduzir a complexidade da manifestação social das transexualidades numa estrutura clínica específica – a psicose. Numa outra vertente desse debate, podemos mencionar as autoras filiadas às teorias feministas e sociais que apontam a normatividade inerente ao sistema de sexo/gênero/desejo/práticas sexuais, como é o caso de Butler (1990/2003, 1993), Berenice Bento (2006), Sônia Maluf (2002) e também da psicanalista Márcia Arán (2006b, 2009). Os argumentos de cada um desses grupos serão discutidos mais à frente. Por enquanto é importante destacar que transitaremos entre a teoria psicanalítica e a feminista para demonstrar a diferença entre transexualidade e psicose e propor a hipótese segundo a qual o destino dado à feminilidade das origens é o principal elemento definidor dessa diferenciação. Antes, no entanto, pensamos ser necessário discutir brevemente a definição de transexualidade e alguns dados clínicos e estatísticos sobre essa condição.

Transexualidade: definição, dados clínicos e estatísticos

A transexualidade pode ser definida, em linhas gerais, "pelo sentimento intenso de não-pertencimento ao sexo anatômico, sem a manifestação de distúrbios delirantes e sem bases orgânicas (como o hermafroditismo ou qualquer outra anomalia endócrina)" (Arán, 2006b, p. 50).

Na definição do DSM-IV-TR (que não é isenta de problemas, como veremos adiante), são identificados quatro critérios para o diagnóstico do chamado transtorno da identidade de gênero. Partiremos dessa definição para tecer alguns comentários:

> Deve haver evidências de uma forte e persistente identificação com o gênero oposto, que consiste no desejo de ser, ou a insistência do indivíduo de que ele é do sexo oposto (Critério A). Esta identificação com o gênero oposto não deve refletir um mero desejo de quaisquer vantagens culturais percebidas por ser do outro sexo. Também deve haver evidências de um desconforto per-

sistente com o próprio sexo atribuído ou uma sensação de inadequação no papel de gênero deste sexo (Critério B). O diagnóstico não é feito se o indivíduo tem uma condição intersexual física concomitante . . . (Critério C). Para que este diagnóstico seja feito, deve haver evidências de sofrimento clinicamente significativo ou prejuízo no funcionamento social ou ocupacional ou em outras áreas importantes da vida do indivíduo (Critério D). (Associação Americana de Psiquiatria, 1995, pp. 547-548)

Tal definição se mostra interessante na medida em que resume pensamentos de vários autores sobre o tema, procurando estabelecer consensos e se eximindo da necessidade de enquadrar a transexualidade numa ou noutra estrutura clínica. É importante também ressaltar o fato de que essa definição não se manifesta sobre a suposta relação de horror dos transexuais com seus órgãos genitais, como assinalam muitas teorias psicanalíticas.[2] Nesse sentido, a definição do DSM vai ao encontro das críticas sociais, como a de Berenice Bento, que, em sua pesquisa com diversos transexuais do Hospital das Clínicas de Goiânia, relata que poucos dos sujeitos se enquadravam na categoria chamada por ela de "transexual oficial", descrita por Stoller e que inclui, no caso de transexuais femininas,[3] por exemplo, um sentimento de horror ao pênis:

O trabalho de campo revelou que há uma pluralidade de interpretações e de construções de sentidos para os conflitos entre o corpo e a subjetividade nessa expe-

---

2 Um exemplo disso pode ser encontrado em Stoller (1975).
3 Designamos aqui no feminino as transexuais homem-mulher e no masculino os transexuais mulher-homem.

riência. O que faz um sujeito afirmar que pertence a outro gênero é um sentimento; para muitos transexuais, a transformação do corpo por meio dos hormônios já é suficiente para lhes garantir um sentido de identidade, e eles não reivindicam, portanto, as cirurgias de trasgenitalização. (Bento, 2006, pp. 44-45)

Uma dúvida que surge frequentemente diz respeito à diferenciação entre transexualidade e travestismo. O diagnóstico diferencial entre essas duas condições não se dá pelo sentimento em relação aos genitais, e sim pelo fato de que, no travestismo fetichista, "o comportamento travéstico serve a finalidades de excitação sexual" (Associação Americana de Psiquiatria, 1995, p. 551). Além disso, o travesti gosta de mostrar que é um homem, um ser de ambiguidade, enquanto a transexual se esforça para mostrar que é mulher. Assim, é de se esperar que alguns casos popularmente classificados como travestismo figurem, nessa proposta de interpretação, na categoria de transexualidade. Tal diferenciação, contudo, só se torna necessária para fins clínicos bastante específicos e só pode ser feita caso a caso.

O DSM-V, por sua vez, adota a expressão "disforia de gênero" para dar conta dos fenômenos relativos à transexualidade, explicando que o aparecimento do termo "gênero" se deve à necessidade de considerar o papel desempenhado na sociedade pelo sexo com o qual o sujeito se identifica. Além disso, a nova edição do manual considera a possibilidade de existir um diagnóstico concomitante de disforia de gênero e transtornos biológicos de desenvolvimento sexual – nesse sentido, a disforia de gênero poderia também ocorrer em sujeitos com caracteres intersexuais inatos, prevalecendo então a contradição entre o gênero experimentado e o gênero designado ao sujeito. Do ponto de vista clínico, os demais critérios diagnósticos não sofreram alterações significativas.

No entanto, o próprio fato de o DSM classificar a transexualidade como um transtorno indica que sua visão não é nada neutra: a identidade de gênero, nesse sentido, vem traçar a fronteira entre o normal e o patológico. Assim, fica implícito que, em tal definição, o sexo é visto como dado biológico e a normalidade, portanto, passa a ser definida como a continuidade entre esse dado biológico e o gênero. O sexo, como vimos, deve antes ser pensado como um fator de estabilização do gênero que, após sucessivas reiterações, adquire uma constância ao longo da vida. A separação nítida entre sexo e gênero, presente na definição do DSM, contribui, portanto, para a manutenção de um sistema de sexo/gênero que se pretende universal, eterno e essencialista, gerando, consequentemente, exclusões e identidades marginais que se tornam ininteligíveis dentro da normatividade vigente. Com isso não pretendemos rejeitar a diferença anatômica, e sim dar-lhe um outro lugar que não o de determinante direto do sexo – tal lugar se tornará claro no decorrer de nossa argumentação.

É importante assinalar que, na maioria dos transexuais, o sofrimento relativo ao gênero domina sua vida mental. Mesmo depois de operados, tais pacientes dispendem enorme energia e tempo para tentar agir de acordo com o gênero com o qual se identificam. A temática do gênero torna-se, assim, central na vida dessas pessoas (Stoller, 1982; Associação Americana de Psiquiatria, 1995).

Com relação às estatísticas, um número bastante curioso se repete em praticamente todos os levantamentos feitos ao redor do mundo: a enorme discrepância em relação ao fenômeno transexual relativa à partição homem/mulher. Na Austrália, estudos de 1981 indicaram uma prevalência de 6:1 de transexuais femininas (homem-mulher) em relação aos masculinos (mulher-homem). Nos Estados Unidos, no ano de 1968, a prevalência era de 4:1 no mesmo sentido. Em Singapura, 1988, os números apontavam

272   A PSICANÁLISE E O DESAFIO DAS SUBJETIVIDADES...

uma proporção de 3:1. Outras estatísticas de países como Holanda, Inglaterra, País de Gales, Alemanha e Escócia corroboram tal maioria de transexuais homem-mulher (Saadeh, 2004, pp. 78-82). É interessante notar como os dados históricos, transculturais e mitológicos vão na mesma direção: desde Monsieur/Mademoiselle d'Eon até Tirésias, desde os Skoptzy russos até as *hijras* indianas, passando também por tribos americanas, brasileiras e africanas, na quase totalidade dessas descrições míticas e antropológicas, os casos relatados são de homens que tentavam se transformar em mulheres. Em vista destes fatos, pode-se afirmar com Ribeiro (2003):

> *O transexualismo, ao apresentar-se de forma absolutamente dissimétrica com relação à partição homem/mulher, é, antes de mais nada, um fenômeno que, na grande maioria dos casos, contraria a lógica falocêntrica. Não necessariamente no sentido de desconhecer ou negar o valor simbólico do falo, mas no sentido de inverter os valores narcísicos e o próprio potencial de satisfação a ele atribuídos. (p. 52)*

Como, pois, sustentar o recorrente dualismo da positividade do falo *versus* a negatividade do "castrado" em vista desses dados?

A controvertida associação entre transexualidade e psicose como expressão de um Simbólico transcendente

Como dissemos antes, atualmente é comum encontrarmos trabalhos sobre a transexualidade nos quais a referência à psicanálise lacaniana conduz à aproximação entre essa condição e as psicoses.

Em linhas gerais, as formulações de tais autores sobre a transexualidade giram em torno de quatro eixos principais: 1) considerar a "certeza subjetiva de ser mulher prisioneira num corpo de homem" (Teixeira, 2003, p. 4) um fenômeno elementar da psicose; 2) pensar que a transexualidade é uma psicose (a partir da hipótese da forclusão do Nome-do-Pai) na qual se confunde o pênis com o Falo; 3) entender que tal condição se dá (ou se acentua) a partir da incidência do discurso da ciência e do capitalismo sobre o "envoltório formal" do sintoma psicótico; e 4) postular que na transexualidade o imaginário adquire a mesma importância e significado que apresenta nas outras psicoses.

Exporei aqui alguns pontos da teorização de dois desses autores, Henry Frignet e Marina Caldas Teixeira, com o objetivo de neles localizar os pontos principais que definem o que consideramos a visão lacaniana preponderante, para em seguida tecer comentários críticos a essa concepção.

Frignet (2002), em seu livro *O transexualismo*, faz a denúncia de uma mistura perniciosa de fatores ideológicos e socioeconômicos que atuam no sentido de excluir o transexualismo da categoria de patologia para transformá-lo num fenômeno social. Em última instância, ele enxerga o fenômeno transexual como uma ameaça à ordem fálica, universal e simbólica, ordem esta que estrutura a sociedade e possibilita desde a comunicação entre seus membros até o processo de reprodução sexuada dimórfica. O fenômeno transexual, assim, traria à tona um modo de subjetivação pautado nos processos imaginários, correlativo ao apagamento do real do sexo pela ilusão do gênero:

> *Essa posição [na qual se adota o gênero em detrimento do sexo] consagra o abandono de uma concepção da identidade sexual construída sobre a articulação entre real e simbólico. Ela substitui essa concepção por um*

274   A PSICANÁLISE E O DESAFIO DAS SUBJETIVIDADES...

> *agrupamento baseado no mero reconhecimento de um traço imaginário partilhado por todos os indivíduos do grupo assim criado: o grupo dos transexuais – à imagem do grupo dos homossexuais e de diversos outros agrupamentos contemporâneos inscritos na categoria geral do fenômeno trans. Esse modo imaginário de identificação não deixa de ter conseqüências que a psicanálise há muito trouxe à luz. Ele rebaixa o sexo ao nível de uma simples característica, totalmente desligada do que faz, no entanto, desde a aurora dos tempos, a essência do homem, a saber, que a fala, desde o nascimento, e mesmo desde a concepção, é parte interessada na constituição da identidade sexual, e logo, enquanto tal, uma conseqüência do processo de reprodução sexual dimórfica. É sua articulação com o sexo que permite a um casal engendrar não apenas um corpo vivo – o que podemos chamar, retomando a etimologia latina da palavra, "uma pessoa" –, mas um sujeito, ser dotado de fala e criado pela fala. (Frignet, 2002, pp. 91-92)*

Frignet (2002) denuncia que tal manifestação só é possível em virtude da "recusa social da diferença dos sexos, doravante identificável em nossas culturas" (p. 16). Em sua tentativa de explicar o fenômeno, Frignet diferencia o que ele chama de "transexuais verdadeiros" dos "transexualistas", retirando esse último termo de uma fala de Lacan. Nos transexuais, a identidade sexual estaria impossibilitada de existir, dada a forclusão do Nome-do-Pai, o que os tornaria *hors sexe*, fora-do-sexo.[4] Já os transexualistas teriam a identidade sexual assegurada, e o impasse residiria no momento

---

4   Tal hipótese ficará mais clara ao expormos as ideias de Marina Caldas Teixeira.

da sexuação. O Falo é reconhecido, mas eles se recusariam a "alinhar-se, no que diz respeito a seu gozo, do lado masculino ou do feminino" (p. 18). Não aceitando regular sua escolha pelo Simbólico, eles então se entregariam ao imaginário, reino da aparência. Para Frignet, em última instância, os transexualistas se recusariam a se submeter à ordem fálica, o que o leva a afirmar "a importância vital de se situar os limites impostos pelo real sexual ao indivíduo em sua subjetividade e ao corpo social em sua ação: nem tudo é possível" (p. 136).

Transparece no texto de Frignet uma verdadeira indignação, como se ele quisesse dizer: afinal, alguém tem de parar essa rebeldia cínica dos que se obstinam a desafiar a ordem fálica. O curioso é que Frignet, ao tentar explicar ao leitor leigo (a quem o livro se destina) a importância e o poder organizador do significante fálico, recorre à teoria freudiana da herança filogenética da identificação ao pai primevo, simplesmente postulando que é a incorporação definitiva do pai, tomado como objeto fálico, a responsável por gerar essa identificação primária ao pai, instaurando a efetividade do Nome-do-Pai e posicionando a criança na ordem simbólica do mundo, que então se articulará com o real de seu sexo para criar a identidade sexual e a própria condição da linguagem (Frignet, 2002). Tal incorporação, para o autor, "concerne ao Falo, o objeto paterno por excelência, já que, no registro do real, é o pai quem o tem" (p. 108). Ou seja, trata-se da incorporação do pênis paterno, operação vista como primária por Frignet, que ocorre sem nenhuma explicação lógica. Nesse sentido, podemos dizer que ele parece desconsiderar o fator decisivo da participação da mãe nesse processo, como bem aponta Ribeiro (2003) ao comentar o ponto de vista de Frignet:

> *Todas as características da mãe ou de seu substituto, tais como sua feminilidade, sua percepção das neces-*

sidades do bebê, sua maior ou menor empatia com o estado de desamparo no qual ele se encontra, seus desejos conscientes e inconscientes a ele relacionados, sua capacidade de holding, seus conflitos e sentimentos ambivalentes a ele dirigidos, etc., tudo isso deve ser depositado no imaginário e descartado em benefício do que realmente interessa: o poder ordenador do falo. (p. 60)

Essa concepção do falo é tributária de uma verdadeira dimensão transcendental dada a esse significante, como vimos a partir das críticas que Derrida (1980/2007) faz a Lacan e como retomaremos mais à frente. Antes, porém, passemos às teorizações de Teixeira (2003, 2006a, 2006b) sobre o tema.

De acordo com a autora, a partir do ensino de Lacan se destacam três operadores clínicos que explicam a natureza do "transexualismo": a forclusão do Nome-do-Pai, o empuxo-à-mulher e o "erro comum" (Teixeira, 2006b, p. 72). Tais elementos seriam catalisados pela incidência do discurso da ciência (com o isolamento de hormônios e a cirurgia de transgenitalização) sobre o envoltório formal do sintoma psicótico, oferecendo assim uma possibilidade de identificação imaginária aos sujeitos transexuais, a saber: a cirurgia, que obturaria a necessidade de cada um de inventar seu próprio sintoma. Vejamos, ponto a ponto, as argumentações sobre tais operadores clínicos.

O Nome-do-Pai forcluído, como se sabe, resulta na não submissão do sujeito à castração simbólica: a significação fálica fica ausente, fazendo com que o psicótico se encontre desalojado da partilha sexual, ou seja, fora-do-sexo. O que é forcluído do Simbólico, pois, retorna no real: no caso dos transexuais, a significação fálica forcluída faria retorno no real sob a forma da passagem ao ato da cirurgia, vista pela autora como uma mutilação no real do corpo (Teixeira, 2003, 2006b). Mais uma vez, adiantamos nossa discordância com relação a essa visão, contudo desenvolveremos mais adiante nossa própria interpretação do fenômeno. Atenhamo--nos, por ora, a entender a linha argumentativa da autora.

Já o empuxo-à-mulher, de acordo com Teixeira, é uma "orientação do gozo que pode ocorrer nas psicoses, em resposta à forclusão do Nome-do-Pai e à ausência da significação fálica" (2006b, p. 73). Nessa orientação feminina do gozo há a prevalência do registro especular, sendo típica de casos de paranoia. Há uma disjunção entre a imagem do corpo e sua matriz, e o empuxo-à-mulher caracteriza uma "compleição mesma do ser rumo à configuração de um 'ser de exceção'" (p. 73), que, no transexualismo, adquiriria a forma do desejo de *ser visto mulher*, prova para a autora de que é o imaginário que prevalece nesses casos. "O ser do sujeito [transexual], compelido por essa paixão, não seria senão presa de uma imagem performativa, literalmente uma composição" (Teixeira, 2006a). O desejo de transformação em mulher, então, é visto como produto do empuxo-à-mulher, além de também ser considerado um fenômeno elementar da psicose, dada a "certeza delirante" de que se é uma mulher aprisionada num corpo de homem. O presidente Schreber seria um exemplo do empuxo-à-mulher, como afirma Lacan, que chegou a chamar de "gozo transexualista" a satisfação libidinal incluída em seu delírio (cf. Teixeira, 2006b, p. 67).

Retomaremos a seguinte passagem como forma de seguir a linha de raciocínio da autora sobre a questão do Falo e do pênis:

> *Segundo a lógica da sexuação, o que especifica a oposição sexual macho e fêmea, designada homem ou mulher, não seria o órgão em si [o pênis], mas o valor de utensílio (instrumento, significante) desse órgão na significação fálica. Utensílio porque ele se presta, por*

> *suas características, a ser tomado, no discurso sexual,*
> *pelo significante do falo, signo da diferença sexual: se o*
> sujeito tem o instrumento fálico, então é um menino;
> se não tem o instrumento fálico, então é uma menina.
> *... Na partilha sexual, o sujeito é chamado a submeter*
> *sua posição de gozo à economia regida pela função fáli-*
> *ca. O transexualista não aceitou submeter sua posição*
> *de gozo ao modo do sexual. De sua posição de gozo, ele*
> *não aceita essa lógica e denuncia a ordem universal do*
> *mundo, pois tem certeza de ser mulher,* apesar do ins-
> trumento fálico. *(Teixeira, 2006b, p. 74, grifos meus)*

Dessas constatações, depreende-se o fato de que, apesar de se utilizar da noção de utensílio, o elemento definidor do sexo continua sendo a velha dicotomia da presença/ausência do pênis. De que adianta, pois, falar de utensílio se o que define a "utilidade" é o real anatômico do órgão? É curioso o fato de que, algumas páginas antes, Teixeira (2006b) comenta a teoria de Stoller, dizendo ser completamente equivocado considerar a biologia como definidora do sexo e que a psicanálise, por sua vez,

> *não deixou de salientar que a sexualidade seria um*
> *efeito das respostas de cada sujeito ao real dos sexos, e*
> *que o corpo não seria senão uma experiência subjetiva*
> *que não se confunde com as perspectivas funcionalistas*
> *do organismo biológico. (p. 70)*

A contradição é nítida: há algo mais funcionalista que considerar o valor de utensílio do órgão? E há algo mais orgânico e biológico que fundamentar esse valor de uso no real anatômico do corpo, a saber: a presença ou ausência do pênis?

De acordo com Lacan, todos nós padecemos do erro comum de confundir o órgão com o gozo sexual e com a própria fundamentação de nossa identidade sexual. O transexual, nesse sentido, também padece do erro comum, só que, na ânsia de não ser designado pela significação fálica, ele o extrapola (ou leva o erro a sério demais) e acha que, se livrando do órgão, se livrará de "ser significado como falo pelo discurso sexual, o qual, como enuncio, é impossível. Existe apenas um erro, que é querer forçar pela cirurgia o discurso sexual, que, na medida em que é impossível, é a passagem do real" (Lacan, 1971-1972/2012, p. 17). Afinal, "ainda que o sujeito possa parecer mulher, isso não é senão uma miragem" (Teixeira, 2006b, p. 75). O transexualista, nesse sentido, denuncia a "ordem do mundo, que padece do erro comum de confundir o órgão e o falo, na diferenciação dos sexos" (p. 75). Poderíamos nos perguntar, não sem ironia: se a "ordem do mundo" (que aqui podemos ler como normatividade social) padece de um erro comum no qual se toma impropriamente o órgão como fundamento da identidade, não seria então desejável que alguém denunciasse isso? Tal denúncia, em última instância, não apontaria a possibilidade de maior flexibilidade nas identificações, que não mais precisariam ficar presas à ilusão de uma essência? Nesse sentido, cabe aqui fazer um longo parêntese e mostrar a consonância que essa suposta denúncia dos transexuais tem com outra teoria que se propõe a atacar o erro comum, ou a essencialização das categorias de sexo e gênero, a saber, a teoria feminista, tal qual vimos a partir principalmente do pensamento de Butler. Retomemos, então, alguns pontos de sua teoria.

280   A PSICANÁLISE E O DESAFIO DAS SUBJETIVIDADES...

A falácia da naturalização, o "erro comum" e o performativo

É o Simbólico um campo para a intervenção social?

Judith Butler (2006, tradução minha)

De acordo com Butler (1990/2003), para ascender ao estatuto de humano, uma pessoa precisa ter uma identidade de gênero coerente com a normatividade social. Em nossa cultura, então, onde a heterossexualidade é a norma e onde sexo, gênero e desejo devem se ajustar entre si para atender à norma, o efeito de naturalização que essas categorias adquirem é extremo. Com isso, determinadas identidades são excluídas do domínio simbólico, conferindo-lhes classificações discriminatórias. A causa desse efeito de naturalização encontra-se, como vimos, ligada à metafísica da substância denunciada pela autora.

A lei simbólica lacaniana, organizada pela significação fálica, pode ser enquadrada nessa metafísica da substância, como a própria Butler aponta ao dizer que "a lei simbólica em Lacan pode ser sujeita ao mesmo tipo de crítica que Nietzsche formulou à noção de Deus" (Butler, 1993, p. 14, tradução minha). Aqui, a crítica nietzschiana pode ser comparada com a crítica que Derrida (1980/2007) faz a Lacan quando denuncia o fato de que o falo torna-se um significante transcendental que se eleva a significante fundador do Simbólico. Retomando, então, a problemática transexual, podemos concluir que, se a lei é assim formulada como uma estrutura imutável e transcendental, ela não poderá ser modificada sem ameaça de psicose.

Para Butler, então, sexo e gênero não são substantivos, mas efeitos performativamente produzidos e impostos por práticas reguladoras da cultura. Não há um ser por trás do fazer, e cada vez que se fala sobre a naturalização do gênero ou do sexo, ela é reiteradamente produzida. Não é à toa que essas categorias precisam ser infinitamente reiteradas nos discursos culturais (como um contrato, por exemplo, em que se pede o sexo do contratante sem nenhum pretexto para tal), pois a reiteração mostra a necessidade de controle, controle sobre algo que escapa completamente às normas culturais que pretendem regular as formas de sentir prazer, de como se é homem ou como se é mulher. Tais asserções podem ser relacionadas com o ponto de vista dos autores lacanianos apresentados há pouco, segundo o qual as transexuais seriam presas de uma miragem, de uma composição imaginária performativamente construída, em que se faz uma imitação de mulher que jamais chegaria a ser uma mulher propriamente dita. Lacan, no Centro Hospitalar Sainte-Anne, em 1976, ao entrevistar uma transexual que se queria fazer operar, deixa isso bastante claro:

> *Jaques Lacan: Você deve saber que não se transforma um homem em mulher.*
>
> *Michel H.: Isso se faz.*
>
> *Jacques Lacan: Como? Uma mulher tem um útero, por exemplo.*
>
> *Michel H.: Para os órgãos, sim. Mas eu prefiro sacrificar minha vida, não ter filhos, não ter nada, mas ser uma mulher.*
>
> *Jacques Lacan: Não, mas mesmo uma emasculação não te tornará mulher. (Lacan, 1976/1996, pp. 331-332, tradução minha)*

Pensamos que Butler concordaria que a transexual é uma miragem e que faz uma *performance*. No entanto, para essa teórica, assim ocorre também com qualquer outra mulher e também com todos os homens: o real do corpo não é essência de nada, mas um construto ao qual se atribuirá significações performativamente.[5] A transexual, para Butler, não é a cópia de um original, mas a cópia de uma cópia. Para autores como Lacan, Frignet e Teixeira, no entanto, o real do corpo, mediado por vezes pela noção de utensílio, é o que define o sexo. De nossa parte, como já foi explicitado, pensamos que a diferença anatômica só importa na medida em que fornece aos cuidadores do bebê uma matriz hermenêutica que, quando associada ao aparato cultural em que vivemos, indica a eles como designar o gênero da criança: um "ele" ou um "ela".

Devemos, por fim, ressaltar o que consideramos um equívoco presente nos autores citados, a saber: considerar que a certeza subjetiva de ser uma mulher, no caso das transexuais, se configura como fenômeno elementar da psicose. Se tomarmos como evidência de psicose a certeza de pertencer a uma das categorias da partição sexual, um grande problema se apresenta, pois teremos de admitir que a certeza de se saber homem ou mulher está presente também em todas as pessoas que não são transexuais. Da mesma forma que uma transexual tem certeza de que é mulher, Freud e Lacan, por exemplo, tinham certeza de que eram homens. A certeza quanto ao sexo é também um "erro comum", para nos utilizarmos desse termo, e se fosse índice de psicose todos teríamos de ser diagnosticados como psicóticos. Como vimos, essa certeza se ergue como resultado do recalcamento secundário e se institui como caractere do Eu a partir de então.

A propósito, não deixa de ser intrigante constatar que os quatro casos de conhecidas transexuais da atualidade analisados por Teixeira (2003, 2006a) não entraram num quadro "francamente

---

5 O performativo aqui não deve ser entendido num sentido teatral, mas antes como um movimento que produz *efeitos ontológicos* que adquirem certa estabilização, criando territórios que se configuram como pontos de identificação.

delirante", como seria de se esperar a partir da teoria por ela adotada. Em todos esses casos, de acordo com Teixeira, o efeito de estabilização adquirido pelos sujeitos ocorre *apesar* da cirurgia, graças a uma contingência: trata-se de transexuais que teriam conseguido inscrever o "travestismo de sua imagem" numa "cena de espetáculo". Ora, não seria mais sensato admitir que a cirurgia, aliada a outros fatores da vida de cada uma delas, se mostrou uma opção acertada e ajudou essas pessoas a conseguirem uma congruência maior entre a percepção que tinham de si mesmas, seus ideais narcísicos e o real de seus corpos?

Antes de passarmos à proposição de nossa hipótese, enfim, vale perguntar se as teorizações e as reações desses autores à questão transexual não deixam transparecer um excesso que ultrapassa o âmbito da preocupação em elucidar clínica e teoricamente essa problemática. Pensamos, por exemplo, no excessivo confronto de Lacan com Michel H. na entrevista em Saint-Anne (confronto que contradiz a sua própria teoria de manejo clínico na psicose), ou na insistência de Teixeira em nomear no masculino e tratar as transexuais por ela estudadas por seus antigos nomes masculinos, bem como no combate exortativo que Frignet proclama contra a suposta categoria dos "transexualistas". Tais excessos nos levariam a especular se, na verdade, não se trata de tentativas, por parte desses autores, de manter a ordem do mundo tal qual sua teoria comporta; ordem fálica e transcendental, salvaguardando o Simbólico de qualquer devir para o qual ele aponte. Em última instância, o que estaria em jogo não seria um verdadeiro moralismo fálico (cf. Ribeiro, 2003)?

A feminilidade originária, a refundação do Simbólico e uma hipótese explicativa sobre a transexualidade feminina

A psicanálise carrega consigo a proposta de promoção de liberdade do ser humano pela expansão de seu conhecimento sobre o inconsciente. Nesse sentido, a postulação da não correspondência entre a pulsão e seu objeto faz com que este adquira caráter variável, submetendo-o, entre outras vicissitudes, ao contexto histórico e social de seu tempo. A pulsão, entendida como impacto da sexualidade de um outro na vida psíquica de um novo ser humano, vem justamente desviar o ser humano de qualquer espécie de instinto natural e encaminhá-lo rumo ao parcial, ao cultural, ao que entendemos, enfim, como propriamente sexual. No entanto, a partir do modelo do Édipo e da castração, a psicanálise também corre o risco de trabalhar a favor de uma nova normatividade social, cristalizando conceitos que poderiam permanecer abertos a seu próprio devir. É importante, portanto, manejar essa dupla via e optar pelas propostas que se alinham mais com tal implicação ética da psicanálise (Arán, 2006b; Ribeiro, 2003; Deleuze & Guattari, 1976).

Em oposição, pois, a esse moralismo fálico que acabamos de denunciar nos autores comentados, colocamos aqui toda a vertente de teóricos expostos por nós no Capítulo 1 (a partir de Greenson). que buscam aproximar-se da feminilidade originária e explorar seus efeitos no psiquismo e nas identificações de gênero dos diversos sujeitos.

Vimos que Greenson (1966, 1968), ao postular uma primeira identificação com a mãe, descreveu o que ele chamou de "des-identificação": uma relação inicial do menino com a mãe – na qual há uma correspondência entre o desejo de possuir a mãe e a identificação com ela – deveria ser desfeita para que a identificação com o pai entrasse em cena, possibilitando uma identidade masculina. No caso da menina, o caminho a trilhar seria mais fácil, pois já estaria identificada com a mãe.

Foi Robert Stoller, no entanto, um dos autores que mais se destacou no estudo da feminilidade, propondo uma identificação feminina primária decorrente das primeiras vivências do bebê com a mãe. O mais interessante é a forma como descreve o surgimento dessa identificação: trata-se de um processo que não é realizado pelo Eu, mas antes ocorre como uma espécie de *imprinting*, no qual as crianças recebem a feminilidade passivamente, "por via da excessiva imposição dos corpos demasiadamente tenros de suas mães" (Stoller, 1975, p. 54, tradução minha). Com Ribeiro (2000, 2007), podemos entender como esse *imprinting* é mais bem compreendido se pensado nos termos de uma identificação passiva. As marcas dessa feminilidade, de acordo com Stoller e também com Ribeiro, participam tanto da configuração da identidade de gênero da criança quanto da sua sexualidade em geral. Ambos os sexos (meninos e meninas) precisam se des-identificar com a mãe para ascenderem a outras identificações, mas, para os homens, tal tarefa exige um esforço maior, o que implica a "difícil conquista da masculinidade", altamente angustiante. No caso das meninas, como vimos, as mudanças a serem feitas não seriam tão drásticas no que concerne à identificação.

Indo mais além desse importante nível imaginário-fenomenológico do estabelecimento de uma feminilidade primária, podemos pensar ainda que tal passividade originária da criança descrita por Stoller e Ribeiro é o fato fundamental sobre o qual se constituirá o Eu e a pulsão sexual. No nível simbólico, de acordo com Jacques André (1996), a feminilidade constitui uma primeira representação dessa passividade originária. Por isso, para o autor, o sexo feminino articula-se com a alteridade e com o recalcado.

Dessa forma, entendemos que a lógica fálica adquire seu poder de ordenamento não por se vincular a um significante cujo poder de significação faz apelo a uma dimensão transcendental, mas pelo fato de que o Nome-do-Pai e o falo que lhe é correlato são significantes que conseguem fazer frente a essa feminilidade originária que, por estar ligada aos momentos primários de intrusão, precisa ser recalcada. Com isso, uma reviravolta decisiva ocorre na teoria psicanalítica: a vagina deixa de ser associada à negatividade da castração e passa a ser referida à orificialidade e à situação originária de sedução. A identificação feminina primária se dá, portanto, tanto no nível do *imprinting*, por parte da mãe que "impregna" a criança com tudo aquilo que podemos denominar uma fenomenologia do feminino, quanto no nível simbólico, quando, *a posteriori*, a feminilidade se presta a representar a passividade originária.

Se relacionarmos, pois, tal linha de raciocínio à questão da transexualidade e à intrigante estatística concernente à dissimetria na frequência de casos de transexuais homem-mulher em relação aos de transexuais mulher-homem, podemos entender que tal diferença aparece como um autêntico remanescente das primeiras identificações constitutivas do sujeito e da pulsão sexual. Analisando, ainda, o destino psíquico dado à feminilidade originária nos casos de transexualidade feminina (homem-mulher), podemos encontrar outro ponto importante. A feminilidade aparece, nesses casos, como ideal do Eu, na medida em que se inscreve, para além da identidade vivida, também como identidade almejada pelos sujeitos. Sobre essa questão, observa-se com frequência nas transexuais um esforço constante para tentar se aproximar de certo ideal feminino estereotipado. Se houvesse uma posição colada e imaginária, como seria de se esperar a partir da teoria lacaniana das psicoses, isso não ocorreria, pois estas não teriam dúvidas de como se comportar. O ideal do Eu é instaurado, dessa forma, como ideal de feminilidade. Instaura-se com tal pregnância que se torna um fenômeno comum a presença de idealização estereotipada da feminilidade nesses casos de transexualidade homem-mulher, como assinalam vários autores que se dedicam ao assunto (Stoller, 1982; Bento, 2006; Teixeira, 2003; Associação Americana de Psiquiatria, 1995).

Ou seja: como regra geral da transexualidade, as identidades se constroem pautadas na lógica fálica (mesmo que invertida), com ideais bem delimitados. Não há posição colada na transexualidade, mas antes uma *père-version* (versão do pai), na qual a falta se inscreve como falta de feminilidade e como presença dos atributos masculinos (presença de pênis, mas não unicamente). Nesse sentido, devemos entender a transexualidade como uma forma de subjetividade que, apesar de contrariar a norma fálico-transcendental presente na teoria lacaniana, se inscreve na lógica fálica, criando limites egoicos bem delimitados e ideais constituídos. A transexualidade, dessa forma, não deve ser entendida como uma forma de subjetividade necessariamente aberta ao que procuramos conceituar como devir-mulher, dado que fenômenos identificatórios estereotipados e fechados à alteridade são frequentes nas manifestações transexuais. Pensamos que, no caso da transexualidade, essa estereotipia se relaciona com a dura normatividade social, que exige das transexuais posturas completamente "femininas" como forma de tentar se contrapor à ininteligibilidade cultural de seus corpos.

Pois bem, se compararmos o lugar que a feminilidade ocupa na transexualidade e na psicose, obteremos importantes distinções que poderão embasar nosso ponto de vista clínico-diagnóstico. Pensamos que uma das características fundamentais da psicose é o fato de que tal feminilidade originária não consegue integração no psiquismo – o que Lacan descreveu com a expressão empuxo--à-mulher. Nos casos de psicose, é frequente que tal feminilidade expulsa, forcluída, retorne no real sob uma forma mortífera, persecutória e não integrada ao Eu. O caso do presidente Schreber é um ótimo exemplo disso: a necessidade de transformação em mulher é algo que se impõe a ele externamente. Na transexualidade, ao contrário, a feminilidade habita o espaço psíquico de forma integrada e se institui como ideal do "eu". As vivências de empuxo-à-mulher de um paranoico, dessa forma, se distinguem radicalmente da relação que a transexual estabelece com o feminino. Assim, podemos postular que, no plano ideativo, a transexualidade e a psicose se diferenciam na medida em que o destino dado a essa feminilidade originária é oposto nas duas condições e que, no que tange a tal destino psíquico da feminilidade, *a transexualidade é o negativo da psicose.*

Não obstante, tal distinção não impede que uma transexual seja também psicótica. Nesse sentido, devemos considerar que o destino dado à feminilidade originária é apenas um dos fatores decisivos na constituição da psicose, havendo outros fatores também determinantes, como as identificações estabelecidas pelos sujeitos nos primeiros anos de vida, a maior ou menor capacidade de *holding* e continência de seus cuidadores, a exposição precoce a situações dificilmente simbolizáveis, entre outros. Devemos, contudo, fazer a ressalva de que se um sujeito, em decorrência de um quadro delirante psicótico, acredita ser de gênero oposto àquele que lhe foi designado, não necessariamente deverá ser considerado transexual – a transexualidade requer que a convicção de pertencer ao outro gênero faça parte do que é reconhecido como próprio ao sujeito, ou seja, esteja integrada ao Eu e não se manifeste, portanto, como produto de uma clivagem ou como a invasão de algo externo. Para ilustrar essa diferença entre um caso e outro, tomemos o exemplo simples de uma mulher que, em seu delírio psicótico, acredita ser o próximo Dalai Lama. Com certeza, o gênero do personagem de seu delírio não será suficiente para que a consideremos transexual, da mesma forma que o delírio feminilizante de Schreber também não o torna transexual. A descrição que Mayer e Kapfhammer (1995) fazem de um caso no qual a identificação ao gênero oposto ao designado só ocorre nas crises do sujeito também entra na mesma linha de raciocínio: "Relatamos o caso de um transexual masculino de 32 anos com mania unipolar. Desde o início de sua psicose afetiva, observam-se estados alternantes de identificação masculina e feminina. O paciente se comportou como mulher somente nas fases maníacas" (Mayer & Kapfhammer, 1995, p. 225, tradução minha). Eventualmente, delírios como esses podem se fazer acompanhar por demandas de procedimentos médicos, como utilização de hormônios e cirurgia. Nesses casos, obviamente, o acolhimento dessas demandas seria desastroso.

De outro lado, é possível pensar em casos nos quais a certeza de pertencer ao gênero diferente do que lhe foi designado está solidamente integrada ao Eu, sem que essa integração impeça o surgimento de efeitos psicopatológicos importantes decorrentes, inclusive, das dificuldades de ordem social que cercam a condição transexual e que vêm se somar ao esforço de todo transexual para manter uma coesão egoica em condições tão adversas, ou seja, reconhecendo-se prisioneiro de um corpo em permanente conflito com a identidade de gênero. Nesses casos, seria exigida uma fineza diagnóstica maior, que pudesse levar em conta essas dificuldades inerentes à condição transexual. Em um estudo de caso publicado na revista *Psychopathology*, os autores enfatizam a maior dificuldade de se conseguir diagnosticar a coincidência de transexualidade e psicose em um sujeito: "o relato do caso mostra a natureza problemática da distinção entre transexualismo e desejos transexuais induzidos pela psicose. Se há uma verdadeira comorbidade desses transtornos, faz-se necessário um processo sutilmente diferenciado para orientar a opinião médica e a terapia" (Habermeyer, Kamps & Kawohl, 2003, p. 168, tradução minha). No caso de se confirmar um diagnóstico concomitante de psicose, somente no decorrer dos atendimentos e a partir da história do sujeito se poderia indicar ou não eventuais procedimentos de transexualização, estando sempre abertos, é claro, para outras soluções subjetivas possíveis.

Retomando a discussão sobre os ideais e a identificação estereotípica, muitas vezes presente na transexualidade: expusemos anteriormente que as transexuais, em virtude de tal forma de identificação, fecham-se com frequência à diferença como forma de tentar ser o mais parecido possível com as categorias normativas da sociedade e, assim, tentar escapar parcialmente da violência simbólica e real da transfobia. Dessa forma, gostaríamos de lembrar que o sofrimento transexual não é composto unicamente pelo desejo de adequação a uma identidade de gênero, mas também pelo desejo de se reconhecerem e serem reconhecidos como pertencentes à humanidade:

> A humanidade só existe em gêneros, e o gênero só é reconhecível, só ganha vida e adquire inteligibilidade, segundo as normas de gênero, em corpos-homens e corpos-mulheres. Ou seja, a reivindicação última do/as transexuais é o reconhecimento social de sua condição humana. (Bento, 2006, p. 230)

Assim, compreende-se também que a cirurgia de transgenitalização comporta tal complexidade: a sociedade muitas vezes continuará a não aceitar a transexual operada, pois ela permanecerá fora da normatividade vigente – não se torna uma mulher aos olhos da sociedade, mas uma transexual. Dessa forma, como lembra Arán (2006b), pelo fato de essas pessoas estarem confrontadas constantemente com tais questões de "natureza existencial", sintomas "narcísicos" ou "limítrofes" podem aparecer nesses casos, e devemos ter sempre em mente a relação desses sintomas com o contexto social amplo no qual eles se inserem. Tal raciocínio pode ser também aplicado a outro fenômeno que tem relativa incidência: casos de suicídio de transexuais após a cirurgia. Ao contrário de interpretações que veem nesse fenômeno uma prova de que dar voz ao desejo de readequação cirúrgica seria, em verdade, acolher uma passagem ao ato psicótica, enxergamos tais casos a partir de uma lente mais complexa. Ante toda essa gama de exclusões e violências sociais, é comum que transexuais projetem na cirurgia de readequação uma esperança de ponto final, como se a partir de então eles pudessem se livrar da violência real e simbólica à qual estão submetidos e serem vistos finalmente a partir do gênero com o qual se identificam. No entanto, o preconceito permanece intacto após a cirurgia, e tal constatação pode ser avassaladora para os sujeitos, que se veem como que sentenciados a sofrer para sempre, a nunca terem um lugar na sociedade. Nesse contexto aparecem as tentativas de suicídio. Pensando por esse viés, acreditamos que é, sim, importante que transexuais passem por um processo terapêutico antes de se submeterem à cirurgia. Nesses casos, não cabe ao analista ou psicólogo se colocar como juiz ou avaliador, mas estar ao lado dos sujeitos, ajudando-os a se apropriar da complexidade de fatores individuais, sociais e políticos que interferem na escolha sobre os destinos do seu corpo.

A mesma complexidade está presente na já descrita estereotipia de suas identificações, que não pode ser desvinculada da normatividade social que governa o sistema de sexo-gênero. No entanto, mesmo essa estereotipia não é regra única nas construções identificatórias transexuais. É nesse sentido que cabe aqui aludir a outras formas de transexualidade que constroem a identidade de gênero de formas mais abertas. Como um exemplo dessas transexualidades, evocamos aqui brevemente a personagem Agrado, do filme *Tudo sobre minha mãe* (1999), de Pedro Almodóvar. Agrado, em determinado momento do filme, é levada a ocupar o palco de um teatro para substituir uma peça que não pôde ser apresentada

292   A PSICANÁLISE E O DESAFIO DAS SUBJETIVIDADES...

em virtude da ausência das atrizes. Nesse momento, Agrado fascina e seduz a plateia com o seguinte discurso:

> *Cancelaram o espetáculo. Aos que quiserem será devolvido o ingresso. Mas aos que não tiverem o que fazer e já estando no teatro, é uma pena saírem. Se ficarem, eu irei diverti-los com a história de minha vida. Adeus, sinto muito [aos que estão saindo]. Se ficarem aborrecidos, ronquem assim RRRRR. Entenderei, sem ter meus sentimentos feridos. Sinceramente. Me chamam Agrado, porque toda a minha vida sempre tento agradar aos outros. Além de agradável, sou muito autêntica. Vejam que corpo. Feito à perfeição. Olhos amendoados: 80 mil. Nariz: 200 mil. Um desperdício, porque numa briga fiquei assim [mostra o desvio no nariz]. Sei que me dá personalidade, mas, se tivesse sabido, não teria mexido em nada. Continuando. Seios: dois, porque não sou nenhum monstro. Setenta mil cada, mas já estão amortizados. Silicone... – Onde? [Grita um homem da platéia]. Lábios, testa, nas maçãs do rosto, quadris e bunda. O litro custa 100 mil. Calculem vocês, pois eu perdi a conta. Redução de mandíbula, 75 mil. Depilação completa a laser, porque a mulher também veio do macaco, tanto ou mais que o homem. Setenta mil por sessão. Depende dos pêlos de cada um. Em geral duas a quatro sessões. Mas se você for uma diva flamenca, vai precisar de mais. Como eu estava dizendo, custa muito ser autêntica, senhora. E, nessas coisas, não se deve economizar, porque se é mais autêntica quanto mais se parece com o que se sonhou para si mesma. (Citado por*

Maluf, 2002, pp. 144-145, *comentários entre colchetes do original)*

Ao contrário da estereotipia descrita anteriormente, resultado da tentativa de se encaixar o máximo possível no binarismo social de gênero, Agrado descreve, em público, o processo de construção de seu corpo de mulher, mostrando-se aberta à alteridade. O fenômeno transexual, dessa forma, pode se apresentar de diferentes maneiras, apesar de, com certa frequência, estar vinculado a formas estereotípicas de identificação à feminilidade. De resto, cabe à psicanálise acolher o sofrimento transexual, não sendo nem entusiasta dessa condição nem tampouco a enxergando com preconceitos oriundos de um moralismo infundado. A cirurgia pode aparecer como opção, mas é necessário que estejamos sempre abertos a outras soluções (como uma transexual, por exemplo, que queira permanecer com o pênis sem que isso faça conflito com sua identidade de gênero), pois as transexualidades ultrapassam em muito a ideia comum do "transexual oficial" e não se deixam reduzir sem restos a nenhuma teoria.

É essa abertura e essa disposição da teoria em acompanhar as subjetividades de seu tempo, enfim, que julgamos ser necessário manter na psicanálise. Para tal, seus conceitos não podem se prender a categorias essenciais ou transcendentais, devendo antes se abrir à história e ao devir, como procuramos mostrar a partir desta análise da transexualidade. Com isso espero ter conseguido, após apresentar nossa teoria sobre o lugar central que o conceito de gênero adquire na psicanálise, dar um exemplo de como essa teoria pode ajudar nas análises de algumas manifestações subjetivas que desafiam as ferramentas clássicas com as quais a psicanálise costuma operar. Assim, me encaminho para o fim do percurso aqui desenvolvido.

Considerações finais

Tentei, neste livro, mostrar a centralidade e o alcance do conceito de gênero na psicanálise, cuja abrangência comporta desde o campo metapsicológico em sua relação com o conflito psíquico, passando pelas vicissitudes das construções identificatórias masculinas e femininas e pela proposição de novas formas de subjetivação, chegando à capacidade da psicanálise de lidar com as diferentes subjetividades que, nos dias atuais, se apresentam como desafio clínico e teórico.

O gênero, a partir dessa perspectiva, desenhou-se como *conceito fundamental* da teoria psicanalítica. Fundamental para a compreensão do conflito psíquico e do recalque, para o entendimento das construções identificatórias e das diferentes subjetividades, para a reflexão sobre novas formas de subjetivação. Assim, espero que essa ferramenta teórica aqui desenvolvida possa ser absorvida na teoria, na clínica e na política de nossos leitores e interlocutores da psicanálise, das teorias feministas e de áreas afins, contribuindo para o desenvolvimento dos estudos de gênero.

Referências

André, J. (1991). La sexualité féminine: retour aux sources. *Psychanalyse à l'Université, 16*(62), 5-49.

André, J. (1994). *La sexualité féminine*. Paris: PUF.

André, J. (1995). *Aux origines féminines de la sexualité*. Paris: PUF.

André, J. (1996). *As origens femininas da sexualidade*. Rio de Janeiro: Jorge Zahar.

André, J. (Org.). (1999). *La féminité autrement*. Paris: PUF.

André, J. (Org.). (2000). *L'enigme du masochisme*. Paris: PUF.

André, J. (2002). Introduction. In J. André & A. Juranville (Orgs.), *Fatalités du féminin*. Paris: PUF.

André, J. (Org.). (2005). *Les sexes indifférents*. Paris: PUF.

Anzaldúa, G. (1987). *Borderlands/La frontera: the new mestiza*. San Francisco: Spinsters/Aunt lute.

Anzieu, D. (1989). *O eu-pele*. São Paulo: Casa do Psicólogo.

Arán, M. R. (2003a). Os destinos da diferença sexual na cultura contemporânea. *Revista Estudos Feministas, 11*(2), 399-422.

Arán, M. R. (2003b). Feminilidade: uma abertura para a diferença. In M. R. Arán (Org.), *Soberanias* (Vol. 1, pp. 253-258). Rio de Janeiro: Contra Capa, 2003.

Arán, M. R. (2006a). *O avesso do avesso: feminilidade e novas formas de subjetivação.* Rio de Janeiro: Garamond.

Arán, M. R. (2006b). A transexualidade e a gramática normativa do sistema sexo-gênero. Ágora, *IX*(1).

Arán, M. R. (2009). A psicanálise e o dispositivo da diferença sexual. *Revista Estudos Feministas, 17*(3), 653-673.

Archer, J., & Loyd, B. (2002). Aggression, violence and power. In *Sex and gender.* Cambridge: University Press.

Associação Americana de Psiquiatria (1995). *DSM-IV-TR: Manual diagnóstico e estatístico dos transtornos mentais* (4a ed.) Porto Alegre: Artes Médicas.

Associação Americana de Psiquiatria (2014). *DSM-V: Manual diagnóstico e estatístico dos transtornos mentais* (5a ed.). Porto Alegre: ArtMed.

Azerêdo, S. (2007). *Preconceito contra a "mulher": diferenças, poemas e corpos.* São Paulo: Cortez.

Azerêdo, S. (2010). Encrenca de gênero nas teorizações em psicologia. *Revista Estudos Feministas, 18,* 175-188.

Baliteau, C. (1975). La fin d'une parade misogyne: la psychanalyse lacanienne. *Les temps modernes, 30*(348), 1933-1953.

Baremblitt, G. (1998). *Introdução à esquizoanálise.* Belo Horizonte: Biblioteca do Instituto Félix Guattari.

Bento, B. (2006). *A reinvenção do corpo: sexualidade e gênero na experiência transexual.* Rio de Janeiro: Garamond.

Birman, J. (1999a). *Cartografias do feminino.* Rio de Janeiro: Editora 34.

Birman, J. (1999b). *Mal-estar na atualidade.* Rio de Janeiro: Civilização Brasileira.

Bleichmar, S. (1994). *A fundação do inconsciente: destinos da pulsão, destinos do sujeito.* Porto Alegre: Artes Médicas.

Bleichmar, S. (1998). Mi recorrido junto a Jean Laplanche. In *Anais do IV Colóquio Internacional Jean Laplanche.* Gramado, RS.

Bleichmar, S. (2005). *Clínica psicanalítica e neogênese.* São Paulo: Analume.

Bleichmar, S. (2009). *Paradojas de la sexualidad masculina.* Buenos Aires: Paidós.

Butler, J. (1990/2003). *Problemas de gênero: feminismo e subversão da identidade.* Rio de Janeiro: Civilização Brasileira.

Butler, J. (1993). *Bodies that matter: on the discursive limits of "sex".* New York: Routledge.

Butler, J. (1998). Fundamentos contingentes: o feminismo e a questão do "pós-modernismo". *Cadernos Pagu, 11,* 11-28.

Butler, J. (2006). *Deshacer el género.* Barcelona: Paidós.

Carvalho, M. T. de M. (2001). Transtornos da memória e fracasso do recalcamento na clínica psicanalítica da criança. *Psychê, V*(8).

Ceccarelli, P. R. (1998). A construção da masculinidade. *Percurso, 19,* 49-56. Recuperado de http://www.ceccarelli.psc.br/texts/a-construcao-masculinidade.pdf

300 REFERÊNCIAS

Chaves, E. L. (2008). *Violência, agressividade e dominação: uma reflexão psicanalítica sobre a masculinidade* (Tese de Doutorado). UFRJ/IP, Rio de Janeiro.

Connell, R. W. (2005). *Masculinities*. Berkeley: University of California Press.

Costa, R. G. (2003). Saúde e masculinidade: reflexões de uma perspectiva de gênero. *Revista Brasileira de Estudos de População, 20*(1).

Craia, E. C. P. (2002). *A problemática ontológica em Gilles Deleuze*. Cascavel: Edunioeste.

Czermak, M. (1982). Précisions sur la clinique du transsexualisme. *Le discours psychanalytique, 3*, 16-22.

David-Ménard, M. (1997). *Les constructions de l'universel: psychanalyse, philosophie*. Paris: PUF.

David-Ménard, M. (1998). *As construções do universal: psicanálise, filosofia*. Rio de Janeiro: Companhia de Freud.

Dejours, C. (2005). L'indifference des sexes: fiction ou défi? In J. André (Org.), *Les sexes indifférents*. Paris: PUF.

Deleuze, G. (1965). *Nietzsche*. Lisboa: Edições 70.

Deleuze, G. (1974). Em que se pode reconhecer o estruturalismo? In F. Châtelet (Org.), *História da filosofia: idéias, doutrinas* (Vol. 8: O século XX). Rio de Janeiro: Jorge Zahar.

Deleuze, G. (1976). *Nietzsche e a filosofia*. Rio de Janeiro: Rio.

Deleuze, G. (1988). *Foucault*. São Paulo: Brasiliense.

Deleuze, G. (2009). *Sacher-Masoch: o frio e o cruel*. Rio de Janeiro: Jorge Zahar.

Deleuze, G., & Foucault, M. (1979). Os intelectuais e o poder. In M. Foucault, *Microfísica do poder* (R. Machado, Trad.). Rio de Janeiro: Graal.

Deleuze, G., & Guattari, F. (1976). *O anti-Édipo*. Rio de Janeiro: Imago.

Deleuze, G., & Guattari, F. (1980/1997). *Mil platôs* (vol. 2). São Paulo: Editora 34.

Derrida, J. (1980/2007). O carteiro da verdade. In *O cartão-postal: de Sócrates a Freud e além* (A. V. Lessa & S. Perelson, Trads.). Rio de Janeiro: Civilização Brasileira.

Dimen, M. (2000). Corações estranhos: da relação paradoxal entre a psicanálise e o feminismo. In M. Roth (Org.), *Freud: conflito e cultura* (pp. 185-196). Rio de Janeiro: Jorge Zahar.

Eco, U. (1972). *A definição de arte*. Lisboa: Presença.

Ferenczi, S. (1932/1974). Confusion de langues entre les adultes et l'enfant. In *Psychanalyse IV*. Paris: Payot.

Ferraz, F. C. (2008). O primado do masculino em xeque. *Percurso* [versão eletrônica], *40*. Recuperado de http://revistapercurso.uol.com.br/index.php?apg=artigo_view&ida=87&ori=edicao&id_edicao=40

Foucault, M. (1966/2007). *As palavras e as coisas*. São Paulo: Martins Fontes.

Foucault, M. (1977a). *Vigiar e punir*. Petrópolis: Vozes.

Foucault, M. (1977b). Introdução à vida não fascista (W. Nascimento, Trad.). In G. Deleuze & F. Guattari, *Anti-Oedipus: Capitalism and Schizophrenia*. New York: Viking Press.

Foucault, M. (1979). *Microfísica do poder* (R. Machado, Trad.). Rio de Janeiro: Graal.

302   REFERÊNCIAS

Foucault, M. (1998). *História da sexualidade II: o uso dos prazeres.* Rio de Janeiro: Graal.

Freud, S. (1896a/1996). A hereditariedade e a etiologia das neuroses. In *Edição Standard Brasileira das Obras Psicológicas Completas de Sigmund Freud* (Vol. I). Rio de Janeiro: Imago.

Freud, S. (1896b/1996). Observações adicionais sobre as neuropsicoses de defesa. In *Edição Standard Brasileira das Obras Psicológicas Completas de Sigmund Freud* (Vol. I). Rio de Janeiro: Imago.

Freud, S. (1896c/1996). Carta 52. In *Edição Standard Brasileira das Obras Psicológicas Completas de Sigmund Freud* (Vol. I). Rio de Janeiro: Imago.

Freud, S. (1897/1996). Rascunho M. In *Edição Standard Brasileira das Obras Psicológicas Completas de Sigmund Freud* (Vol. I). Rio de Janeiro: Imago.

Freud, S. (1905/1996). Três ensaios sobre a teoria da sexualidade. In *Edição Standard Brasileira das Obras Psicológicas Completas de Sigmund Freud* (Vol. VII). Rio de Janeiro: Imago.

Freud, S. (1908/1996). Sobre as teorias sexuais das crianças. In *Edição Standard Brasileira das Obras Psicológicas Completas de Sigmund Freud* (Vol. IX). Rio de Janeiro: Imago.

Freud, S. (1909/1996). Análise de uma fobia em um menino de cinco anos. In *Edição Standard Brasileira das Obras Psicológicas Completas de Sigmund Freud* (Vol. X). Rio de Janeiro: Imago.

Freud, S. (1910/1996). Leonardo da Vinci e uma lembrança da sua infância. In *Edição Standard Brasileira das Obras Psicológicas Completas de Sigmund Freud* (Vol. XI). Rio de Janeiro: Imago.

Freud, S. (1915a/1996). Repressão. In *Edição Standard Brasileira das Obras Psicológicas Completas de Sigmund Freud* (Vol. XIV). Rio de Janeiro: Imago.

Freud, S. (1915b/1996). O inconsciente. In *Edição Standard Brasileira das Obras Psicológicas Completas de Sigmund Freud* (Vol. XIV). Rio de Janeiro: Imago.

Freud, S. (1915c/2004). O Recalque. In *Escritos sobre a psicologia do inconsciente* (Luiz Hans et al., Trad., Vol. I). Rio de Janeiro: Imago.

Freud, S. (1917/1996). Uma dificuldade no caminho da psicanálise. In *Edição Standard Brasileira das Obras Psicológicas Completas de Sigmund Freud* (Vol. XVII). Rio de Janeiro: Imago.

Freud, S. (1919/1996). Uma criança é espancada. In *Edição Standard Brasileira das Obras Psicológicas Completas de Sigmund Freud* (Vol. XVII). Rio de Janeiro: Imago.

Freud. S. (1920/1996). Além do princípio do prazer. In *Edição Standard Brasileira das Obras Psicológicas Completas de Sigmund Freud* (Vol. XVII). Rio de Janeiro: Imago.

Freud, S. (1921/1996). Psicologia de grupo e análise do ego. In *Edição Standard Brasileira das Obras Psicológicas Completas de Sigmund Freud* (Vol. XVIII). Rio de Janeiro: Imago.

Freud, S. (1923a/1996). A organização genital infantil: uma interpolação da teoria da sexualidade. In *Edição Standard Brasileira das Obras Psicológicas Completas de Sigmund Freud* (Vol. XIX). Rio de Janeiro: Imago.

Freud, S. (1923b/1996). O ego e o id. In *Edição Standard Brasileira das Obras Psicológicas Completas de Sigmund Freud* (Vol. XIX). Rio de Janeiro: Imago.

304   REFERÊNCIAS

Freud, S. (1924/1996). O problema econômico do masoquismo. In *Edição Standard Brasileira das Obras Psicológicas Completas de Sigmund Freud* (Vol. XIX). Rio de Janeiro: Imago.

Freud, S. (1925/1996). Algumas consequências psíquicas da distinção anatômica entre os sexos. In *Edição Standard Brasileira das Obras Psicológicas Completas de Sigmund Freud* (Vol. XIX). Rio de Janeiro: Imago.

Freud, S. (1926/1996). Inibições, sintomas e ansiedade. In *Edição Standard Brasileira das Obras Psicológicas Completas de Sigmund Freud* (Vol. XIX). Rio de Janeiro: Imago.

Freud, S. (1932/1996). Conferência XXXIII: Feminilidade. In *Edição Standard Brasileira das Obras Psicológicas Completas de Sigmund Freud* (Vol. XXII). Rio de Janeiro: Imago.

Freud, S. (1937/1996). Análise terminável e interminável. In *Edição Standard Brasileira das Obras Psicológicas Completas de Sigmund Freud* (Vol. XXIII). Rio de Janeiro: Imago.

Frignet, H. (2002). *O transexualismo*. Rio de Janeiro: Companhia de Freud.

Garcia-Roza, L. A. (1994). Pesquisa de tipo teórico. *Psicanálise e Universidade, 1*.

Gilmore, D. (1994). *Hacerse hombre: concepciones culturales de la masculinidad*. Barcelona: Paidós.

Greenson, R. R. (1966). A travestite boy and a hyphotesis. *International Journal of Psychoanalysis, 47*, 396-403.

Greenson, R. R. (1967/1998). Des-identificação em relação à mãe: sua especial importância para o menino. In D. Breen (Org.), *O enigma dos sexos* (pp. 263-269). Rio de Janeiro: Imago.

Greenson, R. R. (1968). Dis-identifying from mother. *International Journal of Psychoanalysis, 49*, 370-374.

Guattari, F., & Rolnik, S. (1993). *Micropolíticas: cartografias do desejo*. Petrópolis: Vozes.

Habermeyer, E., Kamps, I., & Kawohl, W. (2003). A case of bipolar psychosis and transsexualism. *Psychopathology, 36*(3), 168-170.

Haraway, D. (1993). O humano em uma paisagem pós-humanista. *Revista Estudos Feministas, 2*, 282-283.

Haraway, D. (1995). Saberes localizados: a questão da ciência para o feminismo e o privilégio da perspectiva parcial. *Cadernos Pagu: Situando Diferenças, 5*, 7-41.

Haraway, D. (2004). "Gênero" para um dicionário marxista: a política sexual de uma palavra. *Cadernos Pagu, 22*, 201-246.

Haraway, D. (2009). Manifesto ciborgue. In D. Haraway, H. Kunzru & T. Tadeu (Orgs.), *Antropologia do ciborgue: as vertigens do pós-humano*. Belo Horizonte: Autêntica.

Herdt, G. H. (Org.) (1982). *Rituals of Manhood: Male Initiation in Papua New Guinea*. Berkeley: University of California Press.

Horney, K. (1971). *La psychologie de la femme*. Paris: Payot.

Jones, E. (1927/1969). Le développement précoce de la sexualité féminine. In *Théorie et pratique de la psychanalise*. Paris: Payot.

Jones, E. (1932/1969). Le stade phallique. In *Théorie et pratique de la psychanalise*. Paris: Payot.

Jones, E. (1935/1969). Sexualité féminine primitive. In *Théorie et pratique de la psychanalise*. Paris: Payot.

Kates, G. (1996). *Monsieur d'Eon é mulher*. São Paulo: Companhia das Letras.

Lacan, J. (1958a/1998). A direção do tratamento e os princípios de seu poder. In *Escritos*. Rio de Janeiro: Jorge Zahar.

Lacan, J. (1958b/2008). A significação do falo. In *Escritos*. Rio de Janeiro: Perspectiva.

Lacan, J. (1955-1956/1985). *O seminário, livro 3: as psicoses.* Rio de Janeiro: Zahar.

Lacan, J. (1956-1957/1995). *O seminário, livro 4: as relações de objeto.* Rio de Janeiro: Zahar.

Lacan, J. (1957-1958/1999). *O seminário, livro 5: as formações do inconsciente.* Rio de Janeiro: Zahar.

Lacan, J. (1971-1972/2012). *O seminário, livro 19: ... ou pior.* Rio de Janeiro: Zahar.

Lacan, J. (1972/2003). O aturdito. In *Outros escritos*. Rio de Janeiro: Zahar.

Lacan, J. (1975/2008). *O seminário, livro 20: mais, ainda.* Rio de Janeiro: Zahar.

Lacan, J. (1976/1996). Entretien avec Michel H. In *Sur l'idenité sexuelle* (obra coletiva). Paris: Association Freudienne Internationale.

Landim, R. H. (1970). *L'origine du rapport des couples d'opposés masculin/féminin et actif/passif dans l'oeuvre de Freud (1892-1905)* (Tese de Doutorado). Université Catholique de Louvain.

Laplanche, J. (1981). El estructuralismo, ¿sí o no? *Trabajo del psicoanálisis, 1*(1).

Laplanche, J. (1985). *Fantasia originária, fantasias das origens, origem das fantasias.* Rio de Janeiro: Jorge Zahar.

Laplanche, J. (1988). *Castração: simbolizações (Problemáticas II).* São Paulo: Martins Fontes.

Laplanche, J. (1992a). *Novos fundamentos para a psicanálise.* São Paulo: Martins Fontes.

Laplanche, J. (1992b). Implantation, intromission. In *La révolution copernicienne inachavée*. Paris: PUF.

Laplanche, J. (1992c). La position originaire du masochisme dans le champ de la pulsion sexuelle. In *La révolution copernicienne inachavée*. Paris: PUF.

Laplanche, J. (1992d). Ponctuation. In *La révolution copernicienne inachavée*. Paris: PUF.

Laplanche, J. (1992e). La position originaire du masochisme dans le champ de la pulsion sexuelle. In *La révolution copernicienne inachavée*. Paris: PUF.

Laplanche, J. (1992f). Présentation. In *La révolution copernicienne inachavée*. Paris: PUF.

Laplanche, J. (1992g). Masochisme et théorie de la séduction généralisée. In *La révolution copernicienne inachavée*. Paris: PUF.

Laplanche, J. (1992h). La pulsion de mort dans la théorie de la pulsion sexuelle. In *La révolution copernicienne inachavée*. Paris: PUF.

Laplanche, J. (1993/1999). Court traité de l'inconscient. In *Entre séduction et inspiration: l'homme*. Paris: PUF.

Laplanche, J. (1995/1999). La soi-disant pulsion de mort une pulsion sexuelle. In *Entre séduction et inspiration: l'homme*. Paris: PUF.

Laplanche, J. (1997). *Freud e a sexualidade: o desvio biologizante*. Rio de Janeiro: Jorge Zahar.

Laplanche, J. (1999). Sublimation et/ou inspiration. In *Entre séduction et inspiration: l'homme*. Paris: PUF.

Laplanche, J. (2003). Le genre, le sex, le sexual. In C. Chabert (Org.), *Sur la théorie de la seduction*. Paris: Éditions In Press.

308   REFERÊNCIAS

Laplanche, J. (2003/2015). Três acepções da palavra "inconsciente" no âmbito da teoria da sedução generalizada. In *Sexual: a sexualidade ampliada no sentido freudiano* (pp. 190-206). Porto Alegre: Dublinense.

Laplanche, J., & Leclaire, S. (1959/1992). O inconsciente, um estudo psicanalítico. In J. Laplanche, *O inconsciente e o id*. São Paulo: Martins Fontes.

Laplanche, J., & Pontalis, J.-B. (1985). *Fantasia originária, fantasia das origens, origens da fantasia*. Rio de Janeiro: Jorge Zahar.

Laqueur, T. (2001). *Inventando o sexo: corpo e gênero dos gregos a Freud*. Rio de Janeiro: Relume-Dumará.

Lattanzio, F. F. (2009). Devir-mulher e transformação social: novos modos de subjetivação? In *Anais do XIII Colóquio Internacional de Psicossociologia e Sociologia Clínica: das solidões às solidariedades* (Vol. 1, p. 37). Belo Horizonte, MG.

Lattanzio, F. F. (2016). Potencial clínico da paternidade para o trabalho com as construções defensivas das identidades masculinas. In F. Belo (Org.), *Paternidades: interpretações a partir de Laplanche e Winnicott*. Petrópolis: KBR.

Lattanzio, F. F. (2018). *Uma abordagem continuísta da psicopatologia psicanalítica: um percurso por Freud, Lacan e a Teoria da Sedução Generalizada de Jean Laplanche* (Tese de Doutorado). UFMG, Belo Horizonte.

Lattanzio, F. F., & Barbosa, R. R. (2013). Grupos de gênero nas intervenções com as violências masculinas: paradoxos da identidade, responsabilização e vias de abertura. In P. V. L. Lopes & F. Leite (Orgs.), *Atendimento a homens autores de violência doméstica: desafios à política pública*. Rio de Janeiro: ISER.

Lattanzio, F. F., & Ribeiro, P. de C. (2012). Recalque originário, gênero e sofrimento psíquico. *Psicologia em Estudo*, *17*(3), 507-517.

Lattanzio, F. F., & Ribeiro, P. de C. (2016). Represión originaria, género y sufrimiento psíquico. *Après-coup*, (2). Recuperado de http://revistaaprescoup.com/numero_2/

Lattanzio, F. F., & Ribeiro, P. de C. (2017). Transexualidade, psicose e feminilidade originária: entre psicanálise e teoria feminista. *Psicologia USP*, *28*(1), 72-82.

Lattanzio, F. F., & Ribeiro, P. de C. (2018). Nascimento e primeiros desenvolvimentos do conceito de gênero. *Psicologia Clínica*, *30*(3), 409-425.

Legendre, P. (2001, 23 out.). Entrevista a Antoine Spire. *Le Monde*, p. 5.

Lévi-Strauss, C. (1967). *Antropologia estrutural*. Rio de Janeiro: Tempo Brasileiro.

Lichtenstein, H. (1961). Identity and sexuality. *Journal of the American Psychoanalytic Association*, *9*(12), 179-259.

Lucariny, J. G. D. (1998). *A morte de Deus e a morte do homem no pensamento de Nietzsche e de Michel Foucault* (Dissertação de Mestrado). Universidade do Estado do Rio de Janeiro, Rio de Janeiro.

Machado, R. (2009). *Deleuze, a arte e a filosofia*. Rio de Janeiro: Jorge Zahar.

Maluf, S. (2002). Corporalidade e desejo: Tudo sobre minha mãe e o gênero na margem. *Revista Estudos Feministas*, *10*(1), 143-153.

Marton, S. (1997). A terceira margem da interpretação. In *A doutrina da vontade de poder em Nietzsche* (pp. 7-48). São Paulo: Annablume.

Mayer, C., & Kapfhammer, H. P. (1995). Coincidence of transsexuality and psychosis. *Nervenarzt, 66*(3), 225-230.

Melman, C. (2003). *Novas formas clínicas no início do terceiro milênio*. Porto Alegre: CMC.

Millot, C. (1992). *Extrasex: ensaio sobre o transexualismo*. São Paulo: Escuta.

Money, J. (1955). Hermaphroditism, gender and precocity in hyperadrenocorticism: psychologic findings. *Bulletin of the Johns Hopkins Hospital, 96*, 253-264.

Money, J. (1973). Gender role, gender identity, core gender identity: usage and definition of terms. *Journal of the American Academy of Psychoanalysis, 1*.

Money, J., Hampson, J. G., & Hampson, J. L. (1955). Hermaphroditism: Recommendations concerning assignment of sex, change of sex, and psychological Management. *Bulletin of the Johns Hopkins Hospital, 97*, 284-300.

Money, J., Hampson, J. G., & Hampson, J. L. (1957). Imprinting and the establishment of gender role. *American Medical Association Archives of Neurology and Psychiatry, 77*, 333-336.

Mouffe, C. (1999). Feminismo, cidadania e política democrática radical. *Debate Feminista*, Edição especial: Cidadania e Feminismo, 29-47.

Nasio, J. D. (1997). *Lições sobre os sete conceitos cruciais da psicanálise*. Rio de Janeiro: Jorge Zahar.

Nietzsche, F. (2000). *Assim falou Zaratustra* (M. Silva, Trad.). Rio de Janeiro: Civilização Brasileira.

Nietzsche, F. (2006). *Crepúsculo dos ídolos, ou, Como se filosofa com o martelo*. São Paulo: Companhia das Letras.

Nietzsche, F. (2008). *A vontade de potência* (M. Fernandes & F. Moraes, Trads.). Rio de Janeiro: Contraponto.

Person, E., & Ovesey, L. (1999). Teorias psicanalíticas da identidade de gênero. In P. Ceccarelli (Org.), *Diferenças sexuais* (pp. 121-150). São Paulo: Escuta.

Prins, B., & Meijer, I. C. (2002). Como os corpos se tornam matéria: entrevista com Judith Butler. *Revista Estudos Feministas, 10*(1), 155-167.

Quinet, A. (2005). *As 4 + 1 condições de análise*. Rio de Janeiro: Jorge Zahar.

Ribeiro, P. de C. (1985). A inveja do útero. *Cadernos de Psicologia* (UFMG), *1*(1), 113-142.

Ribeiro, P. de C. (1987). O Pequeno Hans e o complexo de castração: uma inversão. *Cadernos de Psicologia* (UFMG), *4*(2), 68-83.

Ribeiro, P. de C. (1990). L'identification à la femme et le désir de castration dans un rêve de Freud. *Psychanalyse à L'université, 15*(59), 31-50.

Ribeiro, P. de C. (1992). *Identification, refoulement et castration: étude sur les effets du refoulement de l'identification à la mère dans la constituition de l'inconscient chez l'individu et dans l'élaboration de l'oeuvre de Freud* (Tese de Doutorado). Université Paris VII.

Ribeiro, P. de C. (1993a). Oedipe et castration selon le Petit Hans. *Psychanalyse à L'université, 18*(70), 47-70.

Ribeiro, P. de C. (1993b). Identité et séduction chez Heinz Lichtenstein. *Psychanalyse à L'université, 18*(72), 71-80.

Ribeiro, P. de C. (1997a). Rumo a uma teoria psicanalítica da feminilidade. *Cadernos de Psicologia, 7*(1), 123-136.

Ribeiro, P. de C. (1997b). Perlaboração: feminilidade e transformação do eu na técnica psicanalítica. *Percurso, 18.*

Ribeiro, P. de C. (2000). *O problema da identificação em Freud: recalcamento da identificação feminina primária.* São Paulo: Escuta.

Ribeiro, P. de C. (2001). O real é sexual: mal-estar na clínica lacaniana das psicoses. *Percurso, 27,* 113-125.

Ribeiro, P. de C. (2003). O moralismo fálico na abordagem lacaniana do transexualismo. In *VI Conferência Internacional Sobre Filosofia, Psiquiatria e Psicologia: Ética, Linguagem e Sofrimento* (Vol. 1, pp. 51-63). Brasília: ABRAFIPP/UnB.

Ribeiro, P. de C. (2005). Gênero e identificação feminina primária. *Psicologia em Revista, 11*(18), 238-256.

Ribeiro, P. de C. (2007). Identification passive, genre et séduction originaire. *Psychiatrie Française, 38,* 21-48.

Ribeiro, P. de C. (2009a). Alteridade e sedução na criação artística. In N. V. A. Leite & A. Vorcaro (Orgs.), *Giros da transmissão em psicanálise: instituição, clínica e arte* (pp. 247-253). Campinas: Mercado de Letras.

Ribeiro, P. de C. (2009b). *Imitação precoce e constituição psíquica.* Texto inédito.

Ribeiro, P. de C. (2010a). *O feminino, a criança, a passividade e o masoquismo: o que a psicanálise precisa aprender a contar.* Texto inédito.

Ribeiro, P. de C. (2010b). Identificação passiva e a Teoria da Sedução Generalizada de Jean Laplanche. *Percurso, 44,* 79-90.

Ribeiro, P. de C. (2010c). *Introdução ao problema da constituição psíquica.* Texto inédito.

Ribeiro, P. de C.. (2012). A metafísica do olhar: breve interlocução com Sartre, Merleau-Ponty e Lacan. *Ágora: Estudos em Teoria Psicanalítica, 15*(2), 289-299.

Ribeiro, P. de C. (2016). O sexual, o fálico e o orificial a partir da teoria da sedução generalizada. *Percurso, 56/57*(XXIX), 105-112.

Ribeiro, P. de C. (2017). Gênero, sexo e enigma no sexual de Jean Laplanche. In: Ribeiro, P. de C., Carvalho, M. T. M., Cardoso, M. R., & Tarelho, L. C. *Por que Laplanche?* São Paulo: Zagodoni.

Ribeiro, P. de C., & Carvalho, M. T. M. (2001). Tá tudo dominado: adolescência e violência originária. In: M. R. Cardoso (Org.), *Adolescência: reflexões psicanalíticas* (pp. 55-67). Rio de Janeiro: Faperj, Nau Editora.

Ribeiro, P. de C., Carvalho, M. T. M., Cardoso, M. R., & Tarelho, L. C (2017). *Por que Laplanche?* São Paulo: Zagodoni.

Rorty, R. (1997). Solidariedade ou objetividade? In *Objetivismo, relativismo e verdade.* Rio de Janeiro: Relume-Dumará.

Saadeh, A. (2004). *Transtorno de identidade sexual: um estudo psicopatológico de transexualismo masculino e feminino* (Tese de Doutorado em Ciências). Departamento de Psiquiatria da Faculdade de Medicina da USP, São Paulo.

Saffioti, H. I. B. (2001). Contribuições feministas para o estudo da violência de gênero. *Cadernos Pagu, 16*, 115-136.

San Miguel, M. T. (2004). El psicoanálisis: una teoría sin género. Masculinidad/feminidad em la obra de Sigmund Freud. La revisión de Jean Laplanche. *Aperturas Psicoanalíticas: Revista In-*

ternacional de Psicoanálisis [versão eletrônica], *16*. Recuperado de http://www.aperturas.org/articulo.php?articulo=0000280

Schneider, M. (2000). *Généalogie du masculine*. Paris: Aubier.

Scott, J. W. (1986). Gender: a useful category of historical analysis. *American Historical Review*, *91*(5), 1053-1075.

Scott, J. W. (2005). O enigma da igualdade. *Estudos Feministas*, *13*(1), 11-30.

Sena Machado, J. (2009). *Apontamentos sobre o masoquismo com base em Sacher-Masoch* (Projeto de Dissertação). UFMG, Belo Horizonte.

Spivak, G. C. (2010). *Pode o subalterno falar?* Belo Horizonte: Editora UFMG

Stearns, P. N. (2017). *História das relações de gênero*. São Paulo: Contexto.

Stoller, R. (1966). The mother's contribution to infantile transvestic behavior. *Internacional Journal of Psycho-Analysis*, *47*, 384-395.

Stoller, R. (1968). A further contribution to the study of gender identity. *Internacional Journal of Psycho-Analysis*, *49*, 220-226.

Stoller, R. (1975). *The transexual experiment*. London: Hogarth Press.

Stoller, R. (1978). La dificille conquête de la masculinité. In *L'identification, láutre cést moi*. Paris: Tchou Editores.

Stoller, R. (1982). *A experiência transexual*. Rio de Janeiro: Imago.

Stoller, R. (1991). XSM. *Nouvelle Revue de Psychanalyse*, *43*.

Stoller, R. (1993). *Masculinidade e feminilidade: apresentações de gênero*. Porto Alegre: Artes Médicas.

Strömquist, L. (2018). *A origem do mundo: uma história cultural da vagina ou a vulva vs. o patriarcado*. São Paulo: Quadrinhos na Cia.

Stycer, M. (2009). Por que "Anticristo" é o filme mais polêmico do ano. *Último Segundo*. Recuperado (2010) de http://ultimosegundo.ig.com.br/mauricio_stycer/2009/08/27/por+que+anticristo+e+o+filme+mais+polemico+do+ano+8108133.html

Teixeira, M. C. (2003). *A mudança de sexo em close: um estudo sobre o fenômeno contemporâneo do transexualismo, a partir da abordagem lacaniana das psicoses* (Dissertação de Mestrado). UFMG, Belo Horizonte.

Teixeira, M. C. (2006a). O transexualismo e suas soluções. *Asephallus*, *1*(2). Recuperado de http://www.isepol.com/asephallus/numero_02/artigo_06port_edicao02.htm

Teixeira, M. C. (2006b). Mudar de sexo: uma prerrogativa transexualista. *Psicologia em Revista*, *12*(19).

Tubert, S. (1999). *A morte e o imaginário na adolescência*. Rio de Janeiro: Companhia de Freud.

Welzer-Lang, D. (2001). A construção do masculino: dominação das mulheres e homofobia. *Revista Estudos Feministas*, *2*, 460-482.

Wollstonecraft, M. (1979/1998). Discussión acerca de la opinión preponderante de um carácter sexual. In *Vindicación de los derechos de la mujer* (pp. 65-90). Madrid: Debate.

Zalcberg, M. (2003). *A relação mãe e filha*. Rio de Janeiro: Campus.

Série Psicanálise Contemporânea

Adoecimentos psíquicos e estratégias de cura: matrizes e modelos em psicanálise, de Luís Claudio Figueiredo e Nelson Ernesto Coelho Junior

O brincar na clínica psicanalítica de crianças com autismo, de Talita Arruda Tavares

Budapeste, Viena e Wiesbaden: o percurso do pensamento clínico-teórico de Sándor Ferenczi, de Gustavo Dean-Gomes

Do pensamento clínico ao paradigma contemporâneo: diálogos, de André Green e Fernando Urribarri

Do povo do nevoeiro: psicanálise dos casos difíceis, de Fátima Flórido Cesar

Expressão e linguagem: aspectos da teoria freudiana, de Janaina Namba

Fernando Pessoa e Freud: diálogos inquietantes, de Nelson da Silva Junior

Heranças invisíveis do abandono afetivo: um estudo psicanalítico sobre as dimensões da experiência traumática, de Daniel Schor

A indisponibilidade sexual da mulher como queixa conjugal: a psicanálise de casal, o sexual e o intersubjetivo, de Sonia Thorstensen

Interculturalidade e vínculos familiares, de Lisette Weissmann

Janelas da psicanálise, de Fernando Rocha

O lugar do gênero na psicanálise: metapsicologia, identidade, novas formas de subjetivação, de Felippe Lattanzio

Os lugares da psicanálise na clínica e na cultura, de Wilson Franco

Metapsicologia dos limites, de Camila Junqueira

Nem sapo, nem princesa: terror e fascínio pelo feminino, de Cassandra Pereira França

Neurose e não neurose, 2. ed., de Marion Minerbo

A perlaboração da contratransferência: a alucinação do psicanalista como recurso das construções em análise, de Lizana Dallazen

Psicanálise e ciência: um debate necessário, de Paulo Beer

Psicossomática e teoria do corpo, de Christophe Dejours

Relações de objeto, de Decio Gurfinkel

O tempo e os medos: a parábola das estátuas pensantes, de Maria Silvia de Mesquita Bolguese

Transferência e contratransferência, 2. ed., de Marion Minerbo